BIBLIOTHÈQUE INTERNATIONALE D'ÉCONOMIE POLITIQUE
publiée sous la direction de Alfred Bonnet

TRAITÉ
D'ÉCONOMIE POLITIQUE

PAR

MAURICE ANSIAUX

PROFESSEUR A L'UNIVERSITÉ DE BRUXELLES
CONSEILLER DE GOUVERNEMENT PRÈS LE MINISTÈRE DES FINANCES
MEMBRE DU CONSEIL SUPÉRIEUR DU TRAVAIL

TOME PREMIER
L'ORGANISATION ÉCONOMIQUE

PARIS (5e)

ANCIENNEMENT M. GIARD ET E. BRIÈRE

MARCEL GIARD & Cie, SUCCESSEURS
LIBRAIRES-ÉDITEURS
16, RUE SOUFFLOT ET 12, RUE TOULLIER

1920

TRAITÉ D'ÉCONOMIE POLITIQUE

BIBLIOTHÈQUE INTERNATIONALE D'ÉCONOMIE POLITIQUE
publiée sous la direction de Alfred Bonnet

TRAITÉ
D'ÉCONOMIE POLITIQUE

PAR

MAURICE ANSIAUX

PROFESSEUR A L'UNIVERSITÉ DE BRUXELLES
CONSEILLER DE GOUVERNEMENT PRÈS LE MINISTÈRE DES FINANCES
MEMBRE DU CONSEIL SUPÉRIEUR DU TRAVAIL

TOME PREMIER
L'ORGANISATION ÉCONOMIQUE

PARIS (5e)

ANCIENNEMENT M. GIARD ET E. BRIÈRE

MARCEL GIARD & Cie, SUCCESSEURS

LIBRAIRES-ÉDITEURS

16, RUE SOUFFLOT ET 12, RUE TOULLIER

1920

UN MOT D'INTRODUCTION SUR L'OBJET
DE L'ÉCONOMIE POLITIQUE

Vainement a-t-on essayé de définir l'économie politique d'une façon tout à fait satisfaisante. Mieux vaut se borner, semble-t-il, à donner de l'objet qu'elle se propose une notion aussi nette que possible. Les hommes vivent en société et ils éprouvent continuellement toute espèce de besoins plus ou moins impérieux qu'ils cherchent à satisfaire. De cette satisfaction le milieu ambiant leur fournit les moyens, non sans leur imposer, au moins en général, un effort plus ou moins pénible de préparation et d'adaptation.

Issue de nécessités physiques et psychiques, l'action économique des hommes est soumise à des règles techniques et à des arrangements sociaux. Notre science est donc complexe, car elle ne peut négliger aucun des aspects du phénomène qu'elle étudie. Sans doute elle doit peser des peines et des plaisirs, établir des équations entre les satisfactions et le labeur qu'elles coûtent, mais si elle se bornait là, elle n'accomplirait qu'une partie de sa tâche. C'est que nos besoins mêmes subissent l'empreinte profonde de la vie sociale à laquelle nous participons et que, dans une large mesure, ils se modèlent sur la puissance et la variété des moyens que nous possédons de les satisfaire.

Comment comprendre, d'autre part, les institutions, les lois, les usages d'ordre économique si l'on ne remonte aux nécessités individuelles qui les ont fait naître ?

En fait cependant, dans notre état de civilisation et sans méconnaître le rôle primaire du besoin et de la fatigue et leur mise en balance par chaque individu jugeant isolément, il n'est point douteux que notre vie économique tout entière soit profondément imprégnée d'influences sociales. Pour s'en convaincre, il suffit de songer à nos façons « conformistes » de nous nourrir, de nous vêtir, de nous loger, de nous distraire, ou encore de payer, de dépenser, d'épargner, de capitaliser. D'autre part, l'activité économique, chez les civilisés du moins, n'est presque jamais indépendante. Essentiellement sociaux sont les phénomènes fondamentaux de la division et de l'union du travail, de l'échange et du crédit, de la coopération volontaire et de la contrainte collective. L'économie politique a donc sa place parmi les sciences qui étudient les sociétés et s'apparente étroitement au droit, à la science politique, à la morale sociale, à la géographie humaine, et par dessus tout à la sociologie.

TRAITÉ D'ÉCONOMIE POLITIQUE

CHAPITRE PREMIER

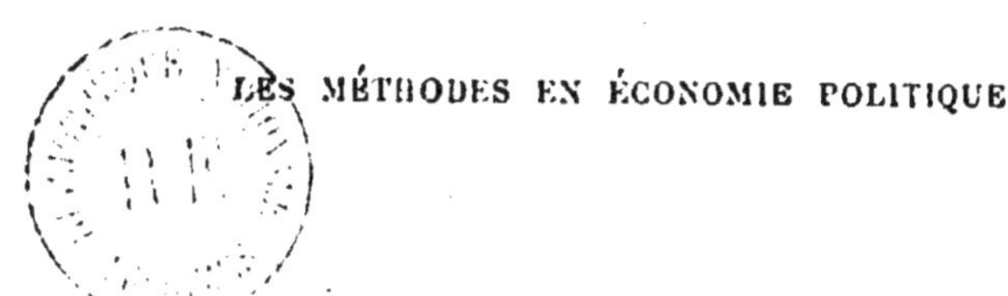

LES MÉTHODES EN ÉCONOMIE POLITIQUE

Tout le monde connait la double acception du mot :
méthode. Par là on n'entend pas seulement la façon dont
se fait la science, mais encore la manière de l'exposer. Sans
être tout à fait étrangers l'un à l'autre, ces deux points de
vue sont fort divergents. Si l'on veut être clair, il faut
avoir soin de les envisager séparément.

Une remarque s'appliquant à tous deux est pourtant op-
portune. Dans certains manuels, les réflexions faites au
sujet de la méthode ressemblent à s'y méprendre à ces
clauses de style qui figurent dans les actes notariés. Il est
entendu qu'un chapitre relatif à la méthode est de rigueur.
Mais ce chapitre sera sans lien avec le reste de l'ouvrage.
Sitôt écrit, sitôt oublié. L'auteur a répété certaines bana-
lités, il ne s'est pas préoccupé de s'interroger et de décrire
ses propres procédés d'investigation ou de présentation. Il
se fait ainsi que tels traités prétendùment fondés sur l'historisme ou l'induction ont une coupe toute classique.
L'exposé des matières est essentiellement déductif. Et il
n'est pas sûr que les recherches elles-mêmes portent la
marque authentique de l'induction appuyée sur l'observation du passé ou du présent.

Nous concevons autrement le chapitre consacré à la méthode. Il doit refléter tout l'esprit de l'ouvrage, il doit livrer le secret des travaux personnels de celui qui l'a écrit et montrer comment il en a conçu la présentation au lecteur. Il doit faire bien davantage encore si l'on songe de combien peu l'effort individuel de chaque économiste fait — en général — progresser la science. Il doit laisser pa raître les appréciations de l'auteur sur l'œuvre de ses devanciers et de ses contemporains et les critères à l'aide desquels il discerne en cette œuvre ce qu'il y a lieu d'admettre et ce qu'il y a lieu de rejeter. Nous assisterons ainsi en raccourci à tout le travail positif et critique dont le livre n'est que le résultat et nous pénétrerons bien plus profondément dans la pensée de celui dont il émane.

Il conviendrait enfin que le chapitre sur la méthode ne se bornât pas à rééditer les aphorismes classiques d'une logique un peu sommaire et nous fît entrevoir les lois réelles et complexes de l'élaboration scientifique. Sans doute, c'est comme une science à part que l'étude de la formation de chaque science. Dans certains programmes universitaires est inscrit un cours spécial *d'histoire des doctrines économiques* qui correspond assez bien à cet ordre de préoccupations. Le chapitre traitant de la méthode ne pourrait, sans grossir démesurément ni perdre son vrai caractère, se transformer en histoire de la science. Mais ce n'est nullement ce que nous souhaitons. Il n'y a pas lieu de « raconter » ici la naissance, les progrès et toutes les aventures de l'économie politique, mais de décrire plutôt les procédés de production de l' « atelier des économistes ». Comment surgissent et s'échangent idées et suggestions, comment on les développe et les façonne, comment jaillit la critique, quelles répliques elle provoque ou quelles concessions elle détermine, comment dans le travail scientifique s'immiscent préjugés ou engouements, comment aussi le travailleur s'approche des faits, comment il les manie, les classe, en extrait la moelle... Voilà quel devrait être l'objet véritable de l'étude des méthodes. C'est ce que nous allons essayer de faire sans nous flatter de l'espoir d'y pleinement réussir.

I

Toute science se propose pour but l'explication du réel et se distingue de la connaissance empirique et vulgaire par l'emploi de procédés rigoureux et systématiques ayant pour objet d'établir les relations qui unissent entre eux les phénomènes. Ainsi, il ne suffit point d'avoir remarqué qu'une denrée est chère quand elle est rare pour rendre compte des mouvements de hausse et de baisse des prix. Tout le problème de la méthode d'investigation consiste précisément à dépasser le stade de ces jugements sommaires et superficiels que suggère l'expérience courante de la vie. Bastiat qui fut cependant homme d'action plus que de science, a prononcé une parole immortelle ; il y a, en économie politique, *ce qu'on voit et ce qu'on ne voit pas.* Tant d'erreurs, tant de préjugés régnant en cette matière parmi les gens dits pratiques n'ont précisément d'autre origine que leur manque de pénétration. La science doit aller dans les profondeurs.

Les économistes classiques se sont acquis une gloire impérissable en se donnant précisément pour règle de rechercher les lois essentielles dissimulées sous les apparences. Leur arme favorite fut le raisonnement abstrait. Certes, ils ne le maniaient pas tous de la même façon. L'on est frappé de la différence qui sépare les déductions modérées d'un Adam Smith toujours attentif à garder le contact avec la réalité où il puise sans cesse des exemples, de la pure logique et des conceptions systématiques si puis-

santes, mais si dangereuses, d'un Ricardo (1). Mais tous
partent de principes généraux qu'ils ne se préoccupent
guère de longuement démontrer. Que l'homme ait pour
mobile essentiel de son activité économique son intérêt
personnel, ils n'imaginent pas un instant que l'on en puisse
douter. Infidèles en cela à leur souci d'analyse profonde,
ils adoptent comme point de départ de toutes leurs recherches scientifiques une constatation banale sans l'en-
tourer des réserves et des précisions indispensables, sans
donner à la notion affirmée les couleurs changeantes des
temps et des lieux, sans la creuser enfin ni en mettre au
jour la complexité presqu'infinie. Beaucoup d'hommes —
depuis quelques siècles surtout — ont assurément pour
tendance fondamentale l'amélioration de leur sort. Peut-on
dire avec Smith qu'il en soit ainsi de tous les hommes, ou
mieux encore de l'Homme considéré abstraitement, dé-
pouillé de tout ce qui n'est point un attribut essentiel de
l'espèce? Et oserait-on jurer, avec Stanley Jevons, que si
les planètes sont habitées, leurs habitants n'ont d'autre
guide que l'intérêt? Ou, du moins, si l'on admet que tout
être vivant, à peine de périr, doit se soucier de sa conservation, ne voit-on pas qu'à côté de ce souci capital, il y a place
pour beaucoup d'activités, et très absorbantes, qui ne sont
pas nécessairement intéressées ou le sont d'une manière
bien moins impérieuse?

Le principe dont partent les classiques — ou si l'on veut

(1) Il est assez piquant de constater que de ces deux hommes, le
philosophe était ADAM SMITH qui n'écrivit pas seulement l'*Enquête sur
les causes de la richesse des Nations*, mais encore la *Métaphysique de
l'âme* ou *Théorie des Sentiments moraux*. RICARDO au contraire fut avant
tout un financier de la Cité de Londres. En revanche, son principal
continuateur, JOHN STUART MILL est un homme tout d'une pièce dont
les raisonnements sont impeccables et intransigeants, aussi bien dans
ses œuvres économiques que dans son célèbre traité de logique intitulé *Système de logique déductive et inductive*.

parler le langage de la logique : la majeure de leur premier syllogisme — n'est donc rien moins que scientifiquement démontré. Il est le fruit d'une observation des mobiles humains imprécise et toute superficielle, généralisée par une induction hâtive, imprudente. Aussi tout le système si laborieusement et si savamment édifié par l'école pèche-t-il par la base. Il est infecté d'un vice originel qui se transmet de déduction en déduction. Quand Ricardo nous dit que les habitants d'un pays neuf défrichent d'abord les meilleures terres puis qu'au fur et à mesure que s'accroît leur nombre, ils exploitent des terres de moins en moins fertiles, c'est parce qu'il les imagine conduits par l'intérêt personnel comme par un infaillible instinct. Aussi, cette théorie de *l'ordre des cultures* n'est-elle en somme qu'une supposition toute gratuite. Il est aujourd'hui démontré qu'elle ne concorde pas avec les faits.

Contre le Classicisme, la réaction a été particulièrement vive. La violence des protestations s'explique bien moins à vrai dire par des motifs de pure critique théorique que par des raisons pratiques. C'est que l'école « orthodoxe » n'avait pas eu seulement pour objectif d'édifier la science, mais encore de justifier les institutions nouvelles créées à la fin du xviiie siècle ou au début du xixe : propriété privée absolue, liberté illimitée dans tous les domaines. Or ces institutions, à l'avènement desquelles avait contribué le formidable réquisitoire dirigé par Adam Smith contre tout l'Ancien Régime industriel, commercial et financier, produisaient des transformations rapides et radicales. De celles-ci, les unes étaient autant de progrès puissants et incontestables. Mais les autres soulevèrent d'amères récriminations. La libre concurrence engendrait des inégalités inattendues, et plus que des inégalités, des souffrances parfois bien cruelles. Les plus faibles — individus ou nations — se jugèrent dupes. Nous ne rappelons ici ces faits que pour faire voir que les plaintes nées de l'application impitoyable de la politique économique dite libérale devaient provoquer un mouvement critique véhément contre la théorie sur laquelle s'était greffée cette politique et dont elle se réclamait.

Du reste, le mouvement des idées éloignait de plus en plus les esprits des conceptions « universellement humaines » qui furent le propre de la seconde moitié du xviiie siècle et du commencement du xixe. La notion s'impose de la « relativité » des phénomènes. Elle inspire tous les travaux de l'école historique. Le classicisme avait surtout fleuri en Angleterre et en France. L'historisme sera un produit principalement germanique. Réaction salutaire au début, il verse insensiblement dans l'érudition et même la compilation. Chez l'un des plus éminents de ses représentants, Schmoller, il se compliquera même d'éléments étrangers, de considérations finalistes du domaine de l'Ethique qui en altèrent la valeur scientifique. Beaucoup d'autres « historistes », comme Brentano, sont avant tout des réformateurs. Dans l'ensemble, on ne peut méconnaître toutefois l'énorme apport de cette école à la science économique. Elle y introduit une orientation nouvelle et féconde : l'observation systématique des faits ; elle accumule des matériaux en masse et se livre à un premier travail d'élaboration en s'attachant à l'explication de l'histoire. Mais elle ne tente guère de généraliser. Elle fuit la généralisation avec une sorte d'effroi, soit qu'elle la considère comme prématurée dans l'état présent de la science, soit qu'elle redoute de retomber dans le dogmatisme des classiques qu'elle ne cesse de dénoncer.

Et cependant une histoire, même explicative, des faits économiques empruntés aux époques et aux contrées les plus diverses ne constitue pas l'Economie politique. Tel est le jugement que plus d'un esprit avisé prononce sur l'école historique. De là, nouveau retour de faveur de la

méthode abstraite. On voit se former en Autriche une
école psychologique qui se plonge délibérément dans toutes
les substilités d'une dialectique assurément habile et déliée,
mais aussi éloignée que possible de la réalité observable.
Ailleurs, notamment en Angleterre, en Italie, en Suisse
(et particulièrement à Lausanne), surgit une école mathématique qui renouvelle le classicisme et croit le purifier de
sa tare originelle en déclarant ne prendre que comme *hypothèses* — en vaudrait-il pas mieux dire comme *supposi-
tions ?* — ses affirmations initiales relatives au rôle joué
par l'intérêt personnel. Mais elle en exagère par ailleurs la
rigueur dogmatique en donnant au raisonnement une
forme exclusivement quantitative.

Toutefois, la méthode inductive s'impose trop impérieusement dans le domaine des sciences naturelles, elle y apparaît trop clairement comme le fil conducteur de la recherche scientifique à travers le labyrinthe des faits pour
ne point voir grandir son ascendant parmi les adeptes des
sciences sociales. Nombreux sont les économistes contemporains qui, sans former proprement une école, n'admettent
plus d'autres procédés d'investigation que *l'hypothèse*
suggérée par l'observation des faits et vérifiée ou corrigée
par elle. Ainsi la méthode inductive « procède du particulier au général » comme disent les traités de logique
ou pour s'exprimer plus clairement encore, admet jusqu'à
preuve contraire qu'une relation constatée dans un ou plusieurs cas entre deux ordres de faits doit exister dans tous
les cas. Si l'on remarque que la division du travail chez les
forgerons écossais du xviii⁰ siècle en favorise la productivité, on sera tenté de conclure avec Adam Smith, que la
division du travail favorise en tout état de cause partout et
toujours cette productivité. Induction hâtive, mais que
beaucoup de constatations ultérieures ont confirmée sous le
bénéfice de certaines réserves sans doute.

L'hypothèse vérifiée — elle ne le sera jamais d'une façon absolue ! — est regardée comme une loi. Les lois sont en quelque sorte l'armature de la science. Elles servent de base au raisonnement abstrait, à la déduction qui « procède du général au particulier » et qui vaut évidemment ce que valent les « prémisses » et notamment la « majeure » c'est-à-dire la loi même. Les économistes doivent être prudents dans l'emploi de la déduction. C'est que les formules qui sont données des lois sont le plus souvent imparfaites encore, et laissent dans l'ombre des *conditions* et des *limitations* essentielles. C'est sous l'empire de ce sentiment de prudence que Marshall déconseille les « longues chaînes » en économie politique, c'est-à-dire ces raisonnements à perte de vue où se complaisaient les classiques et au cours desquelles les erreurs même légères et les omissions accumulées finissent par vicier tout à fait le résultat.

Les réserves qui viennent d'être faites perdent de leur importance si l'on s'abstient d'attribuer aux lois économiques une portée universellement humaine et si l'on se borne à y voir des *relations conditionnées par le milieu*. Ceci est clair. Lorsque nous observons un rapport entre deux faits et que nous l'exprimons en une formule simple et générale, nous en exagérons sans le savoir la portée. C'est que d'ordinaire la formule est incomplète et néglige de dire que le rapport constaté ne l'a été que dans tel milieu déterminé. Pour être inconsciente, l'omission n'en est pas moins grave. Elle est très fréquente chez les économistes qui n'envisagent que les faits contemporains. A cet égard, nous l'avons déjà dit, l'histoire est une école précieuse de « relativité ». Il en est de même de l'étude comparée des divers peuples du globe surtout de ceux qui se trouvent à des degrés très éloignés de développement. Pareille étude apprend à voir. Elle conduit à des conclusions plus limitées, à des formules plus circonstanciées.

Le milieu — c'est-à-dire surtout les conditions physiques, mentales, techniques, institutionnelles — est donc le *substratum* de toute loi économique. C'est pourquoi la théorie des prix, par exemple, ne saurait être tout à. fait la même en 1919 qu'en 1700 ou même en 1800. Il en sera de même de la théorie du salaire ou de celle du commerce international. Pour ne parler que de cette dernière, n'est-il pas certain que la migration, devenue aujourd'hui si aisée, du capital et du travail ne laisse plus entièr ment debout les thèses de Ricardo, de Stuart Mill, de Cairnes même sur les groupes non concurrents ? Les écarts trop grands de rémunération de peuple à peuple tendent aujourd'hui à se restreindre sous l'influence des facilités accrues du transport des hommes et des choses et à l'humeur plus entreprenante des salariés et surtout des capitalistes. La loi se transforme par suite avec le milieu ; elle devient purement historique et l'on a pu dire que les théories classiques n'étaient somme toute que le reflet et l'expression systématisée des phénomènes qui se produisirent de 1800 à 1850 environ.

Assurément, il ne faudrait pas verser dans l'excès contraire et ne plus voir que les dissemblances. Il y a sans contredit bien des similitudes entre les différents états des sociétés humaines ; les lois économiques qui les régissent *varient* plutôt qu'elles ne s'opposent. Il est même certain que plus d'une tendance élémentaire agit à des époques très éloignées et dans des milieux très peu comparables.

Au surplus on peut en revenir à la notion de lois universelles ou naturelles — suivant l'expression chère aux classiques — à condition de n'y voir que des *tendances* susceptibles d'être paralysées, dans la réalité, par des tendances contraires de puissance égale ou supérieure. En ce sens il ne sera pas erroné d'affirmer qu'à utilité égale, le bien le plus rare coûte le plus cher. Mais il faut sous-entendre qu'une coalition des vendeurs peut déterminer l'effet contraire, si elle accapare l'objet le plus commun et ne le met en vente que par minimes quantités. De même, il est toujours vrai que le taux d'intérêt, toutes autres choses égales, s'élève d'autant plus que l'emprunteur offre moins de garanties au prêteur. Cela n'empêche que sur le continent européen, les lois et en Écosse, les mœurs ont amené l'égalité des taux d'escompte pratiqués par les banques d'émission. On pourrait multiplier ces exemples. En certains milieux, les tendances *contraires* peuvent être si puissantes, leur empire si absolu et si bien organisé, que de fait, les tendances *contrariées* sont dépourvues d'action effective. Elles sont réprimées avant même de se manifester. Telle est la liberté sous le régime corporatif. Faut-il dans ces conditions la regarder avec les Classiques comme une loi naturelle ? Et ne vaut-il pas mieux voir en elle ce qu'elle est réellement, c'est-à-dire une conquête tardive, précaire et incomplète de l'humanité ?

Il importe en outre de faire une distinction essentielle entre lois *statiques* et *dynamiques*. Seules, les premières peuvent être regardées comme des *tendances* susceptibles de s'exercer toujours et indépendamment du milieu. C'est qu'elles expriment des *états d'équilibre*, comme la loi de l'offre et de la demande. Les secondes, au contraire, formulent des *transformations économiques*. Elles ne sont donc intelligibles que si on les rapporte au milieu dont elles traduisent l'évolution. Ces lois dynamiques sont nombreuses, encore que la notation en soit souvent bien imparfaite. Elles se réfèrent à la concentration industrielle, commerciale et financière, à la genèse des monopoles de fait, à l'accumulation de l'épargne et à l'essor du capitalisme, à la prospérité et à la décadence du métier et de l'industrie à domicile, à l'influence engourdissante de la richesse acquise, au développement du commerce international, à l'expansionnisme et à la colonisation, aux progrès de la spécialisation, aux luttes de l'esprit libéral et de l'esprit interventionniste, aux origines de la monnaie, à la substitution de l'argent au cuivre et de l'or à l'argent comme métal étalon et ainsi de suite. Il est superflu de démontrer qu'en tous ces cas, la loi est intimement liée à un certain *type* de milieu dont elle exprime les transformations. Il est possible même que l'on arrive un jour à reconnaître que ces lois d'évolution ne doivent pas être envisagées isolément, mais qu'elles sont solidaires et qu'elles doivent apparaitre simultanément ou successivement dans le développement historique des groupes sociaux. Mais, ici aussi, il faudra faire la part de phénomènes perturbateurs tels que révolutions, guerres, épidémies. Ainsi l'évolution des peuples indiens d'Amérique a été arrêtée net par cette brusque et fortuite catastrophe que fut pour eux l'invasion blanche. De même, les contre-coups de la Révolution française se sont fait sentir dans toute l'Europe centrale qui, sans ce retentissement, aurait vraisemblablement vécu beaucoup plus longtemps à l'ombre de ses institutions économiques traditionnelles. Toutefois la guerre, la révolution, l'épidémie peut être la conséquence de l'état économique : elle est alors dans le plan même de l'évolution. Loin d'être perturbateur le phénomène apparait comme normal.

En fait, la vie économique est un tissu compliqué où s'entrelacent mille influences diverses, statiques et dynamiques. Pour en comprendre la composition, l'idée de la *loi* ou si l'on veut de *causalité* est assurément nécessaire. L'école mathématique prétend toutefois que la notion de *fonction* est suffisamment explicative ou du moins seule possible. L'unique chose importante à noter serait donc la variation concomitante des phénomènes, par exemple du coût de production et du prix de vente. Vainement cher-cherait-on à déterminer l'antécédent et le conséquent, la cause et l'effet. Cette succession échapperait à nos regards, surtout dans ces cas si fréquents où les deux facteurs considérés réagissent indéfiniment l'un sur l'autre.

Cette conception est toutefois imprécise. Elle est particulièrement inapplicable aux lois dynamiques qui décrivent des processus historiques. Assurément l'effet réagit souvent sur la cause et en accroît ou en perpétue la puissance. Mais pareille interaction ne saurait faire que tout le processus n'ait eu un point de départ. Et s'il est vrai que celui-ci est parfois bien difficile à discerner, plus souvent encore il apparaît avec une parfaite netteté et se découvre aisément (1). Enfin là où il échappe réellement, encore le mécanisme de succession des actions et réactions n'est-il point chose indifférente. Il y a faute de vision à envisager comme simultanés des phénomènes successifs. Ce n'est qu'en raccourci et pour résumer qu'il est permis de parler de concomitance. Néanmoins, il faudra bien se résigner à ne considérer que la fonction là où l'influence initiale se dérobe obstinément aux investigations. L'essentiel est de n'y pas voir une solution définitive.

II

L'application des méthodes scientifiques d'investigation ou, si l'on veut, l'élaboration des sciences, constitue en soi un problème très important et encore assez neuf de sociologie. Il y a des divergences intéressantes entre la notion théorique de la méthode et sa mise en œuvre effective. Ici

(1) Lorsque, par exemple, la concurrence des blés d'outremer, vers 1880, a fait baisser les prix des blés d'Europe occidentale, il est certain que c'est le coût de production qui a dû se réadapter. Cette réadaptation a été assez lente et douloureuse d'ailleurs pour empêcher que le moindre doute ne plane sur la question de savoir quelle fut la cause et quel l'effet.

entrent en scène les savants avec leurs qualités parfois rares et leurs défauts malheureusement nombreux.

Nous voudrions esquisser brièvement comment nous apparaît ce processus, éminemment social, de la production scientifique. Nous disons : social parce qu'à notre époque du moins — et depuis longtemps déjà — la recherche n'est que très exceptionnellement une entreprise solitaire à l'abri de toute influence inter-mentale. A cet égard, il convient de ne point exagérer la portée véritable de la liberté de la pensée et de ses différents modes d'expression. Elle ne signifie pas autre chose, en somme, que la suppression de toute censure sur les ouvrages scientifiques, l'indépendance de la science vis-à-vis des préoccupations utilitaires des gouvernements. Cette indépendance est infiniment précieuse, mais ne saurait empêcher le servage mental, fruit de la suggestion.

Cela dit, il faut faire ressortir surtout la part de *génialité* qui est nécessaire au progrès de la science. Les hypothèses ne se bâtissent point comme s'édifient des constructions conformément à des règles fixes. Il n'y a pas de recette spéciale et précise permettant de discerner les relations qui règnent entre phénomènes. Il faut le regard pénétrant et même l'imagination, ou si l'on préfère, l'intuition, mot commode et gros de mystère. La suggestion inter-mentale, l'émulation, l'excitation mutuelle favorisent indiscutablement l'éclosion des hypothèses intéressantes et fécondes. C'est pourquoi il y a des périodes historiques où les sciences brillent d'un éclat particulier et font de rapides progrès.

Mais un écueil grave surgit. C'est le danger de prendre une pure hypothèse pour vérité démontrée. Ce danger est essentiellement individuel et a sa source dans l'amour-propre d'auteur, parfois dans l'intérêt pécuniaire. Dans ce dernier ordre d'idées, il faut signaler toutes les affirmations des économistes conservateurs d'aujourd'hui concernant l'incapacité absolue de l'État de concourir au progrès. Lorsque l'hypothèse est ainsi affirmée, offerte comme vérité acquise, elle n'est autre chose qu'idée préconçue et à ce titre elle peut introduire dans la science un dogmatisme redoutable et paralysant surtout si elle émane d'un chef d'école entouré d'un grand prestige ou si elle concorde avec des intérêts puissants auxquels elle fournit une base de défense sur le terrain doctrinal.

En fait, il faut reconnaître que l'économiste comme l'historien vérifie mal ses propres hypothèses, faute de candeur et d'abnégation, ou encore parce qu'une conviction sincère mais prématurée s'empare irrésistiblement de son esprit. Seuls les faits qui justifient la thèse ou paraissent la justifier tiennent alors son attention en éveil. Aussi la vérification est-elle essentiellement faite par les autres, et c'est ici qu'apparaît en pleine lumière le caractère social de l'élaboration de la science. La science se forme socialement grâce à l'intervention de *l'esprit critique* qui se donne carrière dans les *controverses* et dans les notes rectificatives de tout genre. Il consiste à confronter les affirmations avec les faits ou à éprouver la solidité des raisonnements. Il peut aller jusqu'à faire table rase de tout l'acquis scientifique et à remettre en question les lois les plus anciennement et les plus généralement acceptées. En ce dernier cas, il demande une vigueur mentale toute particulière. L'esprit critique a, lui aussi, ses imperfections ; le désir d'originalité pousse à l'exagération surtout lorsqu'il oppose une thèse à une autre ; la contradiction devient parfois systématique ; ou encore elle s'inspire uniquement d'idées préconçues et ne constitue point une vérification scientifique de bon aloi.

Souvent ce débat emprunte une gravité particulière à la circonstance qu'il n'est pas simplement *inter-individuel*, mais devient, si l'on peut ainsi dire, *inter-collectif*. Telle est la lutte des écoles dont nous avons parlé plus haut du point de vue du choix des méthodes, mais qui se déchaîne avec non moins de fréquence et d'âpreté sur le champ des hypothèses. Ce sont alors les systèmes qui s'entrechoquent. Le conflit peut être fructueux ; mais en général la dépense d'efforts parait disproportionnée aux résultats à raison surtout de l'excessive répétition des arguments antagoniques et plus encore parce que la discussion n'est point suffisamment serrée.

Très pernicieuse est ici l'influence des entraînements imitatifs et disons-le sans détour : de la mode, car dans le domaine scientifique et notamment en économie politique, il y a des modes comme en matière de vêtements, de sport ou de littérature. Certes l'entraînement peut avoir une cause légitime ; une démarche plus mesurée de la pensée collective serait cependant souhaitable, puisqu'il s'agit de cette chose toujours si délicate et jamais urgente quoi que l'on dise : la découverte d'une vérité. Il faut craindre que l'engouement ne fausse le jugement et n'accrédite des erreurs qu'il sera difficile par la suite de déraciner.

En fait, l'excès des réactions est un fait assez fréquent dans l'histoire de notre science. Je n'en citerai qu'un exemple ; il est mémorable et encore actuel. La réfutation de la doctrine mercantiliste qui outrait le rôle de la monnaie a conduit les Classiques à le réduire presqu'à l'insignifiance. De là cette formule fameuse : *les produits s'échangent contre les produits.* Les choses se passeraient donc, même dans l'échange international, comme s'il n'y avait point de monnaie. Que cette thèse soit trop radicale, nous aurons mainte occasion de le montrer.

Une autre imperfection de l'élaboration inter-collective de la science économique, c'est le nationalisme. Si chaque pays se bornait à revendiquer, un peu naïvement, la gloire d'avoir lancé telle idée neuve, on pourrait se contenter d'en sourire. Le concept de *l'utilité finale* est-il d'origine anglaise, autrichienne, allemande ? Le litige est de médiocre importance. Ce qui est plus grave, c'est l'existence d'*écoles nationales* s'obstinant dans des directions opposées. De là des conflits bien peu féconds. Tel fut naguère celui de l'école autrichienne et de l'école historique allemande. Il fut exempt d'aménité. Les accusations mutuelles allèrent jusqu'à défigurer les théories. Et naturellement des deux côtés de la frontière, on resta sur ses positions. Il arrive aussi qu'une théorie jouissant d'un grand crédit dans un pays est ignorée dans un autre. La théorie du commerce international, à laquelle les économistes anglais n'ont cessé d'attacher une grande importance et de consacrer des études approfondies est pour ainsi dire inconnue en Europe continentale.

Nous avons déjà indiqué l'influence véritablement délétère exercée par les intérêts privés sur l'élaboration des théories économiques. Cette influence est surtout *collective*. En matière de commerce extérieur, maint sophisme est l'émanation directe du désir de protection douanière chez l'un ou l'autre groupe de producteurs. Ce qu'on a appelé le *Manchestérianisme* n'est pas autre chose qu'une économie politique patronale qui mérite bien la sévère apostrophe de « science funeste » que lui lança Carlyle. C'est cette « science » qui avait imaginé entre autres la prétendue loi du fonds des salaires laquelle n'était en réalité qu'une tentative, assez naïve il est vrai, de démonstration de l'inanité des grèves. Elle n'a guère converti, faut-il le dire, les ouvriers qu'elle se proposait de convaincre !

L'influence des intérêts conservateurs se marque encore d'une façon particulièrement caractéristique dans l'abandon, par les continuateurs des classiques, de la loi des salaires établie, après Turgot, par Ricardo et suivant laquelle la rémunération du travail ne pouvait durablement s'élever au dessus de ce qui est strictement nécessaire à l'ouvrier pour vivre et pour faire vivre sa famille. C'est cette loi que le socialisme naissant adopta sous le nom retentissant de « loi d'airain des salaires ». Il n'en fallut pas davantage pour amener les économistes conservateurs à abandonner une théorie aussi compromettante. Vis-à-vis du socialisme doctrinal — excessif, lui aussi du reste — le mot d'ordre devait être désormais : tout est pour le mieux dans le meilleur des mondes capitalistiques ! Revirement qui ne fut pas nécessairement de mauvais foi, l'examen des faits, trop négligé jusque là, montrant les insuffisances de l'ancienne théorie du salaire. Il est regrettable cependant qu'il ait eu pour origine l'alarme des intérêts devant l'adoption par les socialistes de l'une des thèses du Classicisme.

Les préoccupations d'ordre matériel n'ont pas été seules à exercer une telle pression sur l'élaboration scientifique. Il faut en dire autant des intérêts religieux, dans la mesure de leur contact avec notre science. Il existe notamment une économie politique catholique à laquelle on s'est efforcé, quand on en avait le pouvoir, d'assurer la prédominance dans l'enseignement universitaire.

Nous n'avons pas cru devoir jeter un voile sur toutes ces misères, car elles expliquent certaines lenteurs et parfois certains arrêts dans le progrès scientifique ; elles pourraient même le compromettre dans l'avenir et le meilleur moyen de les faire disparaître est de les dénoncer publiquement.

Il importerait d'autant plus de purifier au plus tôt l'atmosphère que la bonne foi, la sincérité, la largeur des vues ne sont pas de trop dans notre domaine si l'on veut triompher des difficultés multiples qui s'opposent à l'avancement des recherches. Quelles sont ces difficultés ? Le moment est venu de les examiner de près.

III

Le premier obstacle auquel se heurte la recherche scientifique en économie politique, c'est la presque totale impossibilité de l'expérimentation. Les gouvernements, dont la plupart du temps, le concours serait indispensable à cet effet, ne l'accorderaient assurément que dans des cas exceptionnels et de très médiocre importance. Aussi ne peut-on expérimenter ni en matière d'échanges internationaux, ni en matière d'exploitation de chemins de fer ni, bien moins encore, en matière de liberté ou de propriété. Tout au plus, des industriels s'intéressant aux problèmes scientifiques se prêteraient-ils à des expériences très limitées en fait de durée ou de rémunération de travail et particulièrement de primes ou de participation aux bénéfices. On peut aussi considérer jusqu'à un certain point comme des expériences scientifiques certaines tentatives dues à l'initiative privée : fondation de sociétés coopératives, assistance par le travail, etc.

D'un autre côté, il faut remarquer que l'adaptation des institutions et des mœurs aux nécessités économiques se fait, somme toute, par voie expérimentale. Toute réforme, toute création nouvelle doit être mise au point avant de recevoir une forme durable sinon définitive. On peut même poser en règle qu'un impôt, un organisme d'assurances sociales, une réglementation des opérations à terme sont tout d'abord imparfaits, mais perfectibles et que l'expérience a tôt fait d'en déceler les insuffisances d'adaptation qu'il est relativement aisé de faire disparaître. Ainsi, lors des premiers essais d'assurance contre le chômage, on avait négligé d'établir des catégories professionnelles distinctes et des primes uniformes avaient été imposées en dépit de l'intensité très inégale du chômage moyen. De là des échecs que l'on a pu éviter par la suite.

Sans doute ce ne sont pas là des « expériences » scientifiques proprement dites ; elles n'ont pas été instituées afin de vérifier des hypothèses. Elles n'en sont pas moins utilisables.

Au surplus pour n'être guère expérimentale, au sens étroit de ce terme, l'économie politique n'en conserve pas moins tous ses droits au titre de science. A cet égard, n'est-elle pas sur le même rang que la géologie, l'astronomie, la météorologie qui sont des sciences de bon aloi ? Et l'expérience ne peut-elle être remplacée par l'observation des faits, surtout dans un domaine où les faits observables sont aussi abondants qu'en économie politique ? Est-ce qu'une bonne part de l'acquis des sciences naturelles — pensons à l'œuvre de Darwin — n'est pas due à la simple observation ? Il n'y a peut-être là qu'une question de temps et de patience. L'objection n'est donc point péremptoire.

Mais en voici, une autre bien plus embarrassante. On affirme que dans les sciences sociales, l'observation des faits — et même l'expérimentation, lorsqu'elle est exceptionnellement possible — n'est que médiocrement probante, faute de pouvoir « isoler » les phénomènes dont elle cherche à saisir les rapports. Le chimiste et le physicien opèrent dans des conditions artificiellement simplifiées. L'économiste ne le peut pas. Tout un fouillis d'éléments étrangers, dont il ne saurait supprimer l'intrusion, se retrouvent en chaque observation, en chaque expérience qu'il institue. Essaie-t-il de déterminer la relation existant entre la durée et la productivité du travail, il ne peut faire que la nature spéciale de ce travail n'influence le résultat de ses recherches. Se borne-t-il à considérer telle espèce donnée d'activité comme le tissage du coton ou l'extraction de la houille, encore est-il que des divergences techniques apparaissent dont l'influence perturbatrice n'est pas niable. Songez à la dureté plus ou moins grande des couches carbonifères, à l'emploi éventuel des haveuses mécaniques (aux États-Unis), à la circonstance que l'abatteur fait ou ne fait pas lui-même le boisage, etc. Supposons mêmes écartées toutes ces divergences techniques, d'autres surgissent qui se rapportent à l'état physique et mental des ouvriers et tiennent aux prédispositions héréditaires, à la vigueur et à la souplesse musculaires, à la vivacité des réactions nerveuses, à l'endurance, etc. Ici se manifeste la présence des éléments multiples et variables de la race et du milieu ; l'économiste ne peut que la subir. L'observation — ou l'expérience — est-elle enfin limitée à un petit nombre de personnes : nous ne serons pas à bout de peine ; aussitôt en effet surgissent les particularités individuelles — caractères, tempéraments, aptitudes physiques — qui viennent à leur tour faire échec aux conclusions décisives.

Nous n'affirmerons point que ces critiques soient dépourvues de fondement. Mais il serait excessif d'en déduire un *non possumus*. Encore une fois, l'économie politique peut, à force de patience, triompher des nombreux obstacles dont sa voie est hérissée. C'est avec une longanimité inépuisable que doit être poursuivie la tâche de corriger et de perfectionner sans cesse les formules provisoires des lois économiques grâce à de toujours nouvelles observations des faits. Il est possible qu'en une matière aussi complexe que la nôtre, les observations doivent être multipliées et prolongées bien plus qu'en d'autres relativement plus simples. Il est possible même que la suprême précision soit irréalisable ; néanmoins il y a un intérêt capital en ces approximations de plus en plus grandes. Il consiste notamment dans l'élimination progressive d'une série d'erreurs. C'est ce que l'histoire contemporaine s'est parfois spontanément chargée de démontrer d'une façon frappante. Ainsi, le

monde a connu après 1866 de grandes crises n'ayant visiblement point d'origine monétaire. Du coup s'écroulait la
théorie qui attribuait à l'exode du numéraire l'explosion
des crises générales.

Un tel fait est pour nous un trait de lumière. Il nous
montre la véritable voie à suivre. Notre tâche, en ce qui
concerne du moins la vérification des hypothèses, est de
fouiller obstinément le présent et le passé, le proche et le
lointain. Il faut sans cesse observer et confronter les observations avec les formules abstraites pour dégager de mieux
en mieux le typique de l'accidentel ou subdiviser une loi
trop vaguement formulée en plusieurs textes précis et de
portée plus étroitement circonscrite.

Mais comment observer ? C'est le dernier problème à
résoudre. Et tout d'abord il faut exactement savoir ce que
l'on veut étudier. Or cet objet nous apparaît comme une
« notion », expression verbale du phénomène dont il s'agit
de déterminer les lois. Ici, premier obstacle à vaincre. Il
dérive du fait que, dans les sciences sociales, le langage
joue un rôle plus grand peut-être qu'en beaucoup d'autres.
Des confusions sont fort à craindre lorsque la terminologie dont on se sert est directement puisée dans la
langue courante toujours imprécise, flottante, et impossible à discipliner scientifiquement. Que faut-il entendre
par bien, besoin, capital, valeur, rente, production ? L'usage
attribue à ces mots des sens divers et bien souvent les défi-
nitions savantes ne font qu'aggraver la confusion, d'autant
que chaque auteur s'arroge le droit d'innover et d'impro-
viser en une matière où l'unité devrait être de rigueur,
puisque les cadres de la science sont les mêmes pour tous
les chercheurs.

Mais passons outre à cette difficulté liminaire. En voici
une seconde beaucoup plus grosse. En apparence, le fait
social semble bien plus facile à observer que le fait physio-

logique. Nous connaissons bien mieux, entendais-je dire
un jour, la façon dont les gendarmes arrêtent les délinquants
que le mode suivant lequel les phagocytes dévorent les
poisons qui pénètrent dans l'organisme. Il est vrai que
nous sommes plus près des faits sociaux que des faits physiologiques et que nous les comprenons beaucoup plus
aisément, parce qu'ils nous intéressent plus directement,
plus vivement et d'une manière plus constante.

Mais, à un autre point de vue, ils sont moins saisissables,
plus fuyants. C'est que la vie pratique obéit à de toutes autres
préoccupations que la science. Il y a ici toute la différence
qui sépare les lois de *l'action* de celles de la connaissance.
Des actes commerciaux : un inventaire, un bilan, un compte
de profits et pertes, un prospectus d'émission ne sont pas
précisément des constatations scientifiques des faits. L'inventaire établit souvent un minimum de valeur plutôt que
la valeur réelle. Un portefeuille de banque est généralement
sous-évalué et non sans raison, car il s'agit d'éviter des
mécomptes futurs. Parfois il y a surévaluation au contraire
afin de faire hausser le cours des actions de la banque qui
possède ce portefeuille. La surcapitalisation est fréquente
ayant une fusion : l'entreprise à absorber veut se faire payer
plus cher. En ces divers cas, le but poursuivi n'est pas la
révélation de la vérité, mais la poursuite d'un avantage
pratique. Sans doute, la publicité loyale n'est pas chose si
rare, mais elle aussi n'est généralement qu'un moyen destiné à réaliser des fins intéressées et l'on n'est jamais certain de son entière sincérité. Dans le même ordre d'idées,
il faut ranger le secret des affaires. En ce cas, les faits nous
échappent ou nous n'en saisissons que des fragments.

La tâche de l'économiste est dès lors singulièrement malaisée. Il doit s'efforcer de percer des secrets ; comme l'historien, il doit faire la critique des textes. Tandis que le chimiste opère paisiblement installé dans son laboratoire, l'éco-

nomiste qui entreprend une enquête est obligé de se, soumettre à tous les ennuis matériels et parfois aux humiliations de l'*interview*. Il doit mendier la faveur d'une courte conversation au cours de laquelle il lui faudra, s'il veut réussir, déployer toutes les finesses et toutes les ruses du juge d'instruction, posséder toute l'expérience psychologique et toute la pénétration du confesseur. L'indiscrétion est son devoir professionnel, d'un accomplissement souvent bien délicat.

Il est vrai que les gouvernements viennent à son secours en instituant de temps à autre des enquêtes officielles et en faisant dresser des statistiques. Les enquêtes officielles sont d'une haute utilité ; mais elles sont assez rares et ne sont pas toujours. elles non plus, conçues dans un esprit absolument désintéressé. Ce sont, en effet, des actes essentiellement politiques visant à satisfaire l'opinion à moins qu'elles ne servent à lui donner le change ou encore à préparer le terrain pour une réforme déjà résolue en principe. Cependant les enquêtes les plus récentes présentent plus de garanties de sincérité, en ce qu'elles émanent d'administrations permanentes à préoccupations foncièrement scientifiques comme le *Board of Trade* anglais ou les *Offices du Travail de France et de Belgique*. Mais même en ce cas, les témoignages recueillis par les enquêteurs demeurent toujours plus ou moins sujets à caution.

Les statistiques, de leur côté, constituent une source documentaire admirable, mais dont on a beaucoup abusé. Il convient d'en bien voir la véritable portée. Il faut d'abord les supposer bien faites, ce qui n'est point toujours le cas, par exemple pour les tableaux du commerce extérieur. La critique technique des relevés et de leur présentation est l'objet d'une science spéciale : la Statistique ; nous n'avons pas à nous en occuper ici. En admettant que le travail technique ait rassemblé des données exactes, quelle en est la signification ? C'est dans *l'interprétation* des statistiques que se donnent surtout carrière l'erreur et la fantaisie ; d'où le discrédit qui rejaillit souvent, mais à tort, sur la compilation même.

C'est une grosse difficulté de ne faire dire aux chiffres que ce qu'ils disent réellement. D'une manière générale, on peut affirmer que la statistique *totalise* certains caractères, communs ou divergents, des faits de même ordre. Elle n'en constitue pas l'observation intégrale ; elle n'enregistre aucun *processus* en ce sens du moins que le rapport de causalité n'est jamais affirmé par elle, lors même qu'il ressort d'une façon frappante du rapprochement des chiffres. Savoir manier les données de la statistique est donc un art qui exige beaucoup de circonspection et de précision et qui veut aussi que l'on connaisse les faits au'rement encore que par les tableaux de chiffres. La statistique n'est donc qu'une science auxiliaire, suggérant des hypothèses, les infirmant ou les confirmant, mais impuissante à donner le sens de la vie sans lequel l'intelligence des faits économique est impossible. Son mérite essentiel est, somme toute, de nous fournir des notations quantitatives sur l'ensemble des phénomènes ; *tous* les salaires d'un pays, *tous* les billets de banque en circulation à une date déterminée, *toutes* les importations et *toutes* les exportations nationales de l'année et ainsi de suite.

Certains économistes ont cru pouvoir dégager les phénomènes typiques par une méthode tout opposée : la *monographie*. C'est F. Le Play naguère qui a mis à la mode ce procédé dans ses travaux célèbres sur les *Ouvriers Européens* et les *Ouvriers des Deux-Mondes*. La description minutieuse des « exemplaires » choisis des divers corps de métier ne rachète pas le vice originel de la méthode : le choix tout à fait arbitraire du type choisi qui, par conséquent, n'est nullement typique et ne peut passer pour représentatif du genre. Il le peut d'autant moins que le choix a été fait sous l'empire d'arrière-pensées étrangères à la science pure. Telle famille ouvrière a été prise comme modèle parce que pratiquant fidèlement le culte catholique, etc.

Une autre conception du procédé monographique, beaucoup plus intéressante, consiste à suivre, dans un cas déterminé, le « mécanisme du phénomène ». Ici l'on se préoccupe visiblement d'imiter le biologiste qui, armé d'un microscope, note minutieusement toutes les phases successives d'un même processus. Pareille conception n'est pas tout à fait de mise, en économie politique, car elle se heurte, comme la précédente, à l'inadmissibilité d'une détermination apriorique d'un type représentatif. Si nous assistons à la naissance de la monnaie chez telle tribu de l'Afrique centrale, avons-nous le droit d'y voir le processus uniforme de toute genèse monétaire ? Assurément non, en dépit de la relative simplicité des groupes sociaux rudimentaires. Mais à plus forte raison en serait-il de même si, par cette méthode, nous prétendions découvrir la loi de la formation des prix, ou de l'influence des tarifs douaniers sur le volume et l'orientation du commerce international chez les nations civilisées.

En observant ainsi les phases successives d'un phénomène, on s'expose en outre à ne saisir et à n'enregistrer que des manifestations superficielles. Ce n'est qu'en rapprochant celles-ci d'autres manifestations à première vue plus ou moins éloignées des premières que l'on atteindra les causes profondes (1). Ces rapprochements nécessitent un certain degré d'abstraction qui n'est pas toujours com-

______

(1) On peut dire aussi que les faits durables sont la résultante et le symptôme des causes profondes. La méthode des mécanismes n'est pas nécessaire pour constater ces faits et elle n'est guère apte à en déceler les origines.

patible avec la conception stricte de « succession » mise à
la base de la méthode des mécanismes. Il n'en est pas
moins vrai que cette méthode présente un incontestable intérêt à raison de son caractère « réaliste » et aussi parce
qu'elle met en garde contre une utilisation défectueuse des
statistiques consistant à établir des rapports arbitraires
entre deux faits à peu près concomitants, sans se préoccuper
de savoir lequel est l'antécédent, lequel est le conséquent.

Nous ne voudrions pas terminer cette étude sans faire
ressortir ce qui, à nos yeux, constitue la plus précieuse
qualité de l'économiste : nous l'appellerons le *sens économique*. On ne peut l'acquérir sans contact immédiat et prolongé avec la réalité. Sans doute l'étudiant tirera toujours
grand profit de la lecture des classiques dont plusieurs sont
de puissants dialecticiens, qui le débarrasseront des préjugés vulgaires comme des aphorismes d'amateur et l'ini-
tieront aux vues pénétrantes et au raisonnement serré, en
un mot à l'effort de pensée. Il n'en est pas moins vrai qu'une
once d'expérience directe est préférable à une livre de savoir d'emprunt. Pour bien comprendre ce qui est écrit
dans les traités, il faut avoir eu commerce avec les faits, il faut
avoir fait une enquête personnelle, avoir interrogé des industriels, des commerçants, des agriculteurs, des financiers,
des travailleurs manuels. Il est utile aussi, comme le re-
commandait Émile de Laveleye, d'avoir voyagé. Ainsi seulement s'acquiert le sens de la vie réelle en dehors de quoi
il n'y a que science livresque figée et conventionnelle.

IV

Si l'on veut que la Science soit bien faite, il faut l'édifier
comme si elle ne devait servir à rien. Cette proposition qui
découle de tout ce qui précède n'est-elle pas la condamna-

tion de la « manière » des économistes ? Ne les voit-on pas en effet, traiter pêle-mêle problèmes pratiques et problèmes théoriques ? Ne se préoccupent-ils pas de ce qu'il faut faire tout autant et même bien plus que de ce qui est ? Et, de fait, il suffit d'ouvrir un traité quelconque d'économie générale ou spéciale pour se rendre compte de l'importance qui est attribuée par les hommes de science à des questions d'application et de politique telles que la nécessité de réglementer les heures de travail des ouvriers, l'opportunité ou le danger d'établir des droits de douane, l'urgence de favoriser l'augmentation de la population et ainsi de suite. Ils parlent avantages ou inconvénients en se plaçant au point de vue d'une tendance pratique déterminée là où une science plus sereine et plus impartiale ne verrait que des conséquences qui ne sont forcément ni bonnes ni mauvaises.

Il convient de ne pas exagérer les critiques que soulève pareille confusion entre la théorie et la politique. Sans doute Dunoyer avait raison de donner ce mot d'ordre : « je n'impose pas, je ne propose pas, j'expose » ; encore y aurait-il grand dommage à interdire aux économistes l'activité réformatrice pour la réserver à des politiciens généralement moins compétents et moins scrupuleux. L'essentiel est de tracer une ligne séparative entre ces deux domaines : connaissance et action. Quelque malaisé que cela puisse être, ce n'est pas impossible.

En fait, c'est plutôt une division tripartite qu'il y aurait lieu d'établir. L'activité pratique doit se décomposer nettement en deux parts : détermination du but, et choix des moyens. A la Science, on oppose généralement *l'Art*. A l'une et à l'autre, il faut encore opposer *l'Idéal*.

L'art n'est qu'une technique. Aussi l'a-t-on très justement qualifié de science appliquée. Etant donné un but quelconque, comment s'y prendre pour l'atteindre ? Telle est la tâche de l'art. C'est la science pure, lorsqu'elle est suffisamment avancée, qui lui sert de point de départ. Veut-on par exemple stabiliser les changes erratiques, c'est à la théorie des variations des changes que les réformateurs devront demander des lumières. Ils y puiseront la connaissance des *causes* des maux qu'il faut combattre ; or c'est bien la cause qu'il importe de faire disparaître si l'on ne veut point se contenter d'appliquer au mal un traitement superficiel, qui ne s'attaque qu'aux symptômes. La science leur fournira aussi — si elle est bien faite — des moyens de détruire ces agents nocifs. La défiance déchaîne la panique et la crise : en observant les faits — beaucoup de faits — on découvre des mécanismes générateurs de confiance.

En réalité, la pratique, sous la pression de la nécessité a parfois trouvé les remèdes avant la théorie, plus indifférente ou plus hésitante. Mais souvent aussi la pratique a fait fausse route et s'est abandonnée à un détestable empirisme. Combien de fois n'a-t-on pas voulu *empêcher* un acte nuisible : exportation de l'or ou de l'argent, exagération des prix, accaparement des marchandises, à coups d'interdictions pures et simples que l'on n'arrive guère à faire respecter ! Ce n'est qu'au xixe siècle que l'on a découvert le moyen — indirect, mais vraiment scientifique — de conjurer l'exode des métaux monétaires. Quant aux hausses excessives des prix au cours des périodes anormales, on en est encore réduit à en chercher le correctif s'il en est un. « Dans le doute abstiens-toi » sera, en pareil cas, la maxime du savant. Cela vaut mieux que de « faire quelque chose » à tort et à travers.

L'art dépend donc essentiellement de la science. Faut-il en dire autant de l'idéal, c'est-à-dire de la détermination des buts à poursuivre ? Oui, mais seulement jusqu'à un certain point. C'est que la science économique n'est pas encore assez avancée pour, dans certains cas, trancher entre politiques contradictoires. Qui a raison, par exemple, du Socialisme ou du Conservatisme ? Oserait-elle en décider ? Mais elle fournit d'ores et déjà des armes pour combattre toutes les utopies. Le rôle de la science est donc, dès aujourd'hui, d'opérer une sélection entre les divers idéals et de dénoncer ceux qui sont franchement irréalisables. Du nombre est le communisme anarchiste, du moins en l'état actuel de notre civilisation. Mais qu'il faille se prononcer pour une accentuation ou pour une atténuation des inégalités sociales par l'emploi de mesures supposées efficaces dans l'un et l'autre cas, voilà ce que la science ne pourrait dire. Dès à présent il est vrai, on peut entrevoir les conséquences lointaines des différentes politiques et se faire quelque idée de l'utilité objective que présente chaque orientation, si du moins nous considérons comme objectivement utile la prospérité permanente d'un groupe social envisagé dans son ensemble ou mieux encore celle de l'humanité tout entière. Mais nous ne sommes pas encore capables de prévisions lointaines assez sérieuses, assez solides pour que nous puissions opposer un *veto* scientifique absolu aux orientations apparemment dangereuses. Nos appréciations ne seront cependant pas dénuées de toute valeur et c'est déjà un résultat d'une portée incalculable (1). En résumé, l'*idéal* en matière économique est justiciable de la science sous un double rapport : 1° il appartient à celle-ci de distinguer entre l'utopique et

(1) Le but peut être suggéré à vrai dire par des considérations extra-économiques : allocation de primes à la marine marchande en vue de former le personnel d'une marine de guerre ; protectionnisme agricole pour éviter le dépeuplement des campagnes ou assurer la subsistance nationale en temps de guerre ; législation favorable au luxe afin de développer les beaux arts, etc. En ce cas, les diverses sciences sociales intéressées doivent être consultées pour apprécier le mérite intrinsèque des mesures préconisées. L'évaluation scientifique de l'idéal impliqué dans de telles mesures n'en est évidemment que plus difficile !

le réalisable ; 2° elle peut dès à présent nous aider en quelque mesure à distinguer entre le réalisable utile et le réalisable nuisible.

V

La question de savoir comment il faut exposer la science économique avait été, après certaines tergiversations, résolue par les classiques d'une façon qui paraît claire, mais qu'il n'est point possible de maintenir inaltérée. La division essentielle adoptée par eux était la suivante : Production — Circulation — Répartition — Consommation.

Cette méthode de présentation a suscité beaucoup de critiques. Il est certain qu'elle doit être amendée. Mais il faut rejeter d'autre part et le désordre affecté de certains auteurs et les systématisations originales autant qu'arbitraires de certains autres.

En somme, si l'on considère avec soin la matière de l'économie politique, on est frappé de la différence radicale qu'elle présente avec celle des sciences purement déductives comme les mathématiques. Toutes les propositions exposées dans un traité de géométrie s'enchaînent rigoureusement les unes les autres ; il est impossible d'en intervertir l'ordre sans les rendre inintelligibles. Sans doute une science formée expérimentalement pourrait à la rigueur s'enseigner dogmatiquement. Mais il y a un autre obstacle à la présentation géométrique des sciences sociales. Il réside dans la *dépendance mutuelle* des phénomènes (1). Et à cet égard,

----

(1) Cela n'est pas vrai seulement de l'économie politique, mais des autres sciences sociales. Ainsi, la connaissance du fonctionnement du pouvoir législatif dépend de celle du fonctionnement du pouvoir judiciaire et du pouvoir exécutif et réciproquement.

on ne pourrait mieux les comparer qu'à la biologie. En somme, on ne peut parfaitement comprendre le fonctionnement du cœur sans connaître celui de l'estomac, des poumons, etc. Tous ces organes se conditionnent, se supposent réciproquement. Sans doute, on pourrait faire l'histoire d'une parcelle de nourriture introduite dans l'organisme. Mais alors on ne ferait que décrire un voyage en un monde mystérieux, ce ne serait point un exposé allant du connu à l'inconnu, du simple au composé.

Force est donc d'étudier chaque fonction comme si les autres étaient déjà connues. Pour rendre cette fiction acceptable, un résumé préalable, des notes marginales peuvent être d'une grande utilité. Mais rien ne peut empêcher les anticipations. Il est toutefois une règle fondamentale à observer. C'est qu'il est au moins indispensable de former des subdivisions cohérentes et logiques, de constituer des ensembles de phénomènes connexes comme sont en physiologie les fonctions de nutrition, de circulation, de reproduction. Nous n'irons pas jusqu'à dire qu'il faille se placer à un point de vue exclusivement fonctionnel dans cette distribution didactique des matières économiques ; il suffit de grouper les phénomènes se rattachant à un même ordre d'idées. C'est ce que nous nous sommes efforcé de faire en dressant le plan du présent traité.

Ajoutons qu'il ne nous paraît point à propos d'isoler les problèmes d'art et d'idéal, et de séparer ainsi chacun d'eux des problèmes théoriques correspondants. Sans doute il ne serait pas impossible de procéder de la sorte, mais il en résulterait un certain alourdissement provenant de l'obligation de reprendre plusieurs fois les mêmes questions. Ainsi, il est naturel de traiter du protectionnisme et du libre-échange immédiatement après avoir exposé la théorie du commerce international. Sinon il serait nécessaire de rééditer en un autre endroit les conclusions de cette théorie pou introduire les problèmes pratiques et rafraîchir la mémoir du lecteur. De là d'inutiles redites.

Une remarque encore : toute science est en devenir perpétuel ; elle est nécessairement imparfaite. Il ne faut pas le dissimuler. Sans donner aux lecteurs et en particulier aux étudiants l'impression — qui serait fausse et désastreuse — que l'économie politique est impuissante à accomplir la tâche qu'elle s'est assignée, encore ne faut-il pas combler par des affirmations sans preuve les lacunes existant dans nos certitudes. Il n'importe pas moins d'avouer les désaccords qui divisent les économistes et même d'exposer les diverses théories régnantes dans les matières controversées. Toutefois on peut laisser de côté celles de ces théories qui appartiennent désormais au passé et sont du domaine propre de l'*Histoire des doctrines*.

CHAPITRE II

LE POINT DE DÉPART

I

Nous savons déjà que l'activité économique des hommes n'a d'autre but que la satisfaction de leurs besoins. Mais cette formule ne nous permettrait de rien comprendre à la réalité qui nous environne si avant d'aborder l'étude de l'économie politique, nous ne possédions une expérience personnelle étendue. Armés de cette seule vue théorique, l'extrème complication de la vie matérielle des sociétés contemporaines nous serait inintelligible. Et surtout nous nous heurterions dès l'abord à un paradoxe énorme : c'est que l'immense majorité des hommes d'aujourd'hui ne produisent pas les objets dont ils ont besoin ; *ils produisent en vue de satisfaire les besoins d'autrui.* Et il en est ainsi dans un monde où cependant l'intérêt personnel est le mobile dominant de l'activité.

Cet illogisme apparent ne nous étonne pas, car l'observation banale nous a révélé de bonne heure le mot de l'énigme. Chacun travaille en vue d'échanger ses services ou les produits qui en dérivent contre une somme d'argent qui le met à même d'acheter les biens propres à satisfaire ses besoins. Le schème, peu compliqué, de la vie économique individuelle se ramène donc à ceci :

Production — Vente — Achat — Consommation.

Il fait apparaître deux caractères fondamentaux du régime économique contemporain : la spécialisation fonctionnelle et l'échange. Chacun se spécialise dans la production (totale ou partielle) d'un bien ou d'un service déterminé et échange le prix en argent de cette production contre les divers biens ou services dont il a besoin. Pareille spécialisation est la résultante d'une évolution déjà lointaine ; il faut en dire autant de l'échange. On pourrait d'autre part concevoir l'échange direct de produits contre produits ; en fait l'opération se décompose en deux phases successives et se réalise à l'intervention de cet instrument spécial que l'on appelle la monnaie. Ceci n'est naturellement qu'une première vue, toute sommaire, des choses, lesquelles en réalité, sont loin d'offrir pareille simplicité !

Tout d'abord le producteur spécialiste isolé est devenu assez rare à notre époque, sauf quand il s'agit de services tels que ceux du médecin, de l'avocat, etc. Le type normal de la production spécialisée est un groupe — plus ou moins étendu et de composition plus ou moins complexe — auquel la science économique a donné le nom d'entreprise. L'entreprise a toute une organisation interne. Celle-ci comporte essentiellement une division d'attributions, c'est-à-dire un stade nouveau de spécialisation, mais elle implique aussi des concours d'autre nature et particulièrement celui de propriétaires et de prêteurs ; elle est enfin caractérisée par une hiérarchie plus ou moins développée et tout au moins par la distinction du chef et des subordonnés.

Il faut ajouter que la même spécialité est très généralement exercée par plusieurs entreprises qui vivent, suivant les cas, sous un régime de concurrence ou d'entente.

Une autre source de complication réside dans le fait qu'à notre époque — à la différénce de ce qui se passait dans les villes du Moyen Age, — il arrive très rarement que le producteur vende directement ses produits au consommateur. La multiplicité des intermédiaires est devenue chose normale. Il y a plus : il arrive le plus souvent qu'une entreprise n'opère pas la transformation complète de la matière brute en produit susceptible d'être consommé. Dans chaque branche de production existent des ensembles compliqués d'entreprises successives. La complication s'accentue par suite du fait que mainte entreprise se consacre simultanément à plusieurs produits sans en achever elle-même aucun. Un agriculteur peut cultiver du froment, des betteraves, du lin. Il n'est pourtant ni meunier, ni tisseur, ni fabricant de sucre. La nécessité du transport des produits fait éclore d'autres entreprises encore et il en est enfin de même de la vente de ces produits.

Il est une troisième raison d'admettre que notre schème de tout à l'heure simplifie grossièrement la réalité. Il laisse croire que quiconque a vendu achète, autrement dit que nous dépensons toujours tout ce que nous gagnons. Il passait sous silence l'un des faits élémentaires et essentiels de la vie économique des sociétés humaines : l'épargne, qui est à la base des progrès de la production comme de l'inégalité de la répartition des richesses, encore qu'elle n'explique que d'une façon toute partielle l'un et l'autre phénomène. Et il y a lieu de noter que l'utilisation de l'épargne donne naissance à une catégorie très importante d'entreprises non mentionnées jusqu'à présent : les entreprises de crédit et de finance.

Dernière omission grave de la formule : elle semble supposer qu'au sein des divers groupes sociaux, nulle contrainte ne s'exerce sur les rapports économiques des hommes et que seuls des arrangements privés président à la satisfaction de leurs besoins. Ce serait méconnaître le rôle de l'État dans notre domaine, rôle considérable, multiple, grandissant et qui constitue une source nouvelle de complexité.

Il faut ajouter que l'État est essentiellement national, d'où une série de conséquences dont l'importance va croissant à notre époque. Elles se rapportent aux échanges et paiements internationaux, à la législation internationale du travail, à la colonisation, aux flottes de commerce, enfin et surtout à la *défense* nationale qui doit mettre les producteurs à l'abri des dévastations.

D'un autre côté encore, il résulte de tout ce qui vient d'être dit que l'échange (vente-achat) ne se pratique guère d'une façon directe entre producteur et consommateur mais qu'en revanche il a lieu couramment d'une part entre toutes les séries d'entreprises intermédiaires et de l'autre entre les membres constitutifs de chaque entreprise. D'où nécessité de distinguer des prix de gros et de détail et, à côté du prix des biens, celui du travail ou salaire et celui des capitaux d'emprunt ou intérêt. En outre, il est indispensable de calculer le gain résiduaire de l'entrepreneur ou profit. Ici surgissent une foule de problèmes que la simple formule de tout à l'heure ne laisse même point soupçonner.

II

L'exposé qui va suivre sera conforme aux idées directrices formulées au chapitre I. §. 5. Le point de départ en est purement analytique. C'est qu'il fallait dégager, au préalable, les notions primaires des besoins, des biens, de l'utilité et « isoler » ensuite, pour les voir en toute netteté,

les éléments physio-psychologique, technique, juridique
qui, en se combinant donnent naissance au phénomène
économique dont nous avons eu soin de faire ressortir la
complexité dès les premières pages de ce livre.

Cette tâche préliminaire accomplie, il sera possible d'aborder l'examen des matières fondamentales de notre science :
l'organisation des entreprises d'une part, de l'autre les
échanges et les prix et sous cette dernière rubrique il faut
logiquement faire figurer le crédit et l'intérêt, le commerce
international et le change, le marché du travail et le salaire,
enfin le profit qui est la rémunération des services de l'entrepreneur.

Certains auteurs étudient l'échange en premier lieu. Ainsi
fait Pierson (1). L'ordre inverse nous a paru préférable.
La structure des entreprises peut s'expliquer, même si l'on
ne possède du prix, de l'intérêt, du salaire et du profit
d'autres notions que la connaissance sommaire fournie à
chacun de nous par l'expérience courante de la vie. On ne
comprendrait guère, en revanche, le mécanisme contemporain des prix des marchandises, des capitaux ou des services sans s'être préalablement initié à la constitution des
grandes affaires, aujourd'hui prépondérantes et dont le pro-
fane ne connaît somme toute que peu de chose.

Et comme l'on n'aurait pu sans confusion mener parallè-
lement cette double étude, la première place devait être
donnée à l'organisation économique. Le présent volume y
est consacré. L'entreprise y est d'abord envisagée *in
abstracto*, examinée organe par organe, décrite dans ses
manifestations les plus générales d'activité. On se la représente ensuite dans la vie même, en lutte avec ses semblables : c'est la concurrence ; ou seule maîtresse du

____

(1) N.-G. PIERSON *Traité d'économie politique* (2 vol.), trad. par
L. SURET (Paris, Giard et Brière, 1916).

champ : c'est le monopole. Et ici l'étude devient décidément évolutive et dynamique ; elle s'attache au caractère
dominant de l'organisation économique à l'époque actuelle :
la marche progressive vers la *concentration*. Elle en recherche les causes générales sans distinguer d'abord entre
les branches d'activité entre lesquelles se répartissent les
entreprises. Puis elle examine spécialement et successivement ces diverses branches, sans se placer exclusivement
au point de vue de la concentration plus ou moins prononcée qui y règne, en accordant toutefois à cet ordre de
questions une importance prépondérante. C'est dans cet
esprit que sont passées en revue les unes après les autres,
entreprises industrielles en fabrique ou atelier et à domicile, dont les premières sont de plus en plus groupées, en
syndicats et trusts, ou sous forme d'intégration et de participation, entreprises agricoles, entreprise de chemins de
fer, de commerce, de crédit et de finance. Cet examen
approfondi de la structure des organismes économiques
préparera le terrain à l'étude ultérieure des marchés et
des prix qui fera l'objet d'un second volume.

CHAPITRE III

I

Tout, en économie politique, pivote autour de la notion de besoin. Il convient de l'éclaircir tout d'abord. Avec tous les êtres vivants, les hommes ont en commun certaines nécessités organiques et avant tout la nutrition, c'est-à-dire. l'assimilation d'éléments étrangers destinés à réparer les dépenses de l'organisme. Mais ce qui caractérise le besoin économique, c'est qu'il comporte l'obligation pour celui qui l'éprouve de faire certaines actions plus ou moins pénibles ayant pour objet d'atteindre ou de se procurer le moyen de le satisfaire. Ces actions constituent ce que nous appelons le *travail* ; elles s'opposent comme telles aux efforts physiques comme la mastication ou la déglutition qui accompagnent la satisfaction elle-même. Au sens économique du terme, manger n'est pas un travail, cuire du pain ou de la viande en est un. Dans une société quelque peu avancée le travail peut être remplacé par un sacrifice, en tant que moyen d'atteindre l'objet désiré : ainsi, nous donnons un peu de cuivre ou de nickel pour avoir du pain.

Nous ne songeons pas, faut-il le dire ? à nier l'existence d'actes économiques chez d'autres êtres vivants que l'homme. Ce qui est certain, c'est que pour ce dernier semblables actes sont devenus une nécessité de tous les instants au point de constituer l'un de ses caractères les plus accusés.

Mais ici doivent être posés deux principes essentiels. Le premier, c'est que tous les besoins de l'homme ne sont pas économiques en ce sens qu'ils ne puissent se satisfaire sans travail ou sacrifice préalable. Tels sont les besoins d'air et de sommeil, au moins en général. Le second, c'est que tous les besoins économiques de l'homme ne sont pas de pures nécessités organiques. Ici se manifeste une différence énorme entre l'homme et les animaux supérieurs. Plus d'un économiste cependant prétend éliminer du champ de notre science les besoins autres que matériels. Mais pareille délimitation nous paraît absolument arbitraire. Et si même l'on qualifie de désir tout ce qui n'est point exigence physiologique de l'organisme, encore reste-t-il vrai que le désir est — ou du moins peut être et, en fait, est souvent — de nature proprement économique, en ce sens qu'il ne peut se satisfaire qu'à la suite d'une appropriation de son objet due à un travail véritable ou à un sacrifice. A quels besoins organiques correspondent la construction d'une salle de concerts, la publication d'un roman, la fabrication d'une montre? Et cependant voilà autant de travaux entrepris en vue de satisfactions incontestables et même des plus vives.

N'hésitons pas à considérer comme économiques des besoins aussi peu « matériels » que ceux de la sociabilité ou de la solitude. Pour satisfaire le premier, on établit des cercles, des salons de conversation ; bien plus, dans l'aménagement intérieur des habitations on tient largement compte de ce désir intense et général de se réunir, de se faire des visites. On donne des dîners : le repas n'est que l'accessoire ou si l'on veut le stimulant d'une conversation qui est l'attrait principal.

Le besoin inverse, celui de la solitude, si violent chez certaines personnes, ne peut être contenté qu'à l'aide d'actions économiques. La *vie claustrale* est une organisation économique toute particulière.

Il faut en dire autant des besoins religieux qui ne s'écartent pas moins des pures nécessités biologiques. Et pourtant la construction des temples, les traitements des desservants, les indemnités pour certains services spirituels ne sont-ils point autant d'actes économiques?

Même observation pour les besoins esthétiques dont l'idéalité est parfois extrême, mais dont la satisfaction peut coûter fort cher.

En résumé, tout désir de l'homme peut, suivant les circonstances, avoir ou n'avoir point de caractère économique. Le critère n'est pas l'objet-matériel ou non — du désir, c'est le fait que cet objet est ou n'est point à notre portée sans qu'il nous en coûte d'effort ni de sacrifice.

A cette règle, il ne paraît pas qu'il y ait d'exception. Le besoin de respirer lui-même peut exiger du travail. Ainsi en est-il lorsqu'il s'agit d'envoyer de l'air à un plongeur ou lorsqu'on veut en obtenir d'une qualité particulière. L'oxygène en ballons doit être fabriqué. Et tout le monde sait que les « cures d'air », sont l'objet d'une exploitation industrielle très fructueuse. D'autre part encore, le problème du « cube d'air » indispensable dans les appartements et les ateliers, lui des parcs publics dans les grandes agglomérations représentent des aspects véritablement économiques du besoin de respirer. D'analogues observations pourraient être faites à propos de la jouissance généralement gratuite de la lumière du soleil. Sous certains climats, les appartements et chambres situés au midi, ayant la meilleure exposition, la plus forte insolation se louent d'habitude beaucoup plus cher que les autres. Ailleurs, c'est la fraîcheur qui se paie! L'amour lui-même n'échappe point à la règle notamment sous sa forme sociale la plus régulière : le mariage, au moins en de nombreuses civilisations.

Ce qui est vrai, c'est que les besoins que faute d'un terme meilleur, nous appellerons immatériels (c'est-à-dire affectifs et mentaux) sont beaucoup moins souvent économiques que les autres. Ou bien, ils ne deviennent économiques qu'en s'associant à ces derniers : la sociabilité s'allie au goût de l'alcool et donne naissance au débit de boisson qui est assurément du ressort de nos études. On peut dire aussi que bien souvent ces phénomènes ne sont économiques que d'une façon tout accessoire.

Quoi qu'il en soit, il n'y a guère d'erreur à soutenir que l'économie politique traite principalement de la satisfaction des besoins matériels. Mais il y aurait exagération à y voir l'objet exclusif de cette science.

II

Plus d'un économiste dresse une échelle d'importance des besoins à laquelle il semble attacher un caractère invariable. En fait, la seule division légitime à cet égard est celle qui s'opère entre les besoins de première nécessité et ceux qui ne sont point indispensables à la vie. Mais ce serait une erreur de vouloir établir un classement fixe parmi les uns ou les autres.

Par définition même les besoins de la première catégorie offrent un caractère également impérieux. Dans un climat froid, il n'est pas moins indispensable de se vêtir que de manger. Et sous toutes les latitudes, la sécurité personnelle est aussi précieuse que la nourriture. Quelques-uns sans doute paraissent un peu moins pressants parce que la satisfaction n'en est absolument requise que si l'on considère une période de quelque étendue. En ce sens évidemment mettre sa vie à l'abri d'un péril imminent est chose plus nécessaire que de s'abandonner au sommeil, fût-on recru de fatigue. D'autre part, certaines personnes arrivent, même dans les régions tempérées, à se passer de logement (1). Abstraction faite de ces nuances individuelles ou momentanées, les besoins de première nécessité forment un faisceau et l'insatisfaction d'un seul d'entre eux suffit à entraîner la mort.

Ce qui est vrai, c'est qu'un ordre changeant d'importance paraît s'établir entre eux suivant qu'ils sont, ou non, momentanément privés de satisfaction ou simplement qu'il y a lieu de craindre pareille privation. De là le rôle capital que prennent en temps de guerre ou de révolution les besoins alimentaires. Mais en temps d'épidémie la possession d'un remède pourra être désirée plus que toute autre chose au monde. Quand sévit un état prolongé de trouble et d'anarchie, le besoin de sécurité semble passer avant tout. Une grève de chemins de fer fait sentir l'urgente nécessité des transports. En période normale, au contraire, lorsque le pain est à bon marché, le besoin de nourriture passe à l'arrière-plan de nos préoccupations, on raille les sergents de ville et l'on fronde le gouvernement : le besoin de liberté s'affirme énergiquement. Dans l'ordre matériel, des désirs frivoles apparaissent alors bien souvent au premier rang. Les besoins de première nécessité semblent s'effacer devant les autres. Mais ils conservent, au moins à l'état latent, leur caractère menaçant pour nous.

L'ordre des besoins est donc chose mouvante. Cette cons-

____

(1) Il ne faut pas oublier non plus que l'on peut vivre assez longtemps avec une alimentation, une aération et un sommeil insuffisants. Témoins ces ouvriers à domicile qui travaillent 14 à 15 heures par jour pour un salaire de famine dans une atmosphère viciée. Il s'opère alors une adaptation maladive à ces conditions défectueuses d'existence.

tatation n'est point modifiée par le fait que certains d'entre eux sont *continus* et que les autres sont *discontinus*. La sécurité ou la respiration ne constituent pas des nécessités supérieures à l'alimentation ou au sommeil si ce n'est d'un point de vue tout momentané. Nous y attachons même généralement bien moins d'importance à raison de leur beaucoup plus grande facilité de satisfaction. L'ordre des besoins est donc à chaque instant en raison directe de l'intensité de la sensation d'insatisfaction et en raison inverse de la facilité que nous éprouvons à faire cesser cette sensation. Il naît de l'association de douleurs plus ou moins aiguës avec des craintes plus ou moins vives.

La distinction, souvent faite, entre besoins satiables et insatiables n'est pas sans intérêt. C'est toutefois, le plus souvent une simple différence de degré. Les besoins physiques sont normalement satiables, sans exception aucune : une certaine quantité d'air, de nourriture, de chaleur, de sommeil etc., nous suffit (1). Au fur et à mesure que la satisfaction s'intensifie, décroît l'intensité du besoin, de l'appétit. Si elle dépasse la mesure, elle devient une nuisance et provoque le dégoût ou l'inquiétude.

Mais cette loi, véritablement physiologique, de la décroissance des besoins, s'applique moins bien aux autres désirs dont quelques uns sont effrénés : tels l'avarice, l'ambition, le jeu, le luxe, les aspirations artistiques et scientifiques. Il importe d'en faire la remarque, car elle montre l'erreur de certaines théories qui négligent cette distinction : il en sera question tout à l'heure à propos de l'*utilité*.

Quelques confusions qui se produisent à propos de la notion de besoin se dissiperont aisément si nous avons soin

______

(1) Il n'en est pas de même pour les vices tels que l'alcoolisme, le tabagisme, la morphinomanie, la nymphomanie, etc. Mais nous ne parlons au texte que de besoins normaux.

de noter que celui-ci peut être général ou spécial. Le besoin
de nourriture est général et physiologique ; le désir de
viande, de légumes, ou de pâtisserie est spécial et n'est
point vital. Marshall parle à ce sujet du besoin de variété (1).
Celui-ci n'est certes pas de première nécessité, bien qu'à la
longue la monotonie puisse avoir des conséquences physiologiques ou mentales désastreuses. Il va de soi d'autre
part que des satisfactions trop grossières ne suffisent plus à
un homme civilisé adapté à plus de raffinements. Ainsi
nous ne pourrions subsister longtemps si, par impossible,
nous en étions réduits au mode d'existence de l'homme des
cavernes. Le concept de besoin général ne doit donc pas
être étendu au-delà de certaines limites qui sont à peu près
celles de l'adaptation à un genre de vie déterminé.

C'est aux besoins « spéciaux », matériels ou non, que
s'applique cette thèse soutenue par Gabriel Tarde que « la
première cause de tout désir économique est l'invention (2)
(ou tout au moins la découverte). Les « créations » des
grands couturiers, les nouveautés que l'on imagine en fait
de moyens de transport comme naguère l'automobile, les
« tentations » des étalages suscitent des désirs qui sans cela
n'eussent jamais vu le jour. Ce sont les marchands qui en
introduisant dans le monde gréco-romain les produits rares
de l'Orient ont fait naître pour ceux-ci un goût passionné.
Mais le besoin général de parure préexistait à ces importations étrangères.

Une remarque encore à propos des besoins spéciaux ;
chaque besoin général se décompose en besoins spéciaux
qui sont, en une large mesure, interchangeables. D'où la *loi
de substitution*, loi importante dont il sera plus d'une fois
question par la suite.

(1) *Principles of Economics*, Londres, 1898, 4ᵉ édit., p. 161.
(2) *La logique sociale*, Paris, 1898, p. 348.

Il y a lieu de distinguer encore les besoins en directs et indirects suivant qu'ils portent sur un moyen de satisfaction immédiat ou sur un objet qui doit servir à préparer ce dernier. C'est en ce sens que l'on dit qu'une usine métallurgique a besoin de charbon ou de minerai. Toute l'importance de cette distinction n'apparaitra que dans l'étude des biens qui va être faite dans le paragraphe suivant.

III

Nous appellerons biens les objets qui servent à la satisfaction des besoins de l'homme et services les travaux qui produisent le même résultat. En ce dernier sens, on doit dire que le médecin, l'avocat, le juge, le prêtre, le devin, l'acteur, le barbier rendent des services. Un même besoin peut parfois être satisfait indifféremment par un bien ou un service. On peut s'instruire en écoutant des leçons ou en lisant un livre; mais cette option est bien peu fréquente. Du reste, les services procurant une satisfaction directe sont beaucoup plus rares que les biens du même ordre. Il en est autrement des services indirects; les économistes les inscrivent sous la rubrique *travail*. C'est pour ne point heurter l'usage de la langue que nous distinguons les services des biens. Ils offrent du reste certains caractères *sui generis* qui s'opposent à une assimilation complète. C'est ainsi qu'à la différence des biens, ils ne préexistent pas à la satisfaction si ce n'est sous la forme indéterminée et purement virtuelle d'aptitudes. On ne peut donc point recenser les possibilités de services comme on opère le dénombrement de marchandises en stock. Entre les uns et les autres il y a en outre des différences juridiques, très accentuées dans les législations contemporaines. Dans le passé, toutefois, l'analogie était grande, du point de vue de l'exploitation, entre l'esclave et l'animal domestique.

Tous les « objets » qui apaisent nos désirs ne sont point des biens *économiques*. La condition indispensable pour qu'il en soit ainsi c'est qu'ils présentent une certaine *difficulté d'acquisition*, c'est-à-dire qu'ils nous coûtent un effort ou un sacrifice, un travail ou un paiement. Une corrélation toute naturelle règne donc entre biens et besoins économiques. On a nommé biens libres tous les moyens de satisfaction directs ou indirects que la nature nous fournit en abondance, gratuitement et sans nous demander d'autre peine que celle que réclame leur utilisation. L'air atmosphérique en est le type le plus parfait (1). L'eau se trouve souvent dans le même cas, mais non toujours! Dans les régions désertiques elle constitue même un bien économique des plus précieux.

Les services gratuits sont plus nombreux que les biens du même ordre. Beaucoup de satisfactions de nature sociale ou affective nous sont gratuitement accordées par nos semblables (sociabilité, considération, ambition, vanité, etc.) Toutefois la considération peut se payer cher et la vanité est parfois un besoin de luxe coûtant gros à satisfaire.

Pour que nous soyons dispensés de les produire ou de les acquérir, les *biens* libres doivent être à notre portée en quantité supérieure aux besoins présents et même futurs. Pour ce qui est des besoins futurs, la condition qui vient d'être énoncée est toutefois subordonnée à une double réserve. Il faut en effet : 1° que le sentiment de la prévoyance soit suffisamment fort pour nous amener à comparer les réserves existantes à la somme de nos besoins actuels et ultérieurs ; 2° que le bien considéré soit susceptible d'accumulation et de conservation.

(1) Ricardo, *Principles of political economy and taxation*, chap. II, citait comme biens libres la pression de l'air et l'élasticité de la vapeur. On pourrait y ranger aussi les vents, les courants maritimes ou fluviaux et beaucoup d'autres « dons naturels ».

Une distinction beaucoup plus importante à établir est celle des biens *directs* et *indirects*. Le pain appartient à la première catégorie, le blé ou le moulin à la seconde. Nous approfondirons cette distinction en traitant de la production et de ses éléments. Mais il convient de faire observer tout de suite que les biens indirects et même certains biens directs sont *complémentaires* ; ainsi le blé et le moulin, le malt et le houblon, le coton filé et le métier à tisser. Dans de nombreux cas, les biens complémentaires forment tout un groupe. La fabrication des allumettes emploie du bois de peuplier ou de tremble, divers produits chimiques comme le chlorate de potasse, le bichromate de potasse, le soufre, le sulfure d'antimoine, enfin la paraffine, l'amidon, la fécule, le papier. Un bien déterminé peut entrer dans différents groupes de complémentaires. L'allumette est, suivant le cas, complémentaire du charbon, du bois, du tabac, etc. Le charbon entre dans une foule de combinaisons économiques et constitue en outre un bien direct. Ces remarques trouveront leur application dans la théorie des prix dont elles nous permettent déjà de soupçonner la complexité.

Les biens ne nous sont apparus jusqu'à présent que sous leur aspect *technique :* leur aptitude à répondre à nos désirs. Cette conception est très insuffisante. C'est ici le moment de se rappeler le caractère composite — signalé dès l'abord — des phénomènes économiques. Comment se présentent donc les *biens* sous les aspects juridique et psychologique ? Au point de vue juridique, les biens économiques ont pour caractère fondamental l'appropriation. Celle-ci peut suivant les temps et les lieux offrir mille nuances divergentes ; elle sera notamment individuelle ou commune à un groupe social plus ou moins étendu. Le bien économique peut même n'être à personne s'il est inaccessible, ou si son existence ou simplement ses propriétés matérielles sont ignorées. L'idée de *propriété* est nécessairement liée au double fait du *besoin* (direct ou indirect) et de la *difficulté d'acquisition.*

Reste à parler de l'aspect psychologique des biens. C'est ce que nous allons faire en traitant de l'*utilité.*

IV

Les économistes sont d'accord pour reconnaitre que ce terme est malheureux, mais inévitable. On l'applique aux objets de nos besoins, non à cause de leurs propriétés intrinsèques, mais à raison de l'opinion que nous avons de ces propriétés. Quand les économistes déclarent une chose utile, ils entendent dire qu'elle est désirée.

Pour nous l'*utilité* c'est donc la propriété que les hommes attribuent à un objet de satisfaire l'un quelconque de leurs désirs. Elle exprime un rapport entre les désirs et les biens ou les services. Tandis que la technologie parle d'utilité objective (intrinsèque), l'économie politique n'envisage que l'utilité subjective (conçue par l'esprit). Ces deux conceptions peuvent coïncider, mais il arrive souvent aussi qu'elles s'écartent plus ou moins l'une de l'autre.

Il résulte de là deux conséquences essentielles :

1° *Il ne suffit pas qu'une matière soit objectivement utile pour que nous la désirions.* Tel était le cas de la pomme de terre avant la découverte de Parmentier. Pour un enfant, dénué du sentiment de la prévoyance, le morceau de pain momentanément superflu est radicalement inutile. Les articles démodés cessent d'être utiles bien que leurs propriétés intrinsèques soient demeurées constantes. A nos yeux enfin — et avec juste raison — tout corps inaccessible, tel l'or ou le fer que renferment les étoiles, est dépourvu d'utilité.

2° *Il n'est pas nécessaire qu'une matière soit objectivement utile pour que nous la désirions.* Ainsi en est-il de l'eau de Lourdes à laquelle les croyants attribuent des propriétés curatives purement imaginaires, des talismans, des porte-bonheur, tels que la coiffe d'un nouveau-né, etc. Certains trafics sont bien instructifs à cet égard : dans les îles Shetland, par exemple à Lerwick, des vieilles femmes vendent du vent aux matelots; récemment encore il y avait en Transylvanie des marchands d'ombres pour architectes (enfermer une ombre dans un bâtiment en construction étant un moyen d'en assurer la solidité) (1). Mais il y a des cas beaucoup moins étranges et beaucoup plus communs que les précédents. Il suffit de citer celui de l'alcool que tant de gens consomment pour se réchauffer alors que la science a établi que l'ingestion de l'alcool refroidit la température du sang.

Ajoutons encore que la question de la nuisance morale n'a rien de commun avec le problème de l'utilité économique. Un livre pornographique est économiquement utile s'il a des lecteurs.

Il ne faudrait pas aller jusqu'à prétendre que l'*utilité objective* est sans intérêt pour notre science. L'expérience montre incessamment aux hommes les erreurs ou les illusions qui vicient leurs appréciations sur la véritable utilité des choses : de là des approximations de plus en plus grandes de cette dernière. Le subjectif tend donc vers l'objectif surtout dans le domaine des besoins organiques dont l'insatisfaction est accompagnée des plus vives souffrances. Mais il ne se confond pas avec lui. Le défaut de concordance peut entraîner la maladie ou la douleur : il n'en résulte pas toujours que les consommateurs reconnaissent les aberrations dont sont entachés leurs jugements d'utilité. Il y a des gens fort sensés mais ignorants et obstinés qui ne font pas autre chose, somme toute, que ces aliénés qui absorbent une nourriture imaginaire et finissent par périr d'inanition.

(1) FRAZER, *Le rameau d'or*, trad. franç., vol. I, p. 133 et 223.

L'expression d'utilité subjective dont nous nous sommes servis ne doit point être entendue en un sens individualiste. Sans doute il y a des originaux qui attribuent aux choses des vertus que ne reconnaît pas le grand nombre de leurs contemporains et en pareil cas, l'utilité subjective est individuelle jusqu'en son origine même. Mais en général il règne, dans ce domaine des jugements d'utilité, des croyances et des modes qui constituent des faits éminemment sociaux et dont l'action se manifeste dans les milieux les plus différents. De nos jours même, ne constate-t-on pas l'empire des idées scientifiques sur la décroissance de certains désirs (boissons alcooliques) et sur la croissance de certains autres (habitations hygiéniques, cures, etc)? Toutefois si les désirs sont généralement d'origine sociale, ils apparaissent comme faits individuels. Il ne faut évidemment point confondre un fait avec la cause qui lui a donné naissance. Il est vrai que très souvent, les désirs, sociaux dans leur source, restent agrégés dans leur action pratique sur le marché et y interviennent comme une masse indivise.

Quoi qu'il en soit, il n'importe guère que l'utilité économique soit envisagée comme donnée individuelle ou sociale. Dans l'une comme dans l'autre conception s'accuse nettement un caractère qui la différencie d'une façon radicale de l'utilité intrinsèque : c'est son intensité variable eu égard notamment à la quantité de biens disponibles (1).

En effet, ce n'est pas l'utilité de l'eau, du pain, du diamant que proclament à un moment donné nos désirs, mais seulement celle de telle quantité déterminée de l'un ou l'autre de ces biens. Ce qui induit à croire le contraire, c'est la circonstance que l'expérience de la répétition des besoins et le sentiment de la prévoyance qui en dérive nous portent à juger utiles des quantités bien supérieures à celles dont

____

(1) Mais eu égard aussi au temps et au lieu.

nous avons momentanément besoin. De là des formules absolues, somme toute illusoires, et auxquelles les faits économiques les plus courants, les prix, donnent des démentis sans réplique (1).

Cette constatation essentielle est à la base d'une conception à laquelle depuis Stanley Jevons et l'école autrichienne, les économistes attachent une extrême importance : celle de l'*utilité finale* ou *utilité-limite*.

Comme le dit très bien Charles Gide (2), l'utilité finale de l'unité d'un bien quelconque est celle qui correspond au *dernier besoin satisfait*. Si j'ai deux pains à ma disposition pour une journée, je sais fort bien que la perte de l'un d'eux, quel qu'il soit, ne me condamnera point au jeûne absolu. J'attacherai donc à l'un quelconque de ces pains bien moins d'importance que si je n'en avais pas d'autre. Et comme on suppose ces deux pains absolument identiques, l'utilité de l'un ou de l'autre sera indiscutablement déterminée par la seule satisfaction que procure un supplément de nourriture (3).

Il va sans dire que la détermination de l'utilité finale des biens est, dans une société civilisée, chose infiniment plus

---

(1) Il est vrai de dire que plus d'un économiste appelle *valeur* ou *valeur en usage* ce que nous appelons au texte *utilité* (variant d'intensité avec nos besoins). Ils réservent le terme *utilité* aux appréciations génériques : l'eau est utile, etc. Mais cette dernière notion est superflue et sans emploi dans la science économique. D'autre part si l'utilité est une conception générique, l'*utilité finale* dont nous allons nous occuper, serait une expression absolument contradictoire. On ne pourrait parler non plus d'une loi d'utilité décroissante (d'un même bien), cette décroissance ne résultant point d'une modification de nos appréciations génériques : comment le pain pourrait-il devenir moins utile parce qu'il est plus abondant, si le jugement d'utilité porte nécessairement et exclusivement sur le pain considéré *in abstracto* ?

(2) *Cours d'économie politique*, Paris, 1919, tome I, p. 71.

(3) Il faut naturellement avoir soin de distinguer l'*utilité moyenne* de l'*utilité finale*.

compliquée que ne le donnerait à penser le petit exemple
ci-dessus.

Je n'ai qu'un verre d'eau à ma disposition : vais-je y
veiller avec une atroce anxiété et n'en boire à de longs
intervalles que de petites gorgées, comme ferait un blessé
abandonné sur le champ de bataille et n'ayant plus qu'une
gourde à demi pleine ? Il suffit que dans ma cave ou mon
jardin se trouve un puits pour que l'utilité de ce verre
d'eau se réduise à très peu de chose et soit simplement déterminée par la plus faible satisfaction qui me paraît encore
valoir la peine de puiser une quantité d'eau équivalente (1).
Je n'ai qu'un pain dans mon garde-manger, mais je sais que
le porteur m'en remettra un autre dans le courant de la
journée en échange de quelque menue monnaie. L'utilité du
pain que je possède est donc mesurée par ce très léger
sacrifice.

En fait, dans une société avancée pratiquant couramment l'échange, l'utilité finale d'un bien donné est en
fonction de celle d'une foule d'autres ; elle est dès lors indé-
terminable. Mais il reste qu'en théorie cette notion traduit
d'une façon saisissante la nature individuelle et mobile de
l'utilité des biens.

Peut-on partir de la notion d'utilité finale pour établir
une loi d'utilité décroissante des biens proportionnellement
à leur quantité ? Il faut d'abord écarter toute idée d'une
proportion mathématiquement inverse. L'allure de la
décroissance peut varier singulièrement suivant les biens
considérés. Mais il y a plus : l'utilité peut même croître avec
la quantité. A certains désirs insatiables, qui ont été signalés

____

(1) Il faut tenir compte toutefois du fait que cette peine grandit
au fur et à mesure qu'elle se répète (sans interruption). Le dernier
effort nécessaire pour obtenir une quantité déterminée d'un bien
forme donc le *minimum* au-dessous duquel ne peut descendre
l'utilité finale.

déjà, on peut appliquer le mot célèbre : *Crescit eundo...* La satisfaction peut surexciter le désir, ainsi qu'on le voit chez les conquérants. Le fait se constate couramment en fait de luxe ou d'enrichissement. Comme beaucoup de conceptions théoriques, la loi de décroissance de l'utilité est donc une généralisation hâtive.

Cette réserve ne doit pourtant pas être exagérée. Dans la majeure partie des cas, la décroissance est indéniable. C'est un fait élémentaire, non universel sans doute mais très commun, que nos désirs paraissent faiblir avec l'abondance des biens qui s'offrent à les satisfaire et qu'inversement la rareté confère non certes à tout un genre de biens comme l'eau et le charbon, mais aux exemplaires individuels de ce genre une utilité qui peut atteindre un degré extrême. Pour étancher sa soif, on peut aller jusqu'à risquer sa vie. Et d'une manière générale la théorie des prix ne se comprendrait pas en dehors de la notion d'une échelle ordinairement décroissante de l'utilité des biens individuels suivant qu'ils croissent en nombre, tous les autres facteurs étant constants.

CHAPITRE IV

L'ÉLÉMENT PHYSIO-PSYCHOLOGIQUE

I

Toute activité économique de l'homme étant déterminée par des motifs, c'est-à-dire par des jugements, il serait littéralement exact de dire que les ressorts immédiats en sont exclusivement psychologiques. Néanmoins l'influence des nécessités physiologiques s'exerce d'une façon si puissante sur nos déterminations qu'une économie politique purement psychologique manquerait de profondeur. Les besoins primordiaux de la nature physique nous dominent impérieusement et ceux-là seuls peuvent s'y soustraire qui s'évadent dans la mort. Ceux qui veulent vivre doivent se courber devant les exigences du corps, même si à force de stoïcisme ou d'ascétisme, ils les réduisent à un minimum presqu'invraisemblable, lequel, du reste, équivaut souvent à un demi suicide, un régime aussi contraire à la nature raccourcissant d'habitude la durée de l'existence et lui ôtant sa plénitude.

A côté des nécessités vitales absolues, il faut faire en outre une large part à l'action des nombreux « désirs » d'origine physique qui, s'ils peuvent être raffinés ou surexcités par l'imagination, ne s'expliqueraient pas d'une façon satisfaisante si l'on prétendait n'y voir autre chose que l'effet de l'imitation, de la mode, de la tradition, des conceptions sociales de tout ordre. Dans ces mobiles d'action complexes et changeants, l'analyse discerne un élément naturel profond et constant.

Ces constatations ont une importance essentielle pour l'interprétation du terme « intérêt personnel » couramment employé par les économistes et qui a donné lieu à tant de discussions souvent superflues et fastidieuses. En tant qu'il n'est que la traduction psychique des nécessités vitales, l'intérêt personnel ne saurait être assimilé à l'égoïsme, toujours haïssable. Il est, au contraire, sain et normal et suivant un grand et éclairé philanthrope, Ernest Solvay, l'on pourrait dire que « le dévouement correspond à une névrose de l'organisme (1) ».

Pourtant, il serait faux d'admettre que l'homme se guide exclusivement d'après son intérêt propre. Les classiques qui ne considèrent que ce mobile d'action ne méconnaissent pas, faut-il le dire?, qu'il n'est point seul en jeu, mais ils créent un type abstrait, l'*homo œconomicus*, jugeant la science impossible à édifier en dehors de cette abstraction. Mais si elle est utile, comme toute simplification, elle est aussi dangereuse, car on a souvent tiré des conclusions pratiques de propositions reposant sur une base psychologique manifestement trop étroite et ne concordant pas avec la réalité tout entière.

En fait, la psychologie économique a pour tâche de délimiter le champ de l'intérêt personnel et d'étudier le rôle et l'importance de nos activités économiques désintéressées. Elle doit aussi faire une analyse serrée du mobile de l'intérêt et montrer comment et pourquoi, ainsi que le disait très

____

(1) *Principes d'orientation sociale*, Bruxelles, 1904, p. 24. Dans ce passage, le mot « dévouement » est évidemment pris dans le sens absolu impliquant l'abnégation totale de soi-même.

bien Wolowski, il n'est pas une « constante », mais une « variable » (2).

II

Quand on parle d'activités économiques désintéressées, il faut bien s'entendre. Nous n'agissons jamais dans l'indifférence. Mûs par la générosité nous éprouvons à n'en pas douter un plus ou moins vif intérêt pour ceux à qui nous faisons du bien. Il n'y a peut-être pas de solution de continuité entre les intérêts les plus vils ou les plus féroces et les intérêts les plus nobles et les plus purs, entre l'extrême égoïsme et ce que, depuis Auguste Comte, on nomme l'*altruisme*. Pour prendre un exemple, la question se pose si l'amour des lettres, qui peut coûter du travail ou des sacrifices d'argent, n'échappe point déjà à la sphère des mobiles égoïstes d'action au sens strict du terme. Ce qui paraît plus vrai encore, c'est l'impossibilité de tracer une frontière précise entre ces deux tendances opposées, l'une qui rapporte tout au *moi*, l'autre qui pousse à l'extériorisation. Une fine analyse psychologique pourrait seule, dans chaque cas particulier, établir la démarcation. Ainsi, il y a des hommes de science qui travaillent par amour de la notoriété, d'autres par amour du vrai. Les deux mobiles peuvent, du reste, s'associer et même s'enchevêtrer d'une manière inextricable.

Ce qui est certain, c'est que l'altruisme n'est point chose pratiquement négligeable et que le classicisme économique a eu grand tort de ne pas lui faire sa part dans la théorie. Veut-on des preuves de son importance ? A qui veut bien regarder, la vie de tous les jours en fournit à foison. Sans

(1) Cité par GUILLEMOT, *La spéculation financière*, Paris, 1906, p. 133.

parler des actes de véritable héroïsme, qui sont assurément fort rares, on peut affirmer que, sous les formes les plus variées, la charité agit quotidiennement et puissamment au sein des sociétés civilisées. Il faut citer aussi des faits économiques essentiels tels que l'épargne. Celle-ci n'a-t-elle pas bien souvent pour mobile l'affection familiale, le sentiment du devoir envers les siens ? Dans le même ordre d'idées, l'on constate que toute une branche d'affaires, de plus en plus active, l'assurance sur la vie, repose exclusivement sur cet altruisme familial. On ne peut passer sous silence non plus le fait de donner caution pour autrui. D'habitude celui qui se porte garant pour un parent ou un ami ne reçoit aucune rémunération, directe ou indirecte, pour le risque qu'il affronte et qui peut être redoutable. Mais il y a plus : chez un grand nombre d'hommes, le sentiment du devoir intervient de manière active et constante dans l'exécution des engagements qu'ils ont pris et contrarie la loi de l'économie des forces. Le travailleur consciencieux, à quelque rang social qu'il appartienne, accomplit sa tâche pleinement, il donne non le moindre effort que l'on est en droit de lui réclamer, mais tout l'effort dont il se sent capable. Souvent aussi l'on voit des employeurs ne pas s'en tenir à l'exécution stricte des obligations qu'ils ont contractées vis-à-vis de ceux qu'ils occupent ou assumer à leur égard des obligations auxquelles ils auraient pu ne point souscrire. Ils paieront, par exemple, des salaires plus élevés que leurs concurrents ou se préoccuperont davantage d'assurer la sécurité du travail et la salubrité des ateliers, courant risque, en agissant ainsi, de succomber dans la lutte. Bref le dévouement et la philanthropie jouent un rôle constant dans la vie économique et mitigent l'âpreté des conflits d'intérêts.

D'autre part, il y a lieu de tenir compte de l'influence des *phénomènes collectifs* et, en particulier, des *phénomènes de foule* que la sociologie a étudiés de près et qui paralysent, d'une façon étonnante, l'action de l'intérêt individuel. C'est ainsi qu'un élan patriotique ou religieux amène des renonciations tout à fait extraordinaires. L'exemple le plus frappant et le plus connu est celui de cette séance fameuse de l'Assemblée Constituante tenue pendant la nuit du 4 août 1789 et au cours de laquelle la noblesse renonça successivement à tous ses privilèges féodaux. Le sacrifice était grand ; il fut consommé d'enthousiasme. Sous l'empire de la contagion imitative, il se produit des courants mentaux puissants auxquels l'intérêt personnel des individus ne résiste pas plus qu'un fétu de paille : c'est ce qui explique le Communisme des premiers chrétiens, les « épidémies » monacales, la multiplication des vœux de pauvreté et ajoutons, pour être plus modernes, la signature en masse d'emprunts de guerre comportant d'énormes aléas.

III

Entre l'égoïsme et l'altruisme, il y a lieu de faire une place à part au sentiment de la solidarité ou de l'intérêt commun. Dans nos sociétés civilisées, l'importance en est extrême : l'on ne paraît pas toujours s'en douter.

Certes, il ne faut pas exagérer la portée de certains produits conscients et spécifiques de l'esprit de solidarité comme les sociétés coopératives dont nous essaierons plus tard de mesurer exactement le rôle.

Mais, sous une forme diffuse et inconsciente — ou peu consciente — cet esprit se retrouve partout, vivifiant le monde économique. S'imagine-t-on que, s'il n'existait point, la vie publique serait possible et que c'est la seule crainte des pénalités qui nous détermine à payer les impôts, à respecter les lois, à accomplir nos devoirs militaires, à remplir ponctuellement nos engagements privés ? Il n'en peut être ainsi que parce que l'homme d'aujourd'hui est pénétré de l'absurdité d'une conduite contraire. Et à la longue s'établit une sorte d'instinct social qui gouverne les actes sans qu'aucun raisonnement intervienne. L'automatisme de la solidarité n'en amoindrit pas la puissance motrice : bien au contraire. Mais il appartient à la science de la mettre en lumière et de réduire à ses justes limites la portée effective de l'intérêt individuel purement égoïste.

IV

Il faut reconnaître cependant le rôle économique dominant de l'intérêt personnel et lui vouer une étude attentive.

Les auteurs ont une certaine propension à confondre l'intérêt personnel et la poursuite du gain. Mais celle-ci n'est concevable que dans des conditions données de développement économique ; elle présuppose l'échange activement pratiqué, l'emploi de la monnaie et l'habitude de l'accumuler ou de la prêter, c'est-à-dire l'usage courant de la capitalisation.

Au surplus, la poursuite du gain n'est une fin en soi que pour un nombre limité d'individus qui se complaisent dans l'amoncellement des richesses ; pour les autres gagner de l'argent n'est qu'un moyen de se procurer d'ultérieures jouissances. Pour ceux-ci, l'intérêt personnel n'est, en définitive, nullement pécuniaire : suivant les individus, il sera passionnel, politique, religieux, scientifique, artistique. L'horizon de chacun varie à l'infini. Tel humble employé travaillera pendant de longues années en vue de s'assurer pour ses vieux jours une modeste retraite, un confort bien médiocre mais qui lui est apparu durant toute sa carrière

.active comme un idéal et comme tel a soutenu son zèle au labeur et l'a sauvé de la veulerie et du découragement. Tel homme d'affaires entreprenant, actif, génial cherche bien moins la grosse fortune pour elle-même que pour les joies du commandement qu'elle lui assure : c'est avant tout un ambitieux. Et, tant d'autres que ne voient-ils point par delà l'argent ? La réponse serait trop longue à donner... On peut donc conclure que la poursuite du gain n'est, en tant que but, qu'une espèce dont l'intérêt personnel, si égoïste qu'on le conçoive, est le genre. En d'autres termes nos efforts et nos sacrifices sont déclenchés par le désir des jouissances les plus variées, sans en excepter la volupté particulière de l'enrichissement.

Ces réserves faites — et si évidentes qu'elles paraissent, elles n'étaient pas sans utilité — examinons l'intérêt pécuniaire en lui-même sans plus nous préoccuper de savoir s'il est conçu comme but ou simplement comme moyen. Cet examen nous montrera qu'il est essentiellement variable et cela à divers égards.

V

Il varie d'abord sous le rapport de l'*intensité*. Qu'il y ait des différences incessantes et parfois énormes dans l'ardeur qu'apportent les individus à la recherche du gain, la constatation est si banale qu'il ne vaut pas la peine de s'y attarder si ce n'est pour en rappeler les principales causes. Elles sont avant tout d'ordre moral : énergie, persévérance, vocation et, au contraire, mollesse, promptitude à se décourager, déplaisir ; ou bien encore âpreté au gain, absence de scrupules et, au contraire, modération dans les désirs, volonté de ménager ses semblables, sentiment de l'honneur ou du moins crainte de la déconsidération, timidité.

Ces différences ne sont pas purement individuelles. Le milieu social donne naissance à certains types, comme le paysan qui ne plaint pas sa peine, accumule sou par sou mais n'est pas accessible à la pitié et exploite à outrance les occasions favorables qui s'offrent à lui de gagner gros. Il se produit aussi des différenciations ethniques, nationales, régionales, locales même. Noirs, jaunes et blancs offrent à cet égard — du moins dans l'état actuel des choses — des divergences caractéristiques. La comparaison des peuples du Nord ou du Sud de l'Europe permet d'en saisir d'autres qui sont encore très nettes. Dans un même pays s'accusent suivant les régions des écarts sensibles dans l'intensité de l'intérêt personnel : ainsi le Piémontais est aussi laborieux que le Napolitain l'est peu, du moins en général. Le climat a peut-être une part d'influence en tout ceci ; il faut admettre cependant une autre variabilité, celle qui se manifeste suivant les époques chez le même peuple ou la même race et qui est en rapport avec l'essor ou le déclin de la civilisation.

D'un autre côté, il est à remarquer que des variations s'accusent chez les mêmes individus. Nous ne songeons pas seulement à la versatilité et à l'inégalité d'humeur qui impriment des oscillations à la productivité de certaines personnes, mais à l'influence des différences de situation sur l'activité plus ou moins grande que chacun déploie pour la défense de ses intérêts. Une relation presque constante s'établit entre l'intensité de la pression que la nécessité exerce sur l'individu et l'énergie au travail dont il fait preuve. Lorsque cette pression atteint un degré exceptionnel, l'effort peut devenir surhumain. Sans doute, la nécessité excessive peut aussi engendrer le désespoir et l'abandon : les différences de caractères et de tempéraments subsistent jusque dans les situations extrêmes. Mais, en moyenne, il reste vrai que la rigueur des conditions du travail, les difficultés qui l'environnent, l'urgence de satisfaire des besoins essen-

tiels, le danger de succomber dans la lutte contre les rivaux
ou les obstacles naturels, suscitent des producteurs énergiques, persévérants, infatigables.

A côté de la nécessité, il faut faire place à deux autres
facteurs de variation de l'activité personnelle : l'habitude et
l'émulation. L'habitude il est vrai tend plutôt à régulariser
qu'à faire varier l'intensité des mobiles d'action ; à la longue
cependant elle produit des altérations caractéristiques telles
que l'insouciance du danger, l'atrophie de l'imagination
créatrice, etc. L'émulation participe de l'imitation, de l'amour-
propre, même du jeu. Elle est souvent liée à la nécessité.
Nous la retrouverons à propos de la concurrence. Dans le
même ordre d'idées, il est à remarquer qu'une demi-satis-
faction est un excitant du zèle : elle encourage et donne un
avant goût de la jouissance complète.

Il est essentiel de remarquer que des préoccupations
étrangères au gain viennent souvent tempérer l'ardeur que
bien des gens pourraient y apporter s'ils ne songeaient à
autre chose. Pour apprécier le rôle des influences modéra-
trices de ce genre — qui parfois même sont tout à fait para-
lysantes — il est intéressant d'examiner de près l'exemple
des propriétaires fonciers. Deux types extrêmes s'opposent
à cet égard : d'une part, il est des propriétaires fonciers,
petits ou grands il n'importe, qui apportent à la culture des
soins jaloux et constants ; ils ont l'amour de la terre et
déploient toute leur énergie et toute leur ingéniosité à la
faire fructifier le plus possible. Le type opposé est celui de
l'absentéiste, grand propriétaire qui vit à la Cour ou du
moins dans une grande ville, parfois à l'étranger, toujours
loin du sol qui lui appartient et dont il abandonne la culture
à des intendants ou à des fermiers qu'il ne surveille point.
La négligence totale ou partielle, prolongée ou temporaire,
des occupations professionnelles est un fait individuel fréquent. Mais il apparaît aussi dans plus d'un milieu comme

un phénomène social caractéristique. Nombreux sont les passages des historiens évoquant de pareils états de choses. En voici un qui se rapporte à la dernière période de la république romaine : « Absorbés par la politique, la plupart des personnages éminents n'avaient même plus le temps de s'occuper de l'administration de leur fortune ; ils se laissaient voler par leurs fermiers, leurs affranchis, leurs ménagères, leurs esclaves.... (1) ». Les passions dominantes exercent donc une action collective, qui peut être très fâcheuse, sur la poursuite du gain chez toute une classe sociale et diminuent en conséquence leur capacité productive.

La richesse acquise agit également en ce sens et possède parfois une redoutable puissance léthargique. C'est ce qui explique l'arrêt de certains essors économiques, alors que toutes autres conditions du progrès demeurent réunies. C'est que les riches s'endorment dans le bien-être et que l'esprit d'entreprise s'enlise dans la saturation née de l'opulence. Les pauvres restent pauvres sans doute : mais ce n'est point à eux qu'appartient la direction des affaires et plus les capitalistes se détournent de l'effort, moins ils encouragent les tentatives des individus hardis, mais dépourvus de ressources personnelles. Aussitôt que l'on ne cherche plus à gagner mais à jouir, on fuit le risque avec autant d'horreur que le travail. Un exemple typique de ce genre de « cristallisation » économique nous est fourni par la Hollande du xviiie et même du xixe siècle. Il y en a bien d'autres (2).

____

(1) G. FERRERO, *Grandeur et décadence de Rome*, vol. II, p. 178. Trad. Mengin (Paris 1907).

(2) Dans une certaine mesure il en était de même, au xixe siècle, chez certaines classes sociales en France. Le petit rentier a pour idéal désœuvrement et sécurité. S'il faut travailler, on recherchera de préférence les occupations peu fatigantes et exemptes de souci. De là la vogue de certaines carrières comme le fonctionnarisme. Le

D'une manière générale, il paraît certain que l'intensité de la poursuite du gain s'amoindrit au fur et à mesure de l'enrichissement, bien qu'ici ne soient point rares les exemples d'insatiabilité. Il est cependant permis d'en faire abstraction et de considérer que l'homme moyen met en balance efforts et privations. Or les premiers tendent à devenir de plus en plus pénibles dans le temps même où les secondes deviennent de moins en moins cruelles. On achète des satisfactions décroissantes au prix d'un repos de plus en plus désiré. Aussi le point d'équilibre doit-il être atteint tôt ou tard. A ce moment s'arrête l'activité, la poursuite du gain cède au goût du loisir.

Il va sans dire que les mœurs agissent puissamment sur la détermination de ce point d'équilibre. Ainsi le défaut d'entraînement au travail des gens nés dans l'opulence et l'habitude de vivre de revenus non gagnés relâchent les ressorts normaux de l'activité économique (1). Il y a là des indications essentielles en vue de la réforme profonde de l'organisation sociale.

Ce n'est pas seulement dans l'exercice de la profession que l'empire de l'intérêt pécuniaire se trouve limité par d'autres mobiles. Il l'est encore dans le choix de celle-ci. A cet égard le souci de la considération tient souvent en échec l'amour du gain. Fils de négociants désireux d'entrer

---

petit commerce a aussi beaucoup d'amateurs. Même phénomène en ce qui concerne les placements. E. Théry calculait que sur 86 milliards de francs de valeurs mobilières appartenant à des Français, il y a 92 0/0 de valeurs à revenu fixe (Cf. Guillemot, *op. cit.*, p. 109-110). En Angleterre, il n'en est pas de même : suivant un dicton connu, John Bull peut supporter beaucoup de choses, mais non 2 p. c.

(1) Il convient de remarquer aussi que l'abondance tend à produire la légèreté et la dissipation, non seulement dans l'emploi des biens directs, mais encore dans celui des biens indirects. Il arrive que des hommes d'affaires trouvant trop facilement de l'argent à emprunter créent inconsidérément des entreprises nouvelles.

Ansiaux   5

dans le cadre des professions libérales, ouvriers évitant les occupations malpropres ou méprisées mais bien rémunérées, jeunes gens qui jugent plus honorable d'être employés de commerce qu'ouvriers manuels, avocats ou médecins qui abandonnent une carrière relativement lucrative pour devenir députés ou sénateurs, fonctions généralement peu rémunératrices, tous ces hommes cherchent à s'élever dans l'échelle sociale et subordonnent à cette ambition le désir de gagner. A n'en pas douter, le cas inverse s'observe fréquemment. Bien des gens recherchent l'argent plutôt que les honneurs ou... l'honneur : tel est leur mobile exclusif dans le choix d'une carrière pour eux-mêmes ou pour leurs enfants. Tout le reste leur parait duperie pure (1). Il en est fréquemment ainsi aux époques comme la nôtre où l'amour du gain pécuniaire a pris une ampleur presqu'inouïe dans l'histoire. Une situation analogue s'observe dans l'antiquité, vers la fin de la République romaine. Néanmoins la hiérarchie sociale se différenciait plus ou moins, alors comme aujourd'hui, de l'échelle purement « lucrative », des professions. Alors comme aujourd'hui, les gens enrichis s'efforçaient de « se décrasser » en échangeant une profession avantageuse, mais peu estimée contre une occupation plus noble quoique moins fructueuse. Cela est si vrai que les soucis de cette nature se transformaient même en usages. Témoin ce vieil adage romain : *Senatoribus omnis quæstus indecorus*, en vertu duquel le trafic était interdit aux sénateurs.

Il faut ajouter enfin que le choix du lieu du travail est loin d'être dicté toujours, ou même principalement, par de pures considérations économiques. On verra, par la suite, combien l'amour du sol natal et la nostalgie que produit le

______

(1) Faut-il rappeler ici le cas des « nouveaux riches » issus de la guerre ?

déracinement sont fécondes en conséquences intéressantes
pour nos études notamment en matière de commerce international (1).

VI

L'*intensité* de la poursuite du gain est encore en fonction
d'un autre facteur psychologique : c'est la prévoyance,
c'est-à-dire l'anticipation des jouissances futures. L'importance de ce facteur est si connue que l'on pourrait se borner
à la signaler en passant si elle n'était fondamentale. Les
changements qui se produisent à cet égard dans la mentalité humaine constituent déjà, à eux seuls, toute une explication de l'évolution des sociétés de l'état sauvage à la
civilisation ; ils rendent compte aussi, au moins partiellement, des différences profondes qui séparent les classes
sociales. Travailler en vue de l'avenir, n'est-ce pas tout le
secret du progrès économique ? Telle est aussi la plus solide base de la prospérité de la bourgeoisie contemporaine.
Que le souci d'assurer la satisfaction de ses besoins futurs
et de ceux de sa famille décuple l'énergie productrice dans
ses plus diverses applications, il serait superflu vraiment
de vouloir le démontrer. Le stimulant est incomparable.

Mais comment se répand cette préoccupation ? Il ne suffit pas d'enseigner la prévoyance à l'école primaire pour la
généraliser. Il paraît probable que l'état de choses le plus
favorable à son éclosion, c'est le travail énergique stimulé
par la nécessité, produisant une rémunération large, mais
non excessive et suffisamment régulière. Peu à peu alors
l'idée s'insère dans les traditions familiales et devient une

---

(1) La simple répugnance pour le travail de fabrique qui se rattache
aussi au choix du *lieu* de la profession offre une réelle importance
pour la théorie du salaire. Il tient à des sentiments de classe ou au
particularisme de langue et de race chez des immigrés.

force économique et morale d'une rare puissance. Tout le milieu s'en imprègne. Tout le milieu : du moins toute la classe sociale. La tradition établie peut être ébranlée toutefois par la facilité du gain et la diffusion du luxe.

Il est évident, d'autre part, que les bas salaires contrarient l'essor de la prévoyance. La misère présente ferme l'horizon. Les petits surplus éventuels que laissent ces maigres rémunérations sont dépensés en plaisirs immédiats, tant est grande la soif de distractions, de jouissances même grossières chez ceux qui n'ont en règle que l'indispensable. La séduction du luxe ambiant des riches est, au surplus, d'une telle violence sur les pauvres qu'ils n'y résistent guère quand, d'aventure, ils ont quelque argent de reste. De là cette conséquence que, chez ceux-ci, la poursuite du gain peut avoir des sursauts d'intensité en vue d'une immédiate et exceptionnelle satisfaction, mais qu'elle n'a ni l'ardeur ni la constance que lui imprimerait l'obsession d'un meilleur avenir. Ne jugeons pas, constatons. Ou plutôt ne nous dissimulons point ce qu'il y a d'un peu factice dans les méthodes employées par les philanthropes pour enseigner la prévoyance au peuple. Là où font défaut les conditions propres à la production du phénomène, peut-on obtenir autre chose que des résultats éphémères ou superficiels ?

VII

Il ne suffit pas de donner tout son effort pour atteindre le maximum de résultat objectif. L'intérêt pécuniaire n'est pas seulement variable en intensité ; il présente des divergences non moins nombreuses et tranchées sous le rapport de l'efficacité des moyens employés.

L'école classique a érigé en loi scientifique la tendance au moindre effort. Chacun dit-elle, s'efforce d'obtenir le maximum de jouissance au prix du minimum de peine.

Faisons un instant abstraction de toutes les réserves qu'appelle semblable formule. Encore doit-on bien reconnaître que le moindre effort comme le maximum de résultat s'apprécient subjectivement. Et voilà une différence radicale avec les axiomes et théorèmes mathématiques lesquels sont des propositions rigoureusement objectives. En géométrie, la ligne droite est *toujours* le chemin le plus court d'un point à un autre. En économie politique, le moindre effort pour atteindre une satisfaction donnée, est celui que les individus jugent tel : c'est-à-dire qu'il *varie* à l'infini avec le degré de clairvoyance, d'instruction, d'esprit pratique de chacun. Le jugement joue ici un rôle capital. Les connaissances acquises et bien ordonnées réduisent énormément la difficulté d'acquisition.

En fait, l'humanité commet d'innombrables et incessantes erreurs en ce qui concerne l'économie des forces ; ce n'est que petit à petit qu'elle arrive à en corriger quelques unes et à les éviter. L'absolue économie des forces est un idéal inaccessible. Assurément, le XXe siècle en est encore bien loin, en dépit des inventions les plus récentes.

S'il était vrai que l'homme réalise, en quelque sorte instinctivement, le rendement maximum objectif, les neuf dixièmes des faillites deviendraient d'indéchiffrables énigmes. On ne s'expliquerait ni les spéculations inconsidérées, ni les grèves entreprises à tort et à travers, ni certains modes improductifs d'exploitation des travailleurs par des patrons peu éclairés, ni tant d'autres erreurs économiques persistantes. D'autre part la routine, c'est-à-dire le défaut de réadaptation aux conditions nouvelles, serait littéralement un mystère.

C'est une illusion de se figurer l'homme guidé dans son activité économique par une sorte d'instinct très sûr, presqu'infaillible. Combien de fois n'avons-nous pas entendu combattre la réglementation du travail et l'intervention de l'Etat à l'aide de cet argument simpliste et beaucoup trop absolu que les intéressés savent mieux que les pouvoirs publics ce qui leur convient (1) ? Il est loin d'en être toujours ainsi. C'était exact sans doute à l'époque où Adam Smith combattait les errements de la politique mercantiliste et où les physiocrates, en France s'attaquaient au régime corporatif dégénéré ; depuis lors, en revanche, il est bien des cas où l'intervention légale a été utile et véritablement tutélaire.

Au lieu d'émettre de tels axiomes, qui dispensent de longues recherches, mieux vaudrait étudier dans quelles conditions progresse la notion pratique du moindre effort et du rendement maximum. L'instruction à tous ses degrés est ici beaucoup plus efficace qu'en matière de prévoyance. Encore doit-elle être réformée dans le sens d'un équilibre mieux établi entre les connaissances acquises et le développement des facultés, en particulier, du jugement.

D'une façon générale, c'est par le progrès technique — dont il sera question au chapitre suivant — que se réalise un degré croissant d'*objectivité* dans la détermination du moindre effort et du rendement maximum. Dans le même ordre d'idées, le système Taylor, dont nous parlerons à propos des salaires, est en partie fondé sur l'idée d'une application de la loi de l'économie des forces. La suppression

(1) Même observation en ce qui concerne la falsification des produits. S'élevant contre les règlements corporatifs, les économistes classiques faisaient observer que l'intérêt du consommateur était une garantie bien supérieure contre pareille falsification. Certes, ces règlements étaient devenus tout à fait surannés, on les appliquait d'une façon automatique, vexatoire, stupide. Qui contesterait cependant la supériorité d'un bureau d'analyse sur l'intérêt personnel du consommateur ? De l'un à l'autre, il y a toute la différence de la science et de l'empirisme. Un cas saisissant est celui des produits pharmaceutiques. Ici la loi pénale — bien appliquée — est la seule sauvegarde effective du consommateur. Il faut donc avoir soin d'éviter les solutions absolues et le ton doctrinal.

des mouvements inutiles dans l'exécution du travail devient, dans ces conditions, l'objet d'un art spécial. Mais ce qui est remarquable, c'est que les règles de cet art doivent être enseignées et imposées à l'ouvrier loin d'être spontanément appliquées par lui, bien qu'il ait un intérêt évident à simplifier et à alléger sa tâche. Dans la conduite des affaires, le discernement du minimum d'effort et de l'efficacité maximale offre si peu le caractère de la révélation et de l'intuition qu'une profession spéciale s'est créée aux États-Unis, celle des *business engineers* ou ingénieurs d'affaires, dont le métier consiste à enseigner les meilleures méthodes de diriger les entreprises et à relever et corriger les erreurs commises dans la pratique sous ce rapport.

Le moindre effort et le maximum de résultat sont donc toujours relatifs ; ils découlent non d'un instinct donné à tous en naissant, mais d'une compétence plus ou moins laborieusement acquise. De là une conséquence bien typique : c'est que chacun de nous défend beaucoup plus efficacement ses intérêts pécuniaires dans la sphère de ses occupations professionnelles qu'en tout autre domaine. Sans doute, cette différence tient aussi, dans une certaine mesure, à la concentration de l'attention sur une activité spéciale à laquelle est consacrée aussi la plus grande partie du temps disponible ou, du moins, les meilleures heures de travail. En ce sens elle est plutôt une question d'intensité. Mais il n'est point douteux qu'elle n'ait sa source principale dans une inégale compétence.

Le fait que nous signalons a une grande importance économique. Nous en rencontrerons, chemin faisant, maint exemple : infériorité et inertie du consommateur qui a tant d'influence sur la formation des prix de détail (1) ; passivité

(1) Il faut accorder, il est vrai, que beaucoup d'acheteurs au détail considèrent le marchandage comme au-dessous de leur dignité ou d'un intérêt trop minime pour s'en donner la peine.

du déposant en banque généralement mal informé de l'état du marché de l'argent ; incapacité de l'actionnaire de suivre la marche des sociétés auxquelles il s'est intéressé parfois pour de grosses sommes, négligence qu'il y apporte d'ailleurs : il est bien rare qu'il se donne la peine d'assister aux assemblées générales (1) ; attitude peu « économique » du maître de maison et qui contraste si nettement avec celle de l'exploitant d'un hôtel, d'un restaurant, d'une pension vis-à-vis de son personnel ; absence de toute réaction encore chez le passager de paquebot, ignorant de l'état de l'offre et de la demande, d'où la fixité relative des tarifs de transports maritimes des voyageurs en opposition à l'extrême mobilité des frets ou prix des transports maritimes des marchandises.

VIII

La conception de l'intérêt pécuniaire varie beaucoup enfin suivant le degré de moralité de chacun. Les moyens employés s'en ressentent. Loyauté chez les uns, ruse et perfidie chez les autres. Absence de scrupules et de douceur chez certains ouvriers parvenus au patronat ou chez certains employeurs épris de luxe ; chez d'autres, influence frénatrice de l'éducation ou encore de la simplicité des mœurs et de la modération des désirs.

Ici aussi, les différences qui se manifestent ne sont pas purement individuelles. L'action du milieu social et, en particulier, de la mentalité régnante, ou plus précisément de l'état général des désirs, retentit avec force sur la moralité économique. Les périodes de besoins très intenses, de

(1) Reconnaissons toutefois que cela nécessiterait des pertes de temps ou des déplacements onéreux surtout en présence de l'usage quasi universel de la division, disons même du morcellement des placements.

luxe effréné se traduisent régulièrement par une recrudescence d'avidité et une baisse du niveau éthique dans les affaires. Ainsi encore les gens opulents, qui dépensent sans compter, sont la proie toute désignée de leurs fournisseurs et serviteurs. En ce sens l'inégalité des conditions exerce une influence démoralisante incontestable. Les mœurs de chaque contrée déterminent aussi de grandes divergences. En certains pays occidentaux, la loyauté des hommes d'affaires s'élève à un degré rarement atteint surtout dans les pays exotiques. Le sauvage ne recule pas devant le meurtre. Ces différences engendrent une foule de conséquences pratiques. Il est à remarquer que la déloyauté commence par procurer des avantages économiques à ceux qui n'hésitent point à y avoir recours. Tel est le cas des accapareurs. Dans la concurrence, elle peut être un élément décisif de succès. Il en est ainsi notamment dans les compétitions internationales. Ces avantages sont toutefois purement momentanés. Tromper sur la qualité, c'est à la longue, s'aliéner les acheteurs. Tromper sur le paiement des salaires, c'est irriter les salariés, provoquer des représailles telles que l'abaissement voulu de la productivité ouvrière, le sabotage. Tromper ses créanciers, c'est nuire à son crédit. Ainsi la fraude n'est souvent qu'une forme de l'imprévoyance, sauf dans le cas de relations non suivies. De même l'abus de la supériorité économique, et notamment la pratique habituelle de l'usure provoque souvent de la part des victimes des actes de violence contre les exploiteurs et particulièrement les prêteurs et vendeurs à crédit. C'est ce qui explique que des commerçants peu scrupuleux, mais intelligents pressurent l'acheteur de passage, mais ont soin de ménager le client régulier.

D'un autre côté, l'immoralité des moyens est loin d'assurer toujours le succès même temporaire de celui qui les emploie parce que bien souvent elle n'est qu'une suggestion de la paresse, du désir du gain facile. Or elle remplace rarement avec avantage la vigilance et l'énergie absentes.

Les conséquences de ces pratiques ne sont pas purement individuelles. Lorsqu'elles sont courantes, elles produisent des effets sociaux aussi graves qu'étendus. La mauvaise foi est-elle générale ou simplement fréquente, elle constitue un risque régulier dans les affaires. Or tout risque est une entrave aux transactions, donc à la production et au commerce ; il est, en outre, une cause de renchérissement. La malhonnêteté des locataires fait hausser le taux moyen des loyers ; celle des emprunteurs fait hausser le taux moyen de l'intérêt. Elle rend impossible une forme de crédit très intéressante que nous étudierons plus tard sous le nom de crédit personnel. Aussi ce dernier ne prend-il tout son essor que dans les pays d'une extrême probité comme l'Écosse (1).

Si le crédit se fait communément sur gages et garanties, c'est, en partie, par suite des défiances qu'inspire plus ou moins la moralité des emprunteurs (2). Mais d'une façon générale, la solidarité économique, cette condition essentielle du progrès authentique et durable, est en raison directe de la confiance réciproque c'est-à-dire du niveau de la moralité effective.

En résumé, toutes les observations qui précèdent démontrent le caractère éminemment variable de cette force que l'on nomme l'intérêt personnel, et au sujet de laquelle tant les théoriciens classiques que les « hédonistes » con-

---

(1) Il va sans dire que d'autres causes encore agissent sur l'essor du crédit personnel, tels que l'énergie, l'intelligence, l'esprit d'entreprise, la sécurité relative des affaires, la disposition des prêteurs d'assumer des risques.

(2) Observation analogue : les gages servent, bien entendu, à immuniser le prêteur non seulement contre le défaut éventuel d'intégrité de l'emprunteur, mais encore contre les fautes que celui-ci pourrait commettre dans ses affaires et la mauvaise fortune qui pourrait l'atteindre.

temporains raisonnent comme si elle était absolument constante. Simplifier à ce point la psychologie économique, ne pas même proclamer sa dépendance du *milieu*, c'est la méconnaître tout à fait. Nous n'avons fait ici qu'en esquisser les principaux linéaments, sans nous dissimuler qu'il y a là, pour la science d'observation, toute une œuvre à accomplir dont les abstractions de l'école classique et de l'école mathémathique masquaient les insuffisances et empêchaient d'apercevoir toute la nécessité. Le développement ultérieur de notre science dépend en partie de la fécondité des recherches qui seront poursuivies dans cette direction.

CHAPITRE V

L'ÉLÉMENT TECHNIQUE

I

En général, les matières brutes que l'homme trouve dans le milieu ambiant ne sont pas utilisables telles quelles ; elles constituent rarement des biens *directs* au sens que l'économie politique donne à ce terme. C'est l'office de la *production* d'opérer les transformations nécessaires. La production est donc l'activité humaine qui façonne les matières brutes pour les rendre propres à satisfaire nos besoins. Emile de Laveleye disait très bien qu'elle a pour objet de créer des utilités.

En un sens large, il est permis de considérer comme producteurs non seulement ceux qui élaborent des moyens matériels de satisfaction, mais encore ceux qui rendent des services : médecins, avocats, juges, ministres, etc. Cette manière de voir eût choqué les physiocrates, prédécesseurs immédiats de l'école classique, qui ne regardaient comme véritablement productive que l'agriculture. Mais depuis le xviiie siècle, les notions de production et de productivité ont fait beaucoup de chemin : toutes les activités sociales véritablement utiles, c'est-à-dire qui concourent directement ou non à satisfaire des besoins s'y voient aujourd'hui englobées.

Reconnaissons qu'un tel point de vue n'est pas sans quelque danger. En s'y plaçant d'une manière exclusive, on courrait risque de concevoir beaucoup trop étroitement le rôle joué par des personnages tels que les magistrats et les gouvernants. Ce rôle, il ne faut pas le mesurer uniquement à l'aune de l'économie politique. Certes le juge a mission de satisfaire le besoin de sécurité. Mais sa fonction est plus complètement définie par la formule juridique bien connue d'après laquelle il incombe au juge de « dire le Droit ». De même, les armées de terre et de mer n'ont pas seulement pour devoir de protéger les producteurs contre les incursions et les ravages. De même encore le Gouvernement est une institution dont les fins ne sont pas purement économiques. Il ne faut jamais perdre de vue que l'économie politique n'éclaire que l'un des aspects des phénomènes sociaux. Sous cette réserve qu'il convient de se remémorer sans cesse, il n'est assurément pas interdit de ranger parmi les producteurs jusqu'aux poètes ou aux professeurs de philosophie.

D'un autre côté, il n'y a guère d'inconvénient à inscrire dans la production les activités qui lui succèdent et la complètent : transport, distribution, mise en réserve, entretien et réparation des biens qui ne se consomment que par un plus ou moins long usage.

La grande majorité des économistes distinguent trois facteurs de la production : le travail — la nature (on dit quelquefois la terre) — et le capital.

En réalité, la production et les opérations accessoires qui s'y rattachent n'ont qu'un *agent* unique, c'est l'homme, c'est la force humaine musculaire et nerveuse. Cette force-travail n'étant point créatrice, au sens biblique du terme, ne peut faire autre chose que d'approprier aux besoins les matières qu'elle met en œuvre. Les procédés d'appropriation ont, au cours des siècles, réalisé des progrès prodigieux si bien que, pour produire, les hommes d'aujourd'hui disposent, outre les matières brutes tirées du sol, du sous-sol ou de l'atmosphère :

1° De forces motrices, en partie naturelles, mais surtout produites comme les chutes d'eau, la vapeur, l'électricité, le pétrole ;

2° D'instruments mécaniques d'extraction, de culture, de façonnage, de transport qui centuplent la productivité du travail ;

3° D'animaux de trait et de consommation sélectionnés artificiellement et de plantes alimentaires, textiles, oléagineuses ou autres que des siècles de culture ont transformées au point que l'on ne retrouve plus, par exemple, le type sauvage des céréales ;

4° D'un sol modifié lui aussi par des travaux dix à quinze fois séculaires, du moins dans le Vieux Monde, et qui est façonné par une culture qui commence à devenir savante.

De ces moyens « historiques » qui sont à la disposition de la technique contemporaine et la différencient si profondément de celle des époques antérieures, c'est l'âme qui importe bien plus que les matérialités passagères. Les usines peuvent être rasées, les mines inondées, les navires coulés, toutes les machines détruites et tous les produits enlevés, rien n'est irrévocablement perdu si nous *savons* comment rétablir engins productifs et travaux d'art. Les connaissances et les aptitudes acquises restent donc le fondement de notre puissance technique sauf peut-être en ce qui concerne la sélection animale et végétale, qui est, en partie, l'œuvre des siècles.

Rien ne montre mieux l'extraordinaire fortune que seule parmi toutes les espèces vivantes, a faite l'humanité que cette puissance technique même et les merveilleux résultats qu'elle étale sous nos yeux. Et néanmoins il est possible qu'il n'y ait encore là que d'humbles commencements ; toujours est-il qu'un champ très vaste encore paraît ouvert aux progrès de l'avenir.

Considéré du point de vue de l'économiste, l'essor technique a eu pour effet de diminuer, dans une mesure extrême, la *difficulté d'acquisition*. Celle-ci est assurément variable avec les conditions naturelles : dans certaines régions tropicales, se nourrir est à peine une occupation ; se loger un problème enfantin. Mais ailleurs il en coûte d'opiniâtres efforts accompagnés d'angoissantes inquiétudes pour parer à cette double nécessité. C'est ici que la technique a remporté ses plus grandes victoires.

Il faut ajouter qu'elle n'a pas seulement augmenté les facilités de satisfaction des désirs. Elle a, tout autant, multiplié et diversifié presqu'à l'infini ces désirs mêmes. En d'autres termes son action ne s'est pas développée uniquement en *intensité*, mais aussi en *extension*. Elle a fait plus encore : elle a perfectionné et raffiné à l'extrême les moyens de satisfaction ; elle a donc porté à un haut degré la *qualité* de la jouissance, se plaisant ainsi à aggraver la difficulté d'acquisition au fur et à mesure que d'autre part elle l'atténuait. Songez à toute la différence qui sépare une chaumière d'une maison moderne ou la nourriture grossière d'autrefois à la cuisine savante et variée d'aujourd'hui, pour ne point parler des problèmes innombrables résolus par l'art moderne du vêtement, ni surtout des raffinements inouïs du luxe.

II

Les économistes appellent *productivité* le degré de succès obtenu par la technique dans sa lutte contre la difficulté d'acquisition. C'est, si l'on veut, l'importance quantitative et qualitative du rendement comparativement aux moyens employés pour l'obtenir, c'est-à-dire une certaine dépense musculaire et nerveuse, la consommation d'une quantité déterminée de combustible, l'usure partielle d'un appareil mécanique d'une puissance donnée. Cette conception de la productivité ou du rendement étant purement technique, il n'y a pas lieu de se préoccuper si la production atteint un résultat véritablement utilisable : ainsi, lorsque l'on pratique un sondage infructueux en vue de découvrir des sources de pétrole ou des couches carbonifères, toutes peines sont perdues et cependant l'on ne peut dire que le travail ait eu un rendement nul. C'est, bien entendu, une simple question de définition de termes.

Le rendement ne doit pas seulement s'apprécier sous le rapport quantitatif. Le degré de perfection du produit ne peut être négligé. Il y a tout particulièrement lieu de tenir compte de sa *durée*, de sa résistance à l'usure, dans tous les cas où il s'agit de produits qui ne se consomment point en un seul acte, tels que maisons, meubles, linge, vêtements, livres, etc.

Le rendement technique tient à l'action combinée de tous les éléments employés en une production donnée. Aussi est-il assez rarement possible d'attribuer tel degré de productivité plutôt à l'agent humain qu'aux engins dont il se sert. D'où la vanité des controverses portant sur la *productivité du capital* opposée à celle du *travail* ou inversement. Comment faire le départ entre l'effet utile de la machine et celui de l'ouvrier qui la dirige? Tout ce que l'on peut enregistrer, ce sont les augmentations ou diminutions de rendement dues à l'habileté croissante ou décroissante de l'ouvrier, dans les cas où tous les autres éléments restent identiques à eux-mêmes. Une constatation analogue peut être faite en ce qui concerne la qualité des matières mises en œuvre (minerai, combustible, matières textiles, etc). On ne peut en dire autant de la substitution d'une machine plus perfectionnée à une autre parce qu'elle entraîne généralement un changement dans les modes de travail, et comporte d'habitude moins d'efforts musculaires mais plus de tension nerveuse.

III

Qu'il soit possible ou non d'attribuer l'accroissement du rendement technique exclusivement à l'agent humain, aux matières ou aux instruments dont il fait usage, il est de la plus haute importance de rechercher quelles sont les conditions de cet accroissement. A peine d'écrire toute une histoire de la technologie, nous devrons nous borner toutefois à l'indication sommaire des faits les plus saillants.

En ce qui concerne plus particulièrement le travail, c'est-à-dire la part active prise par l'homme à la production, on a reconnu depuis longtemps l'énorme influence de la *division du travail* sur son rendement. Encore une fois, dans le résultat acquis, tout le gain n'est pas, en chaque cas, dû à l'agent humain, mais aussi et souvent bien davantage aux transformations d'outillage qui accompagnent ou provoquent même fréquemment la spécialisation.

Depuis Adam Smith, les économistes ont chanté à l'envi les louanges de la division du travail et en ont célébré l'action stimulante sur la production. Elle avait été remarquée dès l'antiquité par Xénophon qui écrit dans la *Cyropédie* (éducation du jeune Cyrus) :

« Dans les petites cités, le même ouvrier fait des lits, des portes, des charrues, des meubles, souvent même il bâtit des maisons. Un ouvrier qui s'occupe de tant de choses ne peut réussir à toutes également. Au contraire, dans une grande ville où une foule d'habitants ont les mêmes besoins, un seul métier suffit à nourrir un artisan. Quelquefois même, il n'en exerce qu'une partie : un cordonnier ne chausse que les hommes ; un autre ne chausse que les femmes. L'un gagne sa vie à coudre des chaussures tandis qu'un autre les coupe. Selon l'ordre naturel des choses, un homme dont le travail est borné à une seule espèce d'ouvrage y excellera ».

La division du travail a été poussée infiniment plus loin aux temps modernes et contemporains. Seligman a constaté qu'en certaines fabriques de la Nouvelle Angleterre, la fabrication des chaussures se décompose en 173 opérations différentes confiées chacune à une catégorie particulière d'ouvriers portant un nom spécial (1). Adam Smith avait observé non sans une certaine admiration que la division de la fabrication des épingles en dix opérations distinctes permettait une production journalière par ouvrier de 4.800 épingles, alors que dans le même temps un ouvrier faisant seul tout l'ouvrage n'en aurait point façonné vingt, peut-être même pas une. Aujourd'hui la production journalière par ouvrier est d'environ quinze millions d'épingles achevées et piquées sur papier (2). Mais faut-il répéter que la part de la machine est très grande dans ce résultat véritablement extraordinaire ? On ne pourrait vraiment *mesurer* ce qui provient de façon exclusive de la dextérité plus grande du travail divisé qu'en considérant, comme faisait Smith, le travail purement manuel (à l'aide d'outils restés les mêmes) de l'atelier ou de la manufacture, tel qu'il s'accomplissait avant l'âge de la vapeur et de l'électricité.

Quoi qu'il en soit, il n'est pas douteux que la spécialisation modifie à la longue le travailleur lui-même et l'adapte à sa tâche quotidienne d'une façon si profonde qu'arrivé à un certain âge il devient tout à fait incapable de changer d'occupation. On n'oserait affirmer que cette adaptation soit

(1) *Principles of Economics*, New-York, 1905, p. 293.
(2) *Ibid.* p. 294.

héréditaire cu tende à le devenir ; il est du moins indéniable qu'elle va jusqu'à déterminer des modifications organiques individuelles. Ce qui s'adapte tout d'abord c'est l'attitude mentale ; ce sont ensuite les muscles dont les uns se développent et les autres s'affaiblissent, parfois s'atrophient ; enfin le corps du spécialiste reçoit l'empreinte indélébile du métier longuement pratiqué. Ce n'est pas aux prêtres seulement que doivent s'appliquer ces paroles : *tu es sacerdos in æternum*. L'employé de bureau, le forgeron, le houilleur sont marqués, eux aussi, sinon pour l'éternité, du moins pour le reste de leurs jours. Le fait de la *déformation professionnelle* qui trahit les excès mêmes de cette adaptation est universellement connu. Il apparaît dans les professions libérales comme chez les manuels, chez les diplomates ou les juges comme chez les tisserands ou les débardeurs. Et l'on arrive ainsi à des types sociaux ayant le pli ineffaçable de la spécialité, types dont l'étude complète échappe à la présente analyse. Ce qui nous intéresse ici, c'est l'influence de l'adaptation professionnelle sur le rendement.

Si la rapidité est somme toute, le principal indice de l'habileté supérieure acquise par l'ouvrier spécialisé en des besognes relativement simples, il n'en est pas de même dans les professions libérales où l'élément essentiel de la supériorité du spécialiste réside dans la sûreté du coup d'œil. Sans doute, lui aussi agit promptement — tel un chirurgien ou un avocat spécialisé, — mais l'essentiel est qu'il se trompe beaucoup moins souvent que son confrère ayant une activité professionnelle plus diversifiée. Cette supériorité résulte bien moins encore d'études théoriques approfondies que d'une pratique intensive où les expériences de cas analogues se répètent avec une extrême fréquence. La spécialisation accroît donc suivant les cas la productivité quantitative ou qualitative.

L'adaptation étroite à la spécialité n'est pas sans offrir

certains inconvénients qui peuvent devenir techniquement graves, et en premier lieu, la tendance à la *cristallisation professionnelle*, c'est-à-dire à l'incapacité de faire autre chose qu'un certain travail toujours le même. Il en résulte une certaine paralysie des autres aptitudes physiques ou intellectuelles. Un changement radical s'opère-t-il dans la technique et le travail qu'il accomplissait cesse-t-il d'être nécessaire soit parce que l'on a trouvé le moyen de le faire exécuter par un dispositif automatique soit pour tout autre raison, l'ouvrier étroitement spécialisé éprouve une difficulté réelle à entreprendre une tâche nouvelle. Ici, toutefois, il ne faut rien exagérer. Dans l'extrême subdivision du travail de fabrique, il est une foule d'occupations ne réclamant que certains gestes élémentaires : il n'est pas malaisé, dans ces conditions de changer de poste. P. de Rousiers appelle même *despécialisé* le travail exécuté dans ces conditions et en trouve particulièrement des exemples dans l'industrie textile (1). Gemaehling fait observer dans le même sens que les travailleurs deviennent de plus en plus *interchangeables* (2). Buyse cite des faits montrant que le rôle de surveillance dévolu à l'ouvrier est exclusif de toute aptitude professionnelle. « Dans une blanchisserie réellement extraordinaire à Chicago, écrit-il, nous avons pu constater... la suppression de toute main d'œuvre nécessitant les moindres connaissances spéciales. Le linge est passé par une série de machines qui accomplissent automatiquement leur travail ; l'intervention de l'homme se borne à présenter le linge comme une lettre à la poste aux appareils qui ont chacun une fonction particulière ; le linge le plus spécial, y compris les cols et les manchettes, en sort lavé, rincé, empesé, repassé, déposé dans des boîtes ; les

(1) *La question ouvrière en Angleterre*, Paris, 1905, p. 334.
(2) *Travailleurs au rabais*, Paris, 1910, p. 42.

machines font toutes les opérations jusqu'au parachèvement complet. Celui qui sait lire un nombre de deux chiffres et les lettres de l'alphabet est apte à desservir sur le champ une machine. Tout apprentissage est devenu nul (1) ». Dans ces conditions, l'adaptation ne s'opère plus ; il y a encore division *mécanique* de la production, il n'y a plus à proprement parler spécialisation du travailleur. Il faut en dire autant d'un autre cas cité par le même auteur : « Dans une fabrique de menuiserie à Indianapolis, nous avons vu *peindre* des portes de la façon suivante : on les plonge dans de la couleur à l'huile versée dans une grande caisse plate, pour les retirer après quelques instants et les placer ensuite à égoutter sur une claie inclinée... (2) ». Mais il ne faut pas généraliser ces exemples. Il reste que l'on ne s'improvise pas mineur, ajusteur-mécanicien, tanneur, tisserand, ouvrier des multiples industries d'art et de luxe et que pour certains métiers d'apparence grossière comme ceux d'arrimeur ou de débardeur le tour de main et la force physique sont des conditions indispensables et tout opposées à celles que requiert par exemple le travail de l'employé de bureau. Ce que nous appelions tout à l'heure la *cristallisation professionnelle* reste donc un fait de grande importance. Cette cristallisation arrête tout développement et transforme peu à peu le travail en une activité instinctive, c'est-à-dire presqu'inconsciente, routinière et rebelle au progrès. De là un certain désaccord entre le caractère mouvant et progressif de l'industrie moderne et le défaut de plasticité d'une notable partie de la main d'œuvre qu'elle utilise.

Une autre conséquence fâcheuse de la spécialisation, c'est d'entraîner l'usure excessive et prématurée du spé-

---

(1) *Méthodes américaines d'éducation générale et technique*, p. 473.
(2) *Ib.*, p. 472.

cialisé, lorsqu'il a assumé une tâche au-dessus de ses forces
ou du moins lorsqu'il en a été chargé à un âge trop tendre.

Les classiques admettent généralement que la division
du travail créant des tâches très différentes du point de vue
de la vigueur, de l'attention et de l'habileté qu'elles ré-
clament, permet d'utiliser les aptitudes de chacun d'une
façon rationnelle. A l'homme adulte et robuste les besognes
rudes et prolongées; à la femme les travaux plus délicats,
aux enfants les menues occupations de courte durée ou peu
soutenues. De la sorte, on éviterait le gaspillage du travail
des *forts* comme des *faibles*. On se garderait d'employer
les premiers à des tâches trop faciles pour eux et les seconds à des besognes au-dessus de leurs forces. C'est là de
l'économie rationnelle et non de l'économie observée. En
fait, comme l'écrit Bouglé (1), « l'abus de la force est souvent visible dans la division du travail ». Dans les sociétés
conjugales primitives, l'homme impose à la femme les travaux les plus durs et les plus fatigants. L'exploitation du
travail des enfants au début de la période de la grande industrie nous montrera des exemples frappants de spécialisation hâtive. Il arrive donc que la spécialisation ne soit
pas inspirée par les aptitudes, mais que celles-ci soient
créées tant bien que mal par celle-là. D'où les adaptations
épuisantes signalées plus haut et qui entraînent des atro-
phies organiques, des maladies et jusqu'à la mort prématurée.

Toutes ces conséquences peuvent aussi provenir de ce
que la spécialisation entraîne le séjour habituel dans un lieu
malsain, nécessite des attitudes physiques coutumières nuisibles à la longue à la santé, ou comporte un travail jour-
nalier d'une durée excessive.

Du point de vue technique, ces adaptations défectueuses

____

(1) *La démocratie devant la science*, Paris, 1904, p. 165.

comportent des déchets d'énergie utilisable dont on ne saurait surévaluer l'importance.

IV

La division du travail a fréquemment pour corollaire une coordination technique rigoureuse. Nous parlons ici de la division très minutieuse qui s'établit entre opérations élémentaires simultanées ou successives d'une même production et qu'Émile de Laveleye nommait division parcellaire du travail. Ainsi la mise en bouteille d'eau minérale se décompose en quelques opérations qui doivent être effectuées à quelques secondes d'intervalle, sans quoi il se produit tout de suite encombrement et perte de temps. Les ouvriers sont installés les uns à côté des autres auprès d'un établi ; devant chacun d'eux se trouve le petit appareil qu'il utilise ; aucun d'eux ne peut s'arrêter sans que bientôt l'équipe tout entière doive suspendre son activité.

La coordination est encore plus étroite lorsque l'un des ouvriers est auxiliaire de l'autre. Ainsi dans la fabrication des canons de fusil, le forgeron est assisté d'un frappeur. Dans l'industrie textile le fileur est aidé par des rattacheurs, etc. Bücher signale d'autres cas d'union du travail qui diffèrent des précédents en ce que tous les ouvriers font en même temps des mouvements identiques : deux scieurs de long, une équipe de faucheurs ou de manœuvres soulevant des fardeaux. Ici, l'union du travail *comme telle*, c'est-à-dire indépendante de toute spécialisation, accroît la productivité de chacun par l'émulation et l'entraînement, ou bien constitue même une condition *sine qua non* d'accomplissement du travail (1).

(1) K. Bücher, *Die Entstehung der Volkswirtschaft*, Tubingue, 1906, p. 253-290. A cet égard, il faut signaler tout spécialement la nécessité de la célérité dans les travaux agricoles.

V

Le rendement du travail est considérablement accru encore par l'*éducation professionnelle* qui, elle aussi, peut être parfois la condition indispensable d'une production déterminée. A vrai dire, l'extrême décomposition de certains genres de fabrication, celle de la chaussure mécanique par exemple, a rendu l'apprentissage superflu. Quelques heures suffisent, paraît-il, pour apprendre à conduire la plupart des machines-outils employées dans cette branche. Mais il n'en est pas de même partout. Et comme l'apprentissage avait une tendance à se perdre sous l'empire de diverses causes qu'il n'y a pas lieu d'examiner pour le moment, les industriels, les agriculteurs et les pouvoirs publics ont créé, en beaucoup de pays, des écoles professionnelles ayant pour objectif de restaurer l'apprentissage sous une forme plus moderne, théorique et pratique tout ensemble. Ces créations ne sont pas achevées : et il est vraisemblable qu'elles ne feront que se multiplier en un avenir prochain.

Dans le même ordre d'idées, il faut rappeler l'importance bien connue du haut enseignement technique. L'ingénieur, agent de direction comme de recherches, est un produit caractéristique de l'époque actuelle. On' a pu dire de celle-ci qu'elle était l'âge de l'ingénieur, formule juste, mais naturellement trop exclusive comme toutes les formules analogues.

VI

Le rendement de la production, la variété des satisfactions obtenues, la perfection technique des produits ne dépendent pas seulement de l'organisation du travail, mais encore de la connaissance plus ou moins approfondie des éléments de toute sorte offerts par le milieu naturel et des progrès accomplis dans leurs modes d'utilisation. Longtemps restreinte, faible et tâtonnante, la domination de l'homme sur le monde extérieur s'est affermie par degrés, l'avancement rapide et récent des sciences de la nature l'a accrue dans une mesure incomparable. L'exploitation économique du globe, au XIX⁰ siècle surtout, a subi une véritable révolution, d'autant plus que le progrès des transports à longue distance nous permet aujourd'hui de tirer parti des ressources des plus lointaines contrées qui, pour nos ancêtres, n'avaient guère plus d'utilité pratique que n'en présentent pour nous les richesses minérales ou les énergies du monde sidéral.

Au premier rang des conquêtes de l'homme s'inscrit l'exploration géographique qui peut être aujourd'hui considérée comme achevée dans les grandes lignes, mais qui s'approfondit chaque jour par des études détaillées d'un puissant intérêt économique sur les climats, la composition des sols, la répartition de l'eau, le dessin et le relief des terres, les vents, les courants. Cet inventaire des richesses terrestres se complète par la *prospection* systématique et de plus en plus pénétrante des gisements souterrains. Les progrès parallèles d'une science : la géologie et d'une technique : le sondage élargissent considérablement notre connaissance des réserves minérales du sous-sol en toutes les parties du monde. Non moins importantes sont les découvertes faites dans le domaine de la faune et de la flore, et particulièrement des micro-organismes qui, dans les cas extrêmes, peuvent être l'auxiliaire tout-puissant ou l'irrésistible adversaire de l'œuvre humaine de la production agricole et industrielle.

C'est peu d'inventorier nos ressources. Et en dépit de l'énorme importance qu'on ne peut refuser aux découvertes de mines d'or, de houille, de fer et des gisements de ta...

d'autres matières brutes de la production, la connaissance de plus en plus claire et profonde des lois de la nature organique et inorganique importe mille fois davantage. On ignore trop les transformations incalculables que la chimie opère dans les méthodes techniques de l'industrie comme de l'agriculture. Nous n'en donnerions même pas une faible idée en rappelant ce fait, d'ailleurs banal, que les progrès de cette science permettent de fabriquer artificiellement et avec moins de peine des produits que l'on ne pouvait tirer jadis que de la végétation, ce qui a provoqué la décadence de certaines cultures comme celles de la garance et de l'indigo. A côté de la chimie, il faudrait citer l'électro-technie, dont les conquêtes, pour être de date fort récente, n'en sont pas moins gigantesques.

Dans un autre domaine apparaît l'action puissante de la *sélection artificielle*.

Tout le monde sait que l'exploitation et la modification, d'abord empirique, par l'homme des autres espèces vivantes est chose extrêmement ancienne. Ici aussi, cependant les progrès récemment réalisés grâce à la connaissance grandissante des lois de la nature, ont été considérables. La *sélection artificielle* a produit, notamment à notre époque, des résultats étonnants. Renard note très justement que « les efforts de l'aviculture, appliqués à des races animales de petite taille, ont poussé la spécialisation des aptitudes à un point extraordinaire de productivité. Les oiseaux de basse-cour sont sélectionnés aujourd'hui et multipliés avec une méthode presqu'aussi certaine et exacte que s'il s'agissait d'objets inorganisés fabriqués à l'aide de procédés mécaniques (1) ». La même méthode appliquée aux végétaux, depuis les céréales jusqu'aux arbres à fruit et à la vigne, a donné des

---

(1) RENARD et DULAC, *L'évolution industrielle et agricole depuis cent cinquante ans*, Paris, 1912, p. 283.

résultats merveilleux ; ils sont trop connus pour qu'il y ait lieu de s'y arrêter. Il faut cependant tirer hors de pair la betterave à sucre, qui a été en quelque sorte créée de toutes pièces par l'agriculture du XIXᵉ siècle et qui a non seulement vu s'accroître dans une énorme proportion ses aptitudes productrices, mais a conquis une faculté d'acclimatation dont on ne l'eût point soupçonnée capable. Elle réussit aujourd'hui en Sibérie, en Suède et au Canada, comme en Roumanie, en Espagne ou en Californie du Sud. Il y a un demi siècle, on la croyait impossible à cultiver dans le Nord et l'Est de l'Allemagne (1). Le double fait que l'humanité connaît infiniment mieux aujourd'hui que dans le passé les richesses organiques et inorganiques du globe, ses caractéristiques climatiques et surtout les lois qui régissent les matières et les forces ainsi inventoriées a donné à la production un élan inouï dans le triple sens indiqué tout à l'heure de l'économie de l'effort, de la diversification et de l'abondance des jouissances, enfin du perfectionnement *qualitatif* des biens destinés à satisfaire tous les désirs humains.

Cet élan est un peu retardé, il est vrai, par la circonstance que le passé pèse jusqu'à un certain point sur le présent et que les sociétés, comme nous le verrons mieux par la suite, ne sont pas uniquement organisées en vue de la solution de plus en plus parfaite des problèmes techniques.

Ainsi la réorganisation radicale et instantanée de nos installations productrices conformément aux derniers progrès de la géographie, de la géologie, de la chimie, etc. est-elle chose impossible en pratique. Cette réorganisation s'opère toutefois par étapes. C'est ainsi que jadis la substitution du combustible minéral au charbon de bois dans la fabrication de la fonte a provoqué, au bout d'un certain

---

(1) *Handwörterbuch der Staatswissenschaften*, 3ᵉ éd., vol. VIII, Iéna, 1911, p. 1068-1069.

temps, le déplacement des sièges de la métallurgie : cette industrie a définitivement délaissé les régions forestières pour s'établir « sur le charbon » ou « sur le minerai ».

De même l'agriculture s'est affranchie successivement des routines les plus obstinées pour s'élever à une exploitation plus rationnelle, fondée sur des bases scientifiques.

De même encore les voiliers qui n'ont pas tous disparu devant les paquebots à vapeur, ont adopté des parcours nouveaux suggérés par l'étude scientifique des vents et des courants.

Enfin, les hommes tendent à se mobiliser davantage et l'une des causes de cette mobilité grandissante, c'est sans contredit la vulgarisation de l'inventaire géographique et géologique dont nous parlions tout à l'heure. Le travail est attiré vers les fonds les plus productifs et triomphe de plus en plus des sentiments et des usages qui le rivaient au sol natal.

Les constatations si favorables qui viennent d'être faites ne doivent pourtant pas nous aveugler sur les obstacles, parfois redoutables, que les éléments naturels suscitent encore à la production. Il vaut de s'y arrêter quelques instants. Ces obstacles peuvent se ranger en deux catégories. Les uns sont destructifs et empêchent surtout la permanence des installations productrices. Si l'on veut citer des exemples, on n'a que le choix des fléaux : tornades, typhons, éruptions volcaniques, vols de sauterelles qui s'abattent sur les guérets et les détruisent en quelques instants, phylloxéra et oïdium qui ravagent les vignobles, animaux nuisibles qui s'attaquent aux troupeaux ou aux cultures, grisou, poisons industriels, enfin caractère dangereux de tant de matières utilisées dans la production comme les explosifs.

Les autres obstacles, et qui méritent mieux encore leur nom, sont ceux qui empêchent de produire ou de transporter, qui sont donc véritablement préventifs. Ils sont né-

gatifs ou positifs et l'action en est d'ailleurs plus ou moins
radicale. La disette d'eau ne rend pas seulement la production impossible; elle empêche même la vie. Aussi longtemps
que l'on n'a point appris à la transporter à longue distance
(c'est ainsi que s'alimentent les grandes villes contemporaines), l'eau exerce un empire impérieux sur les localisa-
tions géographiques. « La répartition des sources, écrit
Brunhes, nous explique souvent la répartition des groupements d'habitations. C'est elle qui rend compte de ces deux
phénomènes inverses de l'éparpillement dans le Morvan et
de la concentration en Champagne crayeuse ». Le même
auteur fait encore la juste et significative remarque que
voici : « Ceux des hommes qui semblent être les plus indépendants des conditions locales, et qui échappent à l'empri-
sonnement géographique de notre vie sédentaire, les
nomades, les grands pasteurs, n'échappent pas à la tyrannie
de l'eau : tous leurs parcours, tous leurs itinéraires, toutes
leurs razzias doivent avant tout tenir compte des « points
d'eau (1) ».

Le défaut de charbon, pour être moins « vital » n'en
constitue pas moins une entrave énorme à la production
suivant la technique moderne. Plus d'un pays, comme
l'Italie, éprouve de ce chef, les plus sérieuses difficultés
dans son expansion industrielle; même aujourd'hui le transport n'y remédie qu'imparfaitement. La même observation
doit être faite en ce qui concerne les matières premières dont
la répartition géographique est des plus capricieuse.

Nombreux sont d'autre part les obstacles positifs à la production et aux transports. Rigueurs de la température
moyenne ; excès habituel d'humidité ou de sécheresse; état
défectueux du sol : marécageux, pierreux, riche en poisons
comme les « alkali spots » ; luxuriance excessive et incom-

(1) *La géographie humaine*, Paris, 1910, p. 23 et 50.

pressible de la végétation spontanée sous les tropiques ; chaînes de montagnes qui ne laissent point passer les routes ; cataractes et rapides ; irrégularité du débit et assèchement des cours d'eau pendant la saison chaude, congélation pendant l'hiver qui contrarient la navigation intérieure ; récifs qui s'opposent à la navigation côtière, côtes escarpées ou marécageuses qui empêchent l'atterrissement des bâtiments de mer ; éloignement excessif du littoral qui met obstacle à la pénétration des produits lointains au cœur des continents massifs comme l'Afrique ; voilà une série d'exemples encore bien incomplète des barrières naturelles qui étouffent ou compriment plus ou moins étroitement l'activité des producteurs et des transporteurs.

Une partie importante de la technique a été consacrée à triompher, au moins partiellement, de toutes ces difficultés. C'est de la production indirecte, comme nous le verrons un peu plus loin, mais qui n'en est pas moins indispensable. C'est ainsi que le reboisement sert à combattre l'insuffisance des pluies que l'irrigation attaque par un autre biais. Le régime des cours d'eau est, de même, l'objet de travaux considérables de régularisation (le Nil ou le Rhin) : le « Strombau » est une expression allemande curieuse signifiant qu'un fleuve est l'objet d'une véritable « construction ». Les défauts négatifs du sol sont corrigés par les amendements effectués au moyen d'engrais. Faut-il citer l'assèchement des marais, la construction des digues, la création de barrages, de canaux, de tunnels, le transport par traîneaux sur les rivières gelées ? La technique a réalisé ici des travaux et des combinaisons dont l'importance et l'ingéniosité ne sauraient être surfaites et qui ont pour but de déjouer l'hostilité de la nature à nos desseins.

VII

L'emploi des machines dans la production est devenu, de nos jours, si général que nous avons quelque peine à nous imaginer la technique du temps passé. Et cependant elle était bien plus naturelle que la nôtre. Les procédés mécaniques comportent en effet un allongement de la production, des détours compliqués et coûtant des efforts considérables. Une part — la plus grande peut-être — du travail qui s'accomplit dans les mines de houille est la conséquence directe de l'emploi des machines dans l'industrie et le transport. Hauts fourneaux et aciéries qui n'ont que de lointains rapports avec la satisfaction des besoins des hommes représentent une puissance productive imposante qui est elle-même le fruit d'énormes travaux. Une foule d'appareils, tels que grues, ponts roulants, marteaux-pilons etc., ne sont que les instruments d'une longue série d'opérations productives dont la jouissance humaine n'est que l'aboutissement lointain.

Mais la complication apparente des procédés mécaniques n'est nullement déconcertante si l'on songe à la simplification qu'elle apporte, tout compte fait, dans la production d'un grand nombre de biens et surtout à l'étonnante multiplication des satisfactions qu'elle a pour conséquence. Une rapide comparaison du bien-être des hommes d'autrefois et de ceux d'aujourd'hui permet de mesurer l'immense espace parcouru grâce surtout à l'intervention des machines.

Ce n'est pas ici le lieu de faire l'histoire du progrès mécanique. Il n'est pas sans utilité, cependant, de noter en peu de mots les phases essentielles de cette histoire. Elle commence par l'invention de l'outil directement et exclusivement mû par l'homme. Les organes humains acquièrent par là une utilisation variée alors que ceux de l'animal se spécialisent nécessairement dans les productions essentielles (la défense comprise). La phase subséquente se caractérise par la captation simple et la mise à profit rudimentaire des forces motrices que l'homme rencontre dans la nature (eau, vent) ou dont la production est élémentaire (feu). Ces forces motrices peuvent être organiques : l'emploi des animaux de trait était courant dès une haute antiquité. Ce n'est que beaucoup plus tard — au XVIII° siècle — qu'a lieu, nous ne dirons pas la première invention, mais l'invention *économique* de la fabrication des forces motrices. Au cours de cette troisième phase apparaissent aussi des modes savants de captation de celles-ci. A côté de la vapeur ou du gaz, l'électricité prend une place de plus en plus grande, grâce à l'emploi et à la transformation de la force motrice énorme que les chutes d'eau représentent. On a réservé le nom ingénieux de *houille blanche* à cet auxiliaire nouveau qui vient faire à la *houille noire*, une concurrence active et toute à l'avantage du bien-être des sociétés humaines.

Il serait vain de vouloir caractériser brièvement la multiplicité et l'importance des services que les machines rendent à l'homme. On insiste le plus souvent sur leur puissance qui, certes eût confondu nos ancêtres (1). Mais il convient aussi de faire ressortir leur extrème variété, et spécialisation qui témoignent de l'ingéniosité étonnante des inventeurs, leur complication, seul moyen de résoudre des problèmes en apparence insolubles et assurément de plus en plus ardus, et enfin leur délicatesse même qui est peut-être à l'heure actuelle, le « dernier mot » du progrès.

(1) Un fait entre des millions d'autres. Dès 1884, la machine Bonsack permettait de fabriquer 120.000 cigarettes par jour, c'est-à-dire 50 fois plus que n'en peut faire un bon ouvrier manuel (TAFEL, *Die Nordamerikanischen Trusts und ihre Wirkungen auf den Fortschritt der Technik*, Stuttgard, 1912).

Bref on trouve aujourd'hui les types les plus extraordinairement divers d'appareils mécaniques, depuis le marteau-pilon jusqu'à la foreuse-sensitive.

Brouilhet attache avec raison une grande importance à un type de machines appelées *continues* et qui tendent, selon lui, à ôter tout intérêt économique à la division du travail. « Aujourd'hui comme toujours, écrit-il, l'industrie, en présence d'un objet à produire, procède tout d'abord à l'analyse de sa fabrication, de manière à la répartir en divers éléments très simples. Mais une fois la simplification obtenue, la tâche élémentaire est normalement confiée (parce que simple) à la machine ou à l'outil. La synthèse vient ensuite, en ce sens que les diverses machines *analytiques* sont combinées et soudées entre elles de manière à obtenir une machine *continue* que l'ouvrier n'a plus qu'à approvisionner et à surveiller (1) ».

Ces observations sont intéressantes et maint exemple pourrait les illustrer. C'est ainsi qu'un moulin mécanique est une gigantesque continue où le travail humain n'a plus qu'un rôle très restreint et tout de surveillance. Mais Brouilhet va un peu loin lorsqu'il ajoute que « l'idée primitive et autrefois juste de la division du travail est aujourd'hui dépassée ». C'est méconnaître une foule de faits d'application courante. La fabrication des chaussures mécaniques, pour ne citer que celle-là, représente un type classique de division du travail. Et l'industrie textile est encore bien éloignée d'une production continue dans le sens indiqué ci-dessus. Le finissage et l'ajustage, en construction mécanique, exigent aussi des spécialistes. Mais l'avenir nous réserve peut-être des progrès intéressants et féconds dans la voie du machinisme synthétique (2).

(1) *Précis d'économie politique*, Lyon, 1912, p. 367, note 1.
(2) Des progrès en ce sens ont été accomplis pendant la guerre en Angleterre (Voir *The Statist*, 7 juin 1919, p. 1055).

La révolution technique n'a pas été moins grande dans les transports que dans la production proprement dite. Les conséquences économiques en ont été immenses et presqu'incalculables, ainsi qu'on le verra par la suite. Il serait superflu de rappeler ici tout ce qui a été fait. Nous nous bornerons à faire remarquer que le progrès ne s'est pas accompli seulement pour les besoins de première nécessité auxquels répondent par exemple, un train de marchandises, un *cargo-boat*, un humble vicinal ou un tramway urbain, mais encore pour les besoins de luxe que satisfont les grands express, les paquebots ultra confortables, l'élégante limousine et l'auto-canot ou pour les désirs inspirés par la curiosité et le délassement et qui ont fait naître le chemin de fer de montagne, le *bateau-touriste*, etc.

L'admiration que nous inspirent les prodigieuses inventions mécaniques de notre temps doit être tempérée par la constatation des imperfections relatives de leurs résultats. Le grand nombre des accidents occasionnés par la production et le transport mécaniques est la cruelle rançon du progrès technique. La plus légère défaillance dans le maniement des appareils, la moindre défectuosité dans leur construction, la moindre impropriété des matières traitées peuvent entraîner les plus lamentables conséquences. De là un déchet de forces humaines qui, en moyenne, aboutit à grossir quelque peu la difficulté d'acquisition, fort réduite d'autre part par les procédés nouveaux.

Enfin, on ne peut s'abstenir de tenir compte de l'emploi *destructeur* effrayant — nous serions tentés de dire : satanique — qui est fait de la technique industrielle dans la lutte entre nations et qui accroît dans une mesure malheureusement énorme les désastres produits par la guerre.

VIII

La rapidité et l'importance des progrès techniques accomplis à notre époque seraient de nature à nous faire croire à des possibilités indéfinies. Aussi la science a-t-elle pour devoir de montrer les obstacles auxquels se heurte l'intensification de la production et de faire voir dans quelles conditions et jusqu'à quel point peut s'accroître le rendement de ses agents.

Et d'abord il y a lieu de remarquer que leur capacité de travail est bornée tant sous le rapport de l'intensité que de la durée et une observation analogue doit être faite quant aux éléments organiques et inorganiques de la production qu'ils utilisent. Fatigue, épuisement, besoin de repos, telles sont les limites, relativement vite atteintes, de la puissance productive.

Il est permis de dire qu'en règle générale, celle-ci passe par trois phases. Elle est croissante dans la première, constante dans la seconde, décroissante dans la troisième. Et il faut ajouter que d'ordinaire la décroissance survient d'autant plus tôt que la production est plus intensive, c'est-à-dire que le travailleur ménage moins ses forces ou celle des animaux de trait ou encore que l'on exige davantage en un temps donné du sol.

Au cours d'une première heure, un ouvrier façonne trois pièces d'un genre quelconque. Le fait-on travailler deux heures ? Grâce à l'entraînement il produit davantage dans le même temps : le rendement de la seconde heure s'élève à quatre pièces. Celui de la troisième s'élèvera à cinq pièces. S'il travaille une quatrième heure, il produit encore cinq pièces : nous voici dans la seconde phase. Le rendement reste identique jusqu'à la neuvième heure. La dixième devient moins productive : l'ouvrier ne façonne plus que quatre pièces. Il n'en confectionnera plus que trois au cours de la onzième heure, deux pendant la douzième, une demie pendant la treizième. A la fin de la journée, le travail devient donc de moins en moins efficace tout en étant de plus en plus pénible.

Si au lieu d'envisager une journée de travail, on considérait toute une semaine, les constatations seraient sensiblement analogues, si du moins chaque journée était fort longue et si la première était précédée de vingt quatre heures de repos. Dans son ensemble la vie de labeur d'un travailleur — manuel ou intellectuel — présente les mêmes phases de capacité ascendante, maximale et en quelque sorte épanouie, descendante enfin.

En outre, il est clair que l'intensification du travail exigeant de celui qui le fournit soit un effort exagéré en un temps donné, soit une succession régulière d'efforts coupée par des repos de durée insuffisante, amène une décadence prématurée de la capacité productive.

Les animaux de trait sont évidemment soumis aux mêmes lois : il n'y a pas lieu d'y insister. Mais il faut se pénétrer de ce que les autres énergies organiques et inorganiques exploitées par l'homme lui apportent un concours dont la puissance n'est pas moins limitée. La terre elle-même se fatigue et demande du repos. Il est vrai que l'on a réussi à lui restituer artificiellement ses forces au fur et à mesure qu'elles s'épuisent, ce qui a permis de supprimer les périodes improductives toujours si longues dans l'enfance de l'agriculture.

Pour ce qui est des gisements miniers, ils s'exploitent à fonds perdu : ils s'épuisent fatalement et d'autant plus vite que l'exploitation est plus intensive et plus savante. Plus on s'approche du terme, plus l'exploitation devient difficile et moins elle est productive.

Enfin on ne peut négliger de mentionner l'usure des

machines et de tout l'outillage industriel dont la possibilité de renouvellement dépend en dernière analyse des richesses minières et aussi de la possibilité de récupération des déchets de la consommation.

Dans un ordre d'idées différent, mais qui n'est pourtant point sans analogie avec celui qui vient d'être examiné, l'accroissement de la vitesse dans la traction ne saurait être illimité. Un paquebot ne peut filer plus de 20 nœuds à l'heure sans devoir augmenter la consommation de combustible plus que proportionnellement avec l'accélération de l'allure. Celle-ci oblige en effet de donner au bâtiment des dimensions plus grandes afin de loger des machines plus puissantes et le charbon nécessaire pour les actionner. Aussi, tout nœud ajouté à la vitesse au delà de 20 représente un rendement moins que proportionnel si on compare ce résultat à celui qui était obtenu avant d'atteindre 20 nœuds(1).

IX

Mais voici une autre limitation à la puissance productive de l'homme, plus importante encore que celle qui vient d'être examinée.

Supposons des ouvriers agricoles robustes, frais et dispos et une terre en pleine possession de toutes ses qualités productives. Encore le rendement de la culture est-il enfermé en des bornes dont on ne se représente pas communément toute l'étroitesse. Voici un champ dont un ouvrier travaillant seul tire un hectolitre de blé. Il s'adjoint un compagnon d'égale force ; le résultat est plus que doublé ; il s'élève à trois hectolitres. Encouragé par ce succès, il prend un second aide et obtient cinq hectolitres.

(1) *The Economist*, 1 july 1911, p. 12.

Avec un troisième, il n'en produit que six, avec un quatrième il n'arrive qu'à six et demi, un cinquième deviendrait plutôt gênant.

Un raisonnement analogue pourrait être fait à propos de l'augmentation par doses successives de la fumure du sol, du marnage, de la quantité des semences, de l'emploi des machines.

Dans ce cas aussi, nous voyons se succéder trois phases de productivité : rendement croissant ou plus que proportionnel, rendement constant ou proportionnel, rendement décroissant ou moins que proportionnel. Seulement cette succession caractéristique ne doit plus être attribuée à des variations correspondantes de la puissance productive, mais à une combinaison plus ou moins judicieuse des éléments d'une production donnée. On peut poser en règle qu'il y a une proportion *optima* des différents facteurs d'une production déterminée qui donne le rendement maximum (1). C'est un sommet d'où l'on ne peut que descendre : soit que l'on utilise trop peu de bras ou d'engrais ou de machines, etc., soit que l'on en emploie trop, ou — ce qui revient au même — selon qu'une quantité donnée de ces divers éléments est appliquée à un champ de dimensions ou trop restreintes ou trop étendues.

Il va sans dire que la proportion *optima* dont il vient d'être question n'est invariable qu'aussi longtemps que les conditions techniques de la production restent les mêmes. Une amélioration d'outillage peut justifier l'emploi de machines plus puissantes sur un champ de dimensions données ;

____

(1) Cf. Nogaro, *Eléments d'économie politique*, vol. I, Paris 1913, p. 56-57. Il est à remarquer que la proportion varie suivant la plante cultivée. Ainsi dans les terres appropriées à la culture du maïs, celui-ci répond beaucoup plus vigoureusement que le blé à la culture intensive (Cf. Carver, *Principles of rural economics*, Boston, 1911, p. 157).

il peut en résulter aussi que l'on doive y utiliser plus de main-d'œuvre qu'auparavant pour atteindre le rendement le plus élevé possible.

La règle technique dont nous parlons n'est pas seulement applicable à l'agriculture. Elle préside aussi à la production industrielle et détermine le nombre de machines que peut actionner un ouvrier ainsi que le degré de force physique, de soin et de dextérité qui convient au service de chaque appareil si l'on ne veut point gaspiller la main-d'œuvre de la meilleure qualité ou, au contraire, si l'on veut éviter une utilisation insuffisante ou négligente de l'outillage.

De même, il y a un nombre *optimum* de porteurs pour un fardeau d'un poids et d'un volume donnés. De même encore le rendement des contremaîtres dans un atelier passe par les trois phases susdites.

La multiplication des moyens de transport, des chemins de fer notamment est, elle aussi, soumise à la même loi limitative de la productivité. Lorsqu'un réseau ferré a atteint un certain degré de densité, on ne peut continuer à le développer sans que l'utilité de chaque nouveau kilomètre de voie aille diminuant.

Dans la construction des bâtiments enfin, le rendement décroissant se manifeste par les inconvénients grandissants des étages supérieurs et les difficultés techniques de plus en plus considérables de leur édification. Mais c'est dans l'exploitation culturale du sol (agriculture, sylviculture, élevage, etc,) que le rendement non proportionnel présente les plus graves conséquences, d'abord parce qu'il se lie au fait de l'inextensibilité du sol disponible, ensuite parce qu'il porte sur la production des biens les plus nécessaires : céréales, bétail, matières textiles, bois, caoutchouc, en un mot de toutes les matières premières animales et végétales de l'industrie.

Il est superflu de le remarquer : la question de l'espace

ne se pose pas sérieusement pour les stades ultérieurs de la production. Il faut, dit Carver, de 20.000 à 100.000 *acres* pour produire 1.000.000 de boisseaux de froment, tandis qu'un acre suffit à les moudre et quelques acres à en faire du pain (1).

Faut-il déduire de tels faits des conclusions pessimistes quant à l'avenir de l'humanité ? Ce serait évidemment exagéré. C'est que la loi du rendement décroissant n'est pas une barrière rigide ; il n'y a pas lieu notamment d'y voir, si ce n'est d'une façon toute momentanée, une entrave à l'accroissement de la population. Celui-ci sans doute ne saurait être indéfini, mais *jusqu'à présent*, si ce n'est dans des cas spéciaux, il n'a point été enrayé par l'action de la loi que nous étudions et l'on peut affirmer hardiment qu'il ne le sera pas dans un avenir prochain. Et voici pourquoi. La loi du rendement décroissant est un des leviers les plus puissants du progrès technique. Il faut l'envisager comme l'une de ces dures nécessités qui contraignent l'homme à perfectionner ses moyens d'action sur la nature. Brouilhet a tort de qualifier cette loi d'hypothèse imprudente, elle est très réelle, au contraire. Mais il fait une remarque très juste lorsqu'il écrit : « Tout procédé a ses limites, mais l'ingéniosité humaine ne consiste pas simplement à épuiser l'effet utile d'une méthode, mais à substituer à une méthode usée une méthode neuve (2). » Dans le même ordre d'idées, Schmoller signalait une série d'améliorations agricoles dont l'origine n'est pas douteuse : c'est le fait que, dans les lignes antérieurement suivies, le rendement global ne peut plus s'accroître qu'au prix de difficultés rapidement grandissantes. De là la nécessité d'exploiter des champs mieux arrondis, de mieux sélectionner les semences, de perfectionner l'élève du bétail, de procéder à une alternance plus

(1) Carver, *op. cit.*, p. 119.
(2) Ouvrage cité, p. 212.

judicieuse des cultures. Le même économiste conclut : « On exploite encore souvent d'une façon si irrationnelle et techniquement si fausse que de grandes augmentations de récolte et de produit net sans accroissement de frais sont possibles (1) ». Enfin Patten faisait observer qu'une nation en voie de développement rencontre sur sa route des obstacles qui déterminent une diminution graduelle des ressources moyennes de chaque individu. « La nation a donc de plus en plus d'intérêt à renverser cet obstacle et finit toujours par le surmonter, tant le mobile qui la guide devient puissant. Alors commence pour elle une période de prospérité croissante jusqu'à ce qu'un nouvel obstacle économique se dresse encore et que les mêmes étapes soient à nouveau franchies (2) ».

Toutes ces formules sont d'un optimisme un peu excessif ; l'histoire économique ne leur donne cependant point de démenti. Bien prolongée peut être toutefois la pression qui doit susciter des innovations libératrices. Au cours de certaines périodes le rendement décroissant exerce une action douloureuse qui semble définitive. Mais le temps ne fait rien à l'affaire et ici comme toujours la nécessité, quand elle ne va pas jusqu'à briser les forces humaines, est l'accoucheuse du progrès.

X

L'étude de l'élément technique de la vie économique serait incomplète si nous ne marquions en quelques traits

---

(1) *Grundriss der allgemeinen Volkswirtschaftslehre*, Leipzig, 1904, vol. II, p. 440. Brouilhet cite aussi l'action de la bactériologie dans l'épuration du sol et en général tout ce que l'on appelle l'industrialisation de l'agriculture. D'autre part nous n'en sommes pas encore arrivés au moment redoutable où toutes les terres disponibles sans exception seront en culture.

(2) *Le fondement économique de la protection*, trad. franç., Paris, 1899, p. 138. Cf. *The American economic review*, déc. 1911, p. 815.

le rôle de la production indirecte à laquelle une brève allusion a été faite au début de ce chapitre. Elle embrasse l'ensemble des activités ayant pour objet de protéger la production proprement dite contre les dangers et les troubles de tout genre qui la menacent. Leur productivité est indirecte parce qu'elles n'accroissent point la masse des produits susceptibles d'être consommés.

Sous cette rubrique il y a lieu de ranger des institutions et des travaux fort hétérogènes en apparence tels que la construction des digues, l'organisation judiciaire, l'armée, la police, la gendarmerie, le service des pompes à incendie, l'art de guérir, la prophylaxie sous toutes ses formes, sans en excepter la lutte contre le phylloxera ou les sauterelles et même la lutte contre l'alcoolisme, fléau qui amoindrit la capacité de travail des ouvriers. On pourrait prolonger cette énumération en y ajoutant les activités, encore plus indirectement productives, qui servent à former celles qui viennent d'être énoncées, comme l'enseignement du droit et de la médecine (1).

Nous n'insisterons toutefois pas sur cette notion, du moins à cette place ; il est visible, en effet, que le caractère de la production indirecte n'est plus purement technique et que nous pénétrons avec elle dans le domaine propre de l'élément juridico-social qui a pour objet les rapports des hommes entre eux à l'occasion de leurs activités économiques.

---

(1) En revanche, l'assurance ne peut être rangée parmi les activités productrices indirectes. L'assurance répartit les pertes sur une collectivité d'assurés, elle ne les empêche point d'avoir lieu. On doit l'inscrire non dans la production, mais dans la répartition. Elle pourrait même être nuisible à la production, si elle était organisée de façon à faire négliger les précautions contre les accidents techniques.

CHAPITRE VI

L'ÉLÉMENT JURIDIQUE

I

L'étude des institutions positives est indispensable à l'intelligence des phénomènes économiques, tant est grande et diversifiée l'influence qu'elles exercent sur ceux-ci. Une fois encore nous devons rejeter la méthode abstraite qui réduit le facteur juridique à un simple résidu ou, mieux encore, à un minimum arbitraire n'ayant jamais parfaitement correspondu à la législation positive, même aux époques du plus grand libéralisme.

Sans doute la législation n'est pas un facteur « premier », une donnée sociale originaire et indépendante. Elle est elle-même sous l'influence directe et puissante de l'évolution économique et technique. Les intérêts dominants agissent sur le Droit pour le modeler à leur convenance. Encore est-il que d'autres facteurs non économiques ou qui ne le sont que très indirectement concourent pour une large part au développement des institutions. De plus, celles-ci ne se réadaptent pas en un jour ; il faut du temps pour « remettre au point » la législation (1). Maint obstacle s'y oppose :

(1) Il est vrai que la jurisprudence, c'est-à-dire l'interprétation des textes légaux par les tribunaux, est souvent progressive et montre plus de prévenance envers les besoins nouveaux.

droits acquis, intérêts conservateurs, routine et misonéisme, résistance et lenteur gouvernementales. Il arrive même que la réadaptation n'ait pas lieu ou s'opère à contresens. Par suite, il se fait que souvent le cadre juridique au sein duquel se meut l'activité économique apparaît plus ou moins étriqué ; d'où des contraintes pénibles et surannées, des limitations apportées aux initiatives, des insuffisances dans la protection légale, en un mot plus ou moins de désaccord entre les besoins juridiques et les réalités du Droit. D'un autre côté celui-ci est une nécessité primordiale de toute vie collective et rien ne pourrait le remplacer : l'imperfection du Droit n'a jamais produit que décadence ou barbarie. On peut donc dire qu'en dernière analyse le Droit constitue un élément régulateur et perturbateur tout ensemble du développement économique. A ce double titre, il constitue une donnée fondamentale de nos études.

Nous ne pouvons songer à entreprendre ici l'esquisse même sommaire de l'évolution des institutions, ne fût-ce que de celles qui s'appliquent directement à la production, à l'échange et aux autres activités du même ordre. Il faudrait pour cela faire l'histoire de la propriété, de l'esclavage et du travail libre, de la réglementation de l'industrie et du commerce, du droit des associations, etc. Force est donc de se limiter aux principes fondamentaux de la législation économique contemporaine et d'en compléter l'examen rapide à l'aide de quelques précisions empruntées surtout au droit belge et français.

Nous n'insisterons pas longuement sur le droit public, encore que l'organisation politique et administrative offre une importance économique considérable. Tout le problème du droit de suffrage est dominé par les intérêts matériels bien plus que par les théories politiques. Suffrage restreint et législation de classe sont deux termes presque synonymes. L'évolution qui s'est dessinée depuis la Révo-

lution française vers le suffrage universel a eu pour principale cause le désir des masses d'améliorer leur sort par la
suppression de lois contraires à leurs intérêts et l'adoption
de lois inverses. L'action politique apparaît ainsi comme
un moyen — plus ou moins efficace, au demeurant — de
satisfaire des besoins collectifs. A ce titre, la science économique ne saurait la négliger sans restreindre le champ
d'études qui lui est assigné. Tout au moins doit-elle poser
nettement le problème (1).

Tout un ensemble de mesures administratives intéressent
directement l'activité économique. Telles sont la plupart
des dispositions relatives à la protection du travail. La
législation fiscale n'est pas moins importante à cet égard.
Pour le moment, néanmoins, nous nous contenterons d'une
simple mention, l'essentiel pour nous étant le droit privé,
sinon dans son ensemble, du moins dans tous ceux de ses
textes qui règlent la condition des personnes et le régime
des biens.

II

Tout le monde sait que la liberté et la propriété privée
constituent les fondements de l'organisation sociale des
peuples civilisées contemporains. Quelle est la réelle portée
de ces deux principes ? Sont-ils absolus en droit et en fait ?
Ou ne subissent-ils pas, soit dans les lois mêmes, soit dans
leur application, des restrictions plus ou moins importantes ? Voilà ce qu'il nous faut savoir, si nous voulons

---

(1) Il semble toutefois que ces vastes questions soient plutôt du
ressort de la Sociologie ; c'est à cette dernière que nous attribuerions
notamment la controverse célèbre suscitée par le *Matérialisme de
l'histoire,* théorie qui accorde une influence souveraine au facteur
économique sur le développement des sociétés à tous les points de
vue, même religieux, artistique ou scientifique.

nous faire une idée de ce qu'est pratiquement, c'est-à-dire effectivement, le facteur juridique de la vie économique.

Est-ce trop dire que d'affirmer que la liberté individuelle est un fait autant qu'un droit ? La guerre nous a fourni, à cet égard, ce que l'on pourrait appeler, non sans ironie, une « contre-épreuve » décisive. Le régime d'occupation étrangère, qui est une demi-servitude, ne fait que trop apprécier tout ce qui a été momentanément perdu. Saisies, réquisitions, Centrales militaires des produits les plus dispa-rates, régime d'étape, de passeports et de résidence obliga-toire, prohibition de sortir du territoire occupé, interdic-tions de transport de nombre de marchandises, cultures forcées, industries interdites, exploitation de charbonnages imposée sous peine de mise sous séquestre, perquisitions domiciliaires sans autorisation de justice, réglementation des prix, toutes ces mesures et tant d'autres encore qui ont si cruellement frappé les contrées envahies sont autant d'atteintes à des droits dont leurs habitants avaient anté-rieurement la pleine et entière jouissance. Non, notre liberté d'aller et de venir, de fixer à notre gré notre domicile ou notre résidence, de voyager, d'émigrer, de travailler, de commercer, d'effectuer des transports, notre liberté, dis-je, était complète ; nous en jouissions sans réserve. Ayons confiance qu'elle n'a subi qu'une éclipse et continuons à en parler en toute sérénité comme si l'ennemi ne l'avait point foulée aux pieds (1).

Les restrictions qu'elle souffre dans notre droit de paix sont exceptionnelles. Telle n'est toutefois pas l'opinion des écrivains anarchistes pour qui l'obéissance à la loi est un esclavage lors même qu'elle protège l'indépendance de chacun contre les empiétements des autres. Mais c'est là pur verbiage. De fait, toutes les libertés se limitent mutuel-

(1) Ces lignes ont été écrites le 3 juin 1918.

lement : c'est la condition de leur coexistence. Veut-on une application pratique de cette règle aussi naturelle que nécessaire ? Ce sont les enquêtes dites de *commodo et incommodo* (c'est du latin de Molière, mais il n'importe). Il m'est interdit de produire chez moi des fumées désagréables ou d'y avoir en dépôt des substances inflammables ou explosives, sans l'assentiment de mes voisins. Quoi de plus légitime ? Et quoi de plus simple qu'une enquête administrative pour constater l'accord ou le désaccord, recueillir les objections et préparer une décision équitable ? Croit-on qu'un débat direct entre intéressés, sans intervention de la loi ou de ses représentants pourrait se terminer autrement que par la violence ? N'insistons pas ; il ne s'agissait que de préciser le sens de cette locution : restriction à la liberté.

Est une véritable restriction à la liberté l'obligation imposée par le législateur de remplir certaines conditions pour exercer telle profession déterminée. Ainsi, l'on ne peut être avocat ou exercer l'art de guérir qu'après avoir obtenu un diplôme de capacité délivré conformément aux conditions prescrites par la loi, tandis que l'on peut, sans examen préalable, diriger un établissement industriel de la plus grande importance. Restriction à la liberté aussi la limitation du nombre des agents de change existant en France (1). Il faut encore ranger sur la même ligne l'interdiction de battre monnaie dans des ateliers privés, d'émettre des billets de banque, d'organiser un service postal, télégraphique ou téléphonique, de cumuler certaines fonctions ou professions. Encore ces limitations s'expliquent-elles généralement par un intérêt public ou collectif évident : ainsi en

____

(1) En Belgique la profession est libre. En France les charges sont vénales. Le nombre de ces charges a été porté à 70 à Paris par le décret du 30 juin 1898. En fait, à côté du parquet des agents de change existe la coulisse, ce qui rétablit partiellement la liberté.

est-il tout particulièrement du monnayage des métaux précieux et du cumul des fonctions.

A en croire certains économistes de l'école libérale, l'Etat
moderne obéirait cependant à une tendance grandissante,
et combien fâcheuse, à restreindre la liberté. Preuve en
soit à la limitation des heures de travail dans l'industrie, au
minimum de salaire, aux assurances obligatoires contre les
accidents, la maladie, la vieillesse et l'invalidité. Et il est
de fait que cette thèse a les apparences pour elle. Interdire
à un homme adulte de travailler plus de dix ou onze heures
par jour, n'est-ce pas une atteinte à la liberté ? N'est-ce pas
une atteinte à la liberté que de punir une ouvrière qui
emporte de l'ouvrage à finir à domicile après la fermeture
de l'atelier (1) ? On pourrait égrener toute une série d'in-
criminations de ce genre. Nous pensons cependant que
ces critiques portent à faux et que toutes ces mesures tuté-
laires assurent la liberté réelle des faibles loin de l'entraver.
Peut-on douter que c'est la liberté purement formelle de
l'ouvrier qui est limitée lorsque l'arrêt d'une commission
arbitrale lui fait défense d'accepter un salaire de famine ?
Il serait prématuré de pousser davantage ce débat dès à
présent. Nous y reviendrons lorsque nous traiterons de
l'interventionnisme.

III

L'étendue du droit de propriété privée a subi maint
changement au cours de l'histoire. La législation contemporaine a renoué le fil de la tradition romaine et affranchi la
propriété de tous les liens qui l'entravaient et de toutes les
charges qui la grevaient sous l'ancien régime. Elle a
supprimé toutes les redevances au seigneur et à l'Eglise ;

(1) Loi anglaise du 17 août 1901, art. 31. En réalité, cette disposition remonte à la loi du 6 juillet 1895, art. 2 et suiv.

elle a aboli la substitution fidéicommissaire, qui interdisait à l'héritier d'aliéner le bien de famille et l'obligeait à le conserver intact et à le transmettre tel à ses propres successeurs. Le majorat qui correspondait à peu près à la substitution fidéicommissaire a également disparu de nos lois. Le Code civil pousse si loin le souci d'assurer au propriétaire le droit de libre disposition de son bien qu'il proscrit l'indivision forcée et limite à cinq années la validité des conventions établissant l'indivision (art. 815). Cette mesure, remarquons-le, n'est pas inspirée toutefois par de pures considérations théoriques. Ses auteurs ont eu particulièrement en vue les intérêts de la culture qui souffre du régime d'indivision.

Le droit de propriété est soumis à certaines délimitations. L'une des plus intéressantes, quoique encore assez imprécise, est celle qui découle d'une jurisprudence récente fondée sur la théorie de l'abus du droit. L'abus est défendu au propriétaire par nos Cours et tribunaux. La divergence est manifeste vis-à-vis du droit romain qui consacrait le *jus abutendi*. Mais elle ne se dessine pas encore avec une suffisante netteté pour que l'on puisse affirmer l'existence d'une orientation nouvelle qui serait assurément grosse de conséquences.

Une « délimitation » tout à fait précise du droit du propriétaire est celle qui résulte de la législation sur les mines, au moins en France et en Belgique. Cette législation détache la propriété du sous-sol de celle de la surface et la soumet au régime de la concession par l'Etat. Elle ne reconnaît plus au propriétaire que le droit à une légère redevance. Cette législation est visiblement d'inspiration économique : c'est le souci d'une bonne exploitation des mines et particulièrement des charbonnages qui l'a dictée et a fait rétablir, en cette matière, la redevance féodale que venait d'abolir la Révolution.

Une restriction « territoriale » ou, si l'on veut, « spatiale » à la propriété individuelle dérive de l'existence du domaine public. Il n'en est toutefois ainsi que pour ce que l'on appelle le domaine privé de l'Etat et des communes. L'autre partie du domaine comprend les routes, les rues, les places publiques, les chemins de fer qui sont des voies indispensables de circulation et de communication. Elle comprend encore tout l'outillage matériel du Gouvernement et de l'administration qui répond à des besoins collectifs dont la satisfaction doit être assurée en tout état de cause et quelle que soit l'organisation sociale et politique. Le domaine privé, au contraire, se compose de forêts, d'exploitations industrielles et minières très diverses suivant les pays. Il est évident que les progrès du domaine privé font reculer la propriété individuelle, mais c'est une pure question d'étendue, non d'attributs juridiques.

Dans certaines colonies d'Etats européens, il existe aujourd'hui encore, des Compagnies à charte qui s'étalent si largement sur le territoire que l' « espace » réservé à la propriété particulière se restreint singulièrement. On a beaucoup critiqué à cet égard la politique suivie par l'ancien Etat indépendant du Congo. La Nigérie et la Rhodésie anglaises appartiennent jusqu'à un certain point au même type ; les privilèges parfois énormes concédés aux Compagnies rappellent, il faut l'avouer, l'ancien régime.

Etant déclarée absolue, la propriété privée est forcément perpétuelle. A ce principe, les lois qui ont organisé la propriété intellectuelle (industrielle, artistique et littéraire) ont apporté toutefois une exception considérable. La « propriété des idées » est limitée à une certaine période : trente ans. Cette période expirée, l'objet de cette propriété, les inventions industrielles brevetées, les œuvres de science, d'imagination, etc., tombent dans le « domaine public », ce qui signifie qu'elles peuvent être librement et gratuitement utilisées ou reproduites par tout le monde.

De ce qu'elle est perpétuelle, il résulte que la propriété se transmet, en cas de décès de son titulaire, à ses héritiers ou aux personnes qu'il institue par testament ses légataires.

La transmission héréditaire est la clef de voûte de l'organisation économique de notre temps. Le législateur la juge si importante qu'il a limité (art. 913-930 du Code civil) la liberté du propriétaire d'exhéréder ses descendants. A ceux-ci est assurée une *réserve* dont le testateur ne peut valablement disposer.

L'institution de la *réserve* a cette conséquence d'empêcher le rétablissement, par voie testamentaire, du droit d'aînesse. Le Code, pourtant, n'impose pas le *partage égal* : il se borne à le présumer. S'il est de règle chez nous, c'est surtout parce que l'égalité est profondément entrée dans nos mœurs.

Les conséquences économiques du partage égal sont très considérables et, au total, bienfaisantes. Elles apportent un tempérament à l'inégalité de la répartition des richesses qui paraît plus grande en Angleterre, où subsiste le droit d'aînesse, que sur le continent européen où il a disparu.

D'autre part la perpétuité et la transmission héréditaire de la propriété tant mobilière (1) qu'immobilière est un un facteur incontestable et puissant d'inégalité des conditions. C'est l'hérédité que veulent faire disparaître les réformateurs soucieux d'instaurer l'*égalité du point de départ*. Encore une fois, nous laissons à plus tard les controverses et nous nous bornons à constater ici les situations

______

(1) A première vue, il semble exagéré d'attribuer autant d'importance à la propriété mobilière qu'à la propriété immobilière. Il n'en est rien cependant, mais c'est à raison de ce fait que les actions de sociétés sont rangées par le Code dans la catégorie des meubles : d'où l'appellation courante de *valeurs mobilières*.

de fait : or il est évident que si la transmission héréditaire ne crée point l'inégalité de répartition des richesses, elle tend à la maintenir une fois créée.

IV

Absolues par essence, la liberté individuelle et la propriété privée peuvent être volontairement limitées par des conventions qui établissent au profit de tiers des droits personnels et réels. C'est ce que d'éminents sociologues, tels qu'Herbert Spencer, ont appelé le régime contractuel.

Le droit de limitation volontaire est toutefois plus étendu en ce qui concerne la propriété qu'à l'égard de la liberté. Le propriétaire peut, en effet, aliéner son bien et cela à titre gratuit (par voie de donation) ou à titre onéreux (par voie d'échange). Personne, au contraire, ne peut se réduire volontairement en esclavage. L'art. 1780 du Code civil prohibe les engagements à vie qui seraient un servage déguisé et l'art. 1142 résout même en un paiement de dommages-intérêts les obligations de *faire* (de fournir un travail quelconque), si ceux qui les ont librement assumées se refusent pourtant à les exécuter.

La loi protège donc l'homme libre contre lui-même ; mais elle n'en agit pas de même vis-à-vis du propriétaire. Elle admet qu'il puisse se dépouiller. A cette règle, elle apporte cependant des tempéraments : tel est le régime des biens des mineurs, des interdits, des prodigues. En outre, dans certains pays, elle va jusqu'à proclamer l'inaliénabilité du *bien de famille*. L'insaisissabilité partielle des salaires, existant en Belgique (1), est une mesure protectrice du même genre. Il n'en est pas moins vrai qu'en principe

(1) La loi belge du 18 août 1887 déclare insaisissables à concurrence des 4/5 les salaires des ouvriers et des petits employés.

le Droit moderne établit une différence caractéristique entre la faculté de disposer de soi-même et celle de disposer de ses biens.

Le propriétaire, pouvant aliéner ses biens, possède aussi le droit de limiter partiellement les droits qu'il exerce sur eux. Il peut donc accorder conventionnellement à des tiers des droits temporaires (usufruit, usage) ou même permanents (servitudes, hypothèques, droits de gage). Ces démembrements de la pleine propriété donnent naissance à des droits réels, ainsi nommés parce qu'ils grèvent non les personnes mais les biens eux-mêmes et les suivent en toutes mains. Il n'y a pas là de retour à l'ancien régime : les droits réels ne consistent point en prestations et sont issus de conventions librement consenties. Tout au moins faut-il reconnaître qu'ils répondent soit à des nécessités pratiques de l'ordre agricole ou du régime immobilier urbain soit aux exigences du crédit. Nouvel exemple des modifications que les principes abstraits du Droit subissent sous la pression des intérêts économiques.

Sous la réserve, déjà signalée, que l'on peut toujours se dérober, moyennant indemnité, à l'exécution de ses engagements de *faire*, la liberté peut, comme la propriété, subir des restrictions conventionnelles mais toujours temporaires. Ici apparaissent les droits personnels ou de créance. qui ne grèvent plus la propriété si ce n'est indirectement et d'une façon diffuse, mais pèsent d'une manière précise et principale sur la personne même de celui qui s'est engagé. Il arrive ainsi que l'usage de la liberté en détermine assez souvent l'aliénation partielle et momentanée. Ou plus exactement la liberté de s'engager par contrat entraine avec elle des limitations volontaires de la liberté du travail et de l'industrie.

La liberté d'association et les divers contrats qu'elle a suscités est peut être celle qui tend à restreindre le plus gravement la liberté individuelle. Ainsi en jugea la Révolution française qui restreignit la première afin de sauvegarder la seconde. Au cours du XIXe siècle, la liberté d'association a progressé. Dans certains pays plus qu'en d'autres; en Belgique plus qu'en France. Elle s'est épanouie surtout dans le domaine industriel et commercial pour permettre l'union de capitaux de plus en plus puissants indispensable à la constitution des grandes entreprises. Encore une fois, nous voyons le Droit évoluer sous l'irrésistible influence des nécessités économiques. Aujourd'hui les dernières entraves apportées par les lois à la liberté d'association : l'interdiction des coalitions ouvrières ou patronales et la nécessité de l'autorisation préalable pour la constitution des sociétés anonymes ont été supprimées. Et non seulement ces associations tendent à devenir de plus en plus puissantes en fait, mais l'évolution juridique est dans le sens de l'extension de leurs prérogatives, et notamment de l'attribution à la plupart d'entre elles et notamment aux sociétés commerciales de la personnalité civile. Sans doute, ce régime ne leur donne pas tous les droits des personnes réelles. Il ne leur permet d'acquérir et de posséder des biens meubles et immeubles que dans la mesure de l'objet en vue duquel elles ont été fondées. Mais elles tirent de là d'immenses avantages et surtout la cohésion. Les sociétés commerciales en particulier ne doivent point se dissoudre à la mort de chacun de leurs membres, comme ce serait le cas sous l'empire du Code civil. L'indivision est forcée pendant toute leur durée qui peut aller jusqu'à trente ans (1). La liberté individuelle tend à s'effacer quelque peu grâce à ces progrès du droit d'association ; il en est surtout ainsi

---

(1) Il va sans dire qu'avant l'expiration de cette période, le contrat constitutif de la société peut être renouvelé pour une nouvelle période trentenaire et ainsi de suite.

dans les syndicats de travailleurs ou unions professionnelles : non sans doute, que l'on ne puisse toujours donner sa démission et reprendre sa liberté ; mais en dehors de là, celui qui entre dans une telle union accepte d'avance les décisions de la majorité. Pour justifier d'une manière formaliste des solutions de ce genre, les juristes auront beau invoquer des textes légaux existants, combiner les règles du mandat avec celles du contrat de société, il n'en est pas moins évident qu'une évolution se dessine qui sacrifie en quelque mesure le droit individuel au droit corporatif. Cette évolution n'est point achevée : on peut tenir pour assuré qu'elle se poursuivra en se modelant, comme toujours, sur les faits économiques nouveaux et notamment sur la concentration industrielle commerciale et financière qui va grandissant.

V

Mais il importe de le remarquer : le Droit n'est pas un simple reflet des conditions économiques, une sorte d'épiphénomène, c'est une *force agissante*. Est-il besoin de rappeler toutes les mesures que les lois prennent pour assurer leur propre application ? Rien n'y manque, ni les mesures préventives ou policières, ni les dispositions répressives ou pénales, ni les sanctions civiles consacrant la réparation pécuniaire du dommage causé par la violation des lois. Jusqu'à quel point ces mesures sont-elles appliquées ? Les différences sont grandes d'un pays à l'autre et aussi d'une matière à une autre. Il y a, dans le Droit d'un peuple des parties mortes. Elles ressuscitent parfois : témoin la loi française de 1848 limitant à douze heures la journée de travail des adultes. Longtemps inobservée elle a été remise en vigueur vers la fin du xixᵉ siècle (1).

Les parties vivantes du Droit — et elles le sont quelquefois terriblement — sont un facteur positif de la vie économique, qu'elle soit considérée en un stade déterminé de développement ou dans les changements même qu'elle subit, c'est-à-dire à l'état statique ou dynamique. L'organisation économique ne serait pas ce qu'elle est si le Droit avait été autre et la contrainte qu'il exerce sur elle réagit sur son évolution (2). Sans le Droit libéral, issu de la période révolutionnaire, la grande industrie contemporaine eût peut être adopté, depuis nombre d'années, la forme de monopoles corporatifs. On peut imaginer bien d'autres possibilités. La conclusion qui s'impose, c'est que l'élément juridique, quelles qu'en soient les causes déterminantes, est l'un des facteurs essentiels qui gouvernent l'activité des hommes cherchant à satisfaire leurs besoins, et cela au même titre, sinon avec la même puissance, que l'élément physio-psychologique et l'élément technique.

(1) Elle a été remplacée en 1919 par une loi nouvelle établissant la journée de huit heures.

(2) Le fait est notable en ce qui concerne la législation contraire aux ententes et syndicats, notamment en Angleterre (nullité des conventions *in restraint of trade*).

CHAPITRE VII

L'ENTREPRISE ET L'ORGANISATION ÉCONOMIQUE

I

Depuis que les historiens de l'antiquité ont ramené à leurs justes proportions le rôle des « législateurs » des anciennes cités grecques, on peut admettre que nulle part l'organisation de la production n'a été la résultante d'un de ces vastes plans conçus d'avance qui sont l'apanage et le passe-temps favori, mais non toujours inoffensif, des purs théoriciens. C'est sous la pression des nécessités pratiques que s'élabore fragmentairement, se modifie, se complète et se perfectionne cette organisation. La complication croissante des faits amène des remaniements, les défauts des premières combinaisons apparaissent à l'expérience et se corrigent plus ou moins ensuite. Cela ne va point sans difficultés nombreuses ; le parfait agencement et l'heureuse coordination de tous les organes ne sont obtenus qu'au prix de tâtonnements et d'efforts parfois prolongés ; il arrive même plus d'une fois que tel groupe social, telle nation donnée, ne réussit point à établir une ordonnance satisfaisante des activités économiques et que les conflits et les déperditions de forces productives se perpétuent en son sein.

A cet égard, la stabilité parfaite, l'état de cristallisation

de l'organisation économique en certaines sociétés passées,
et notamment le régime des castes et celui des corporations (1), ne doit point faire illusion. Il ne faut pas oublier
que la période d'équilibre a été précédée par une phase inverse de liberté au moins relative, de changements, de tentatives de tout genre. L'organisation équilibrée qui s'établit
ensuite est donc un produit d'évolution, non une conception d'ensemble sortie toute agencée du cerveau de je ne
sais quel Lycurgue, indou, italien ou flamand.

De cette observation générale, il ne faudrait pas inférer
que l'intervention des organisateurs expérimentés n'ait ses
grands avantages pratiques : mais leur talent réside bien
moins dans l'imagination théorique que dans l'aptitude à
prendre des décisions promptes et rapides et dans l'art des
réadaptations habiles et parfois radicales.

Une très grande part doit donc être reconnue dans la genèse et les progrès de l'organisation économique à la multitude des initiatives privées, particulièrement aux époques
où règne l'appât du gain (2). On voit surgir alors des spé-
cialisations nouvelles plus ou moins hésitantes d'abord,
mais de mieux en mieux affirmées au fur et à mesure que
le succès les encourage (3). Toute spécialisation nouvelle

(1) Sur la période ayant précédé l'avènement du régime corporatif
figé, voy. PIRENNE, *Les anciennes démocraties des Pays-Bas*, Paris,
1910, p. 26 et suiv. : « Dès ses débuts, la vie urbaine se développe
dans la liberté, et c'est par l'association que, suppléant à l'inertie
des représentants officiels de la puissance publique, elle élabore peu
à peu les installations, les ressources et les institutions qui lui sont
le plus indispensables » (p. 28).

(2) C'est-à-dire lorsque se généralise l'usage de la monnaie, puis
du crédit et que l'enrichissement individuel peut prendre des proportions fabuleuses sans occasionner trop d'embarras à ceux que la
fortune favorise à ce point.

(3) Il y a une certaine part de conjecture dans ces affirmations
générales. Un cas spécial très typique et bien établi est celui des
merchant bankers de Londres. C'étaient de gros négociants qui, petit

est une spéculation, environnée parfois de gros risques et qui, dans le passé, s'est souvent heurtée à des barrières juridiques impossibles à franchir, si ce n'est à force de persévérance et de subtilité. Plus d'une fois même l'obstacle légal était absolu ; le développement de l'organisation économique se trouvait alors brutalement enrayé.

II

Nous savons déjà qu'à notre époque l'organe de la production spécialisée est un groupe d'hommes que les économistes nomment entreprise. Chaque entreprise assume donc une part plus ou moins large de l'activité économique totale de la société.

Il ne faut jamais perdre de vue que cette activité ne vise qu'à produire des utilités subjectives. Rien d'étonnant dès lors à ce que naissent et prospèrent des entreprises dont l'existence même est un défi à la morale, à l'hygiène publique ou au bien-être collectif. Pour vivre, l'entreprise n'a rigoureusement qu'une obligation : satisfaire des désirs et au besoin les faire éclore. Voilà pourquoi la culture et le commerce de l'opium, la fabrication et le débit des boissons alcooliques, le crédit usuraire, la prostitution suscitent des entrepr ses non seulement viables, mais susceptibles parfois d'enrichir les gens peu scrupuleux qui les ont créées. Certaines entreprises sont même nettement contraires à la loi pénale : la contrebande, la traite des blanches, le vol le plus vulgaire même ou l'escroquerie peuvent être l'objet d'*organisations*.

à petit, se mirent à accepter des traites pour le compte de confrères. Le succès de ces opérations spéciales se dessinant, ils délaissèrent les opérations commerciales proprement dites pour se confiner dans le rôle très particulier, mais lucratif d'*accepteurs*, c'est-à-dire de fournisseurs d'un genre spécial de crédit aux commerçants.

En un mot, le gain est l'âme de l'entreprise. Le but poursuivi n'est donc point le degré le plus élevé de perfection qualitative à moins que telle ne soit la condition du gain permanent maximum. On a dit des artisans d'élite de la période corporative qu'ils travaillaient pour l'amour de l'art : l'entreprise d'aujourd'hui ne nourrit point d'aussi hautes visées. Les exemples, trop fréquents hélas ! de camelotage et de falsification ne permettent pas d'illusions à cet égard.

D'un autre côté, la rapacité des entrepreneurs de moralité défectueuse se traduit par des phénomènes fâcheux et parfois cruels. Du nombre est l'exploitation du personnel salarié, laquelle, en certains cas historiques, est descendue jusqu'à la férocité : journées de travail démesurées ; salaires de famine ; emploi des petits enfants à des tâches épuisantes pour eux ; état répugnant et malsain des ateliers, telles sont les conséquences qu'a pu produire l'entreprise au lendemain de son affranchissement des liens de la réglementation corporative.

Il sied de reconnaître d'autre part l'existence d'une catégorie exceptionnelle d'entreprises n'ayant point de but lucratif. Ici se rangeront les sociétés de propagande qui répandent des livres, comme la Société Biblique, ou des journaux publiés gratuitement ou du moins sans bénéfice, les sociétés de concerts uniquement vouées au culte de l'art musical et ainsi de suite.

III

Avant de nous occuper du mécanisme interne de l'entreprise, il est intéressant de se faire une idée générale de la répartition des diverses activités économiques en entreprises distinctes.

Mais d'abord une remarque : il ne faut pas croire que cette répartition soit nécessairement la conséquence d'une *division* au sens littéral de ce mot. La création de spécialités nouvelles n'a pas lieu forcément par bipartition d'un type ancien plus large, mais aussi par *invention*. Économiquement parlant, le travail peut donc être *spécialisé* sans avoir été *divisé*.

Sous cette réserve, les entreprises peuvent être réparties en grandes catégories au sein desquelles nous verrons ensuite s'établir des subdivisions multiples.

Ces grandes catégories sont les suivantes : entreprises extractives — culturales — transformatrices — commerciales — de transport — de crédit — de finance — d'assurance — diverses.

Sont seules directement consacrées à la production les entreprises extractives, culturales et transformatrices. Les premières se bornent à tirer des fonds naturels des matières de toute sorte directement ou indirectement utilisables, sans rien faire pour reconstituer les ressources de ces fonds au fur et à mesure des prélèvements qui les réduisent. L'exploitation des lianes à caoutchouc dans les forêts équatoriales est le type le plus connu de ce genre d'entreprises épuisantes (1). On peut ranger sur la même ligne celles qui dévastent des forêts ou des fonds poissonneux ou giboyeux sans rien tenter en vue de leur repeuplement. Dans la même catégorie enfin rentrent les entreprises minières : charbonnages, exploitation de gisements de minerais ou de substances chimiques, mines de diamant, sablières, tuffières, soufrières, carrières de pierres et marbres etc. S'agissant de substances minérales, la reconstitution est naturellement impossible : mais, il y a, dans l'industrie, des entreprises ou des sections d'entreprise qui ont pour objet la *récupération* de certaines de ces substances.

(1) Toutefois lorsque la « cueillette » n'use que modérément des biens naturels, elle n'empêche point la production régulière de ceux-ci, grâce à la fécondité animale et végétale.

Les entreprises culturales n'ont affaire qu'aux organismes vivants. Leur principe, essentiellement économique, consiste à associer consommation et capitalisation. Tout en pourvoyant aux besoins courants, elles assurent la conservation des espèces exploitées en vue de la subsistance permanente de l'humanité. Elles y arrivent en réservant une partie des grains récoltés à l'ensemencement prochain de la terre, en rejetant à la rivière les poissons trop jeunes capturés par le pêcheur, en entretenant et reformant sans cesse les plantations de vignes, d'arbres à fruit ou d'espèces ligneuses, en conservant un nombre suffisant d'animaux reproducteurs et ainsi de suite. Mais elles remplissent encore un autre rôle, signalé déjà dans notre étude technique et auquel les incitent les gains pécuniaires qui en découlent et quelquefois aussi un sentiment de légitime fierté chez leurs dirigeants : elles perfectionnent les espèces végétales et animales ainsi exploitées. Enfin pour accroître la production et le gain elles en arrivent à « manufacturer » littéralement le sol. Du même coup, elles augmentent la capacité productive de la graine, du troupeau ou du fonds de terre. En songeant à ces caractères dominants de l'agriculture, on ne s'étonne pas que les Physiocrates l'aient regardée comme seule productive, surtout à une époque où l'industrie n'avait pas encore réalisé les merveilles techniques qu'elle a depuis lors accomplies.

Les entreprises transformatrices ou industrielles appelées jadis manufacturières — mais ce nom a cessé de leur convenir depuis l'emploi généralisé des machines — façonnent les produits d'extraction et de culture pour les rendre aptes à satisfaire nos besoins. Comme une partie d'entre elles, et de très puissantes, fabriquent exclusivement de l'outillage, il apparaît clairement que les entreprises transformatrices obéissent au même principe que les culturales et se soucient de capitaliser autant que de pourvoir à la consommation.

Si elles ne sont point directement consacrées à la pro-

-duction, les entreprises de transport y interviennent à bien
des titres. Elles convoient des quantités énormes de matières
brutes ou incomplètement façonnées. Mais elles jouent un
rôle non moins important dans la distribution des produits
achevés qui est la fonction propre des entreprises commerciales. Distribution qui n'est pas un petit problème si l'on
songe à la masse colossale de produits de toute espèce que
réclame, à notre époque, la consommation courante de centaines de millions d'hommes. A la distribution se lient des
opérations de finissage, c'est-à-dire de production proprement dite telles que la fabrication du pain par le boulanger,
la préparation des potions par le pharmacien, etc.

Il serait prématuré de vouloir définir les entreprises de
crédit et de finance. Quant aux entreprises d'assurance,
elles font profession de garantir contre les risques les plus
divers (1) par la promesse d'indemnités appropriées et moyennant le versement annuel de primes par les assurés.

Les entreprises diverses, non directement productives,
répondant surtout à des besoins non matériels, sont naturellement impossibles à définir en tant que groupe. Elles
forment un ensemble disparate où voisinent l'exploitation
d'un hôtel, d'un hôpital privé ou d'une clinique, celle d'une
maison de jeu, l'organisation d'un service de détectives ou
de gardes-nuit, etc. Le nombre et la variété de ces entreprises n'offrent guère de limites.

---

(1) C'est à dessein que nous écrivons : les risques les plus divers.
D'AVENEL ne raconte-t-il pas qu'il s'est formé jadis une compagnie
en Angleterre pour « assurer le risque d'infidélité dans le mariage »?
(*Mécanisme de la vie moderne*, vol. VI, p. 80 81). Cette caricature est
vraiment très significative.

IV

Il ne faudrait pas prêter au classement qui précède une rigidité excessive. Et l'on doit notamment reconnaître que plus d'une grande entreprise contemporaine chevauche deux catégories : compagnies de chemins de fer qui possèdent des mines, des terrains ou des hôtels ; sociétés métallurgiques propriétaires de charbonnages, de minières et parfois de moyens de transport; établissements financiers dont la sphère d'influence s'étend à des affaires de toute sorte et ainsi de suite.

En revanche, il va sans dire que chaque grande catégorie n'est qu'un cadre renfermant un nombre considérable d'entreprises distinctes.

Il existe, en premier lieu, une subdivision par objet de production, de commerce, etc. : acier, verre, ciment, papier, grains, soie, coton, laine, huile. Deux subdivisions peuvent, en certains cas, se trouver réunies en une seule main : il suffit de citer comme exemples l'alternance des cultures, l'exploitation mixte mi-agricole mi-élevage, les sous-produits en industrie.

Faisons un pas de plus : nous arriverons aux constatations vraiment intéressantes. Il arrive fréquemment qu'une production déterminée se scinde en entreprises distinctes suivant deux modes différents que, pour user d'un terme schématique, l'on peut appeler l'un *vertical*, l'autre *horizontal*.

1er EXEMPLE :

Industrie de la laine.

DIVISION VERTICALE (Entreprises successives)	DIVISION HORIZONTALE (Entreprises spécialisées)
Lavoirs Peignage — Cardage	
Filature Tissage Apprêts	Laine cardée — Laine peignée

Ces deux divisions se combinent pour donner naissance à des entreprises très spécialisées telles qu'une filature de peigné ou une fabrique de drap (tissage de laine cardée).

2ᵉ EXEMPLE :   **Industrie du fer et de l'acier.**

Haut fourneau

Aciérie — Puddlage et fabrique de fer — Fonderie
Laminoirs

Fabrication des rails — Ateliers mécaniques de toutes sorte

La division peut toutefois se borner à la création de départements distincts au sein d'une même entreprise (comme à la Société Cockerill de Seraing). Nous verrons plus tard qu'il existe de nos jours une forte tendance en ce sens, en ce qui concerne surtout la division verticale (ou par tranches successives comme dit très bien Gide), tendance. qu'il est convenu d'appeler intégration. Cette tendance s'exerce aussi dans le sens horizontal, c'est-à-dire vers l'absorption de spécialités voisines et quelquefois éloignées.

La division détaillée ou parcellaire ne produit que fort rarement des entreprises distinctes. Tout au plus fait-elle éclore par ci par là des sous-entreprises. On en trouve un certain nombre chez les ouvriers de l'industrie armurière (en particuli chez les canonniers, garnisseurs, basculeurs, platineurs et fabricants de révolvers en blanc).

V

Après avoir jeté un coup d'œil d'ensemble sur la répartition des entreprises d'après leur objet, il importe d'en dégager clairement les traits essentiels. Mais il serait peu instructif de viser à une formule abstraite applicable à tous les stades de développement économique où il y a eu effectivement des entreprises. Considérons de préférence notre

Ansiaux   9

époque : l'entreprise nous apparaîtra comme un organisme très caractéristique. Elle comprend d'abord une personne ou un groupe de personnes qui dispose des moyens de production et qui assume les risques de l'affaire : à cette personne ou à ce groupe la science réserve le nom d'*entrepreneur*. En face de l'entrepreneur nous apercevons d'autres individus affranchis des risques et travaillant moyennant une rémunération fixe. Ce sont les *salariés*. Mais parmi ceux-ci, surtout dans les entreprises importantes, il y a des distinctions essentielles à établir. Le personnel salarié se décompose en deux groupes inégaux en nombre. Le plus petit forme la *direction*, le plus grand constitue le personnel subordonné, chargé de l'exécution et du contrôle. Le *directeur* peut se confondre avec l'*entrepreneur*. Il en est souvent ainsi dans les affaires modestes ou moyennes (1). Le divorce s'accentue de plus en plus, au contraire, dans les affaires organisées sous forme de compagnies par actions. L'entrepreneur, c'est l'actionnaire. Il est copropriétaire de l'entreprise, court des risques et se réserve les gains éventuels. A cela se borne souvent son rôle. Il n'importe même qu'il ignore totalement l'objet véritable de l'activité productrice à laquelle il est intéressé, ou qu'il n'ait du moins que des notions bien confuses sur la marche des opérations : toutes les chances bonnes ou mauvaises sont pour lui seul quand même.

Il ne faudrait tout de même pas pousser trop loin l'assimilation de l'entrepreneur-simple actionnaire et de l'en-

---

(1) Tel était le cas prédominant lorsque J.-B. Say imagina d'utiliser scientifiquement le terme d'entrepreneur. L'entrepreneur était généralement alors un propriétaire directeur ; il apportait simultanément le capital et le travail intellectuel d'organisation et de direction. Ce dernier élément paraissait même le plus important des deux, la grande industrie n'ayant pas encore pris le développement qu'elle devait acquérir par la suite.

trepreneur-directeur. L'étendue des risques qu'ils affrontent est bien différente. L'entrepreneur directeur ou co-directeur (ce dernier cas se présentant dans les sociétés civiles et dans les sociétés commerciales en nom collectif ou en commandite) est responsable des engagements contractés par l'entreprise sur la totalité de ses biens. L'entrepreneur actionnaire (sociétés anonymes, en commandite par actions, coopératives) n'est responsable que jusqu'à concurrence de sa mise (1). Tout ce qu'il expose, c'est le capital qu'il a engagé dans l'affaire. Ce principe de la responsabilité limitée est une innovation du droit contemporain. Il n'a pas été admis sans peine. Il subsiste encore, dans certaines législations, des vestiges d'une responsabilité plus large : tel est le cas de la *reserve liability* que la loi anglaise permet d'imposer aux actionnaires de banque. C'est pratiquement l'obligation de verser une seconde fois leur mise si l'établissement devient insolvable.

VI

Quel qu'en soit l'objet, toute entreprise a besoin d'un *capital* d'importance extrêmement variable d'ailleurs. Que faut-il entendre par là ? C'est l'ensemble de biens divers dont la propriété, ou du moins la disposition est nécessaire à l'entreprise pour exécuter la tâche qu'elle s'est assignée. Se consacre-t-elle à la production, il lui faudra des installations, un outillage approprié, des matières brutes, de l'argent liquide, des produits achevés à la disposition de la clientèle. Il n'est pas nécessaire que le capital tout entier appartienne à l'entrepreneur ; très souvent il en emprunte une partie.

(1) Il est vrai que ce privilège a été étendu aux administrateurs, c'est-à-dire à des actionnaires prenant part à la direction.

La notion du capital, telle qu'elle vient d'être sommairement exposée, est très simple. Les auteurs l'ont malheureusement compliquée à l'envi. L'école classique a fait du capital un élément technique autant qu'économique. Elle le définit : les moyens de production produits ou encore les produits intermédiaires de la production. A ses yeux, le sol et le sous-sol ne sont point des capitaux, mais des agents naturels. Grâce à cette délimitation tout à fait arbitraire du sens du mot : capital, l'école s'est mise en désaccord, sans raison plausible, avec le langage courant. Dans la pratique, le sol d'une usine, le champ exploité par un cultivateur, les gisements appartenant à une compagnie minière sont considérés comme des capitaux au même titre que des machines, des bâtiments d'usine ou de ferme et des produits mi-ouvrés. Cette façon « financière » de s'exprimer est très logique, pourquoi s'en écarter? En étudiant analytiquement l'élément technique, nous n'avons pas eu besoin du mot « capital » ; nous n'avons parlé que de matières brutes et de produits achevés, d'installations et d'outillage. Rien de plus clair, semble-t-il. Les classiques et leurs adeptes sont, du reste, amenés à de bien inutiles subtilités ; ils se sont forgé, comme à plaisir, plus d'un embarras. Ainsi, pour eux, une terre vierge est un élément naturel : cela ne fait pas question. Mais que faut-il penser des champs de la vieille Europe que le labourage et les autres opérations agricoles ont façonné, pétri pendant de longs siècles ? Ne sont-ils pas vraiment des « produits intermédiaires de la production » au même titre qu'un métier à tisser ou un four de verrerie? La distinction, au reste, n'offre guère d'intérêt scientifique ; jamais au cours de nos études ultérieures nous n'en éprouverons le besoin (1).

(1) Vers la fin du xix⁰ siècle, les économistes autrichiens et allemands ont cherché un moyen terme qui ne nous paraît guère heureux. Ils conservent le concept classique de capital, mais l'appellent

Enfin, il est à remarquer que le terme : *capitalisme* dont la science économique fait aujourd'hui couramment usage n'a aucune portée technique ; il se rapporte indifféremment à la propriété des moyens de production naturels ou produits et ne se réfère en aucune façon à leurs caractères physiques, chimiques ou mécaniques.

VII

Une distinction intéressante s'établit au sein des capitaux d'entreprise. Les uns sont immobilisés, ils consistent dans la disposition permanente de certains biens ; les autres sont destinés à l'échange. Depuis Adam Smith, la science économique appelle les premiers capitaux fixes ou engagés et les seconds capitaux circulants ou fonds de roulement. Cette terminologie n'est pas entièrement satisfaisante, mais elle

capital productif. D'autre part, ils réintègrent dans la science la notion courante du capital, mais l'opposent à la première en l'appelant *capital lucratif*. Au. WAGNER distingue de même entre le *capital du point de vue de l'économie privée* et le *capital du point de vue de l'économie nationale*. Ces distinctions sont bien discutables. En bonne logique, il n'y a pas de réelle opposition entre les deux termes de la distinction. Un *droit* n'est pas l'antithèse d'une *machine*. Or, qu'est-ce que le *capital lucratif* si ce n'est la propriété d'un bien dont on tire un revenu et qu'est-ce que le *capital productif* si ce n'est un instrument de production ? Ce que l'on concevrait mieux, c'est l'opposition d'un *capital de rapport* (une usine, une banque, etc.) et d'un *capital de jouissance* (un parc d'agrément, une habitation opulente, une galerie de tableaux). Mais cette dernière dénomination serait-elle vraiment nécessaire et bien choisie pour désigner des biens de lente consommation et répondant surtout à des besoins de luxe ?

Notons enfin que les écrivains socialistes ont encore aggravé la confusion en présentant le capital comme une « catégorie historique » et en réservant ce nom aux instruments de production n'appartenant pas ou ayant cessé d'appartenir aux travailleurs qui les mettent en œuvre.

est à ce point consacrée par l'usage que vainement tenterait-on de la modifier.

Un exemple en précisera la portée. Le capital fixe d'une entreprise minière est formé par les gisements, les galeries et autres installations souterraines ainsi que les bâtiments et l'outillage établis à la surface. Le capital circulant de cette entreprise est constitué par les produits extraits et non encore vendus, les lettres de change tirées sur les acheteurs et non encore payées, l'argent en banque ou en caisse. La caractéristique du capital fixe est de servir à l'entreprise sinon pendant toute sa durée du moins au cours d'une période étendue ; le capital circulant est fait de matières brutes, de produits en cours de fabrication, de marchandises destinées à la vente, enfin de monnaie ou de titres de crédit à court terme, c'est-à-dire d'un ensemble de biens que l'entreprise doit aliéner ou échanger à plus ou moins brève échéance, si elle veut atteindre l'objet qu'elle se propose. Entre l'aliénation et l'acquisition, les entreprises de production doivent faire subir aux biens constituant le capital circulant une manipulation technique. Les autres entreprises ne sont naturellement point dans ce cas : ainsi les entreprises de commerce, de crédit, de finance, d'assurance, etc., ont un fonds de roulement formé de marchandises, de titres ou de monnaie qui sortent de ces entreprises absolument dans l'état où elles se trouvaient quand elles y sont entrées, si nous faisons abstraction des quelques opérations de finissage que les marchandises subissent parfois chez les commerçants telles que l'emballage, certains mélanges, etc.

Bien que le capital fixe corresponde généralement dans l'ordre économique à ce que sont dans l'ordre technique les installations et l'outillage, il ne faut pas perdre de vue que le capital fixe comprend aussi d'autres immobilisations. Tels sont les titres que certaines entreprises de banque, de finance ou d'assurance conservent en portefeuille, parfois pendant de longues années, sans les réaliser et qui servent de garantie de solvabilité vis-à-vis du public. Les entreprises d'assurance acquièrent dans le même but des immeubles dont la location n'est pas l'objectif unique.

De même le capital circulant comprend plus que les matières mises en œuvre par la production et les marchandises achevées mais non encore vendues. Il a encore pour objet non seulement l'argent liquide, mais les créances sur les acheteurs de produits. Dans les entreprises bancaires, les traites et promesses non échues constituent même avec l'encaisse tout le capital circulant.

Cette double observation s'imposait pour faire ressortir une fois de plus l'étroitesse de la conception purement technique que l'école classique se fait du capital. Cette conception implique du reste une contradiction que l'on n'a point aperçue. En réalité, dans la théorie classique, le capital circulant fait double emploi avec la nature, ou plus exactement avec certains agents naturels. Quel est le capital circulant de la métallurgie ? Avant tout le minerai de fer. Sans doute ce minerai se transforme successivement en fonte, en fer ou acier, en poutrelles, rails, tôles, machines, etc. Il n'en est pas moins un élément naturel de la production métallurgique envisagée dans son ensemble. Il n'en est autrement que si l'on considère chaque phase successive comme production indépendante. En ce cas la fonte est du capital circulant pour l'aciérie, l'acier pour le laminoir et ainsi de suite. Mais ce sectionnement théorique du concept de la production ne s'harmonise en aucune façon avec le point de vue classique (1).

Il en est autrement si l'on définit le capital ainsi que nous

____

(1) Il est encore plus nettement en contradiction avec la conception du « capital au point de vue de l'intérêt général » (*Volkswirtschaft*) d'Ad. Wagner. Et pourtant ce dernier admettait la distinction entre capitaux fixes et circulants.

l'avons fait ici. Le sectionnement en entreprises distinctes s'impose alors par définition même.

Si le caractère propre du capital circulant est de contribuer aux gains de l'entreprise par l'échange tandis que le capital fixe y concourt par la permanence de la possession, il est à remarquer que, suivant les entreprises, la circulation du premier présente des degrés très divers de rapidité et peut même être entravée par des accidents et que, d'autre part, la fixité du second n'est point absolue.

Soit une entreprise de prêts hypothécaires. Les avances qu'elle consent aux emprunteurs portent généralement sur une période étendue, surtout en cas de remboursement par annuités. En pareille occurrence, le capital circulant perd singulièrement de sa mobilité et prend la forme de créances à long terme remboursables par fractions annuelles. En agriculture, le capital circulant se meut plus lentement qu'en industrie ; en industrie il est de circulation moins rapide que dans le commerce ou en banque. Il arrive parfois qu'une partie du fonds de roulement s'immobilise sous forme de créance momentanément irrécouvrable ou s'il a été placé à titre provisoire en valeurs mobilières qui ont subi par la suite une baisse importante et ne seraient réalisables qu'au prix d'une trop forte perte. Mais c'est là un véritable accident qui peut même menacer la vitalité de l'entreprise.

De son côté, le capital fixe peut être aliéné en tout ou en partie : l'entreprise peut changer de siège, modifier au moins partiellement son objet, remplacer un outillage ancien par un autre plus perfectionné ; une société financière peut modifier la composition de son portefeuille de valeurs mobilières et ainsi de suite.

Quelle est la proportion du capital fixe par rapport au capital circulant et inversement ? Elle est essentiellement variable suivant la nature des entreprises. Nous ne possé-

dons pas, à cet égard, de tableaux statistiques. Ils seraient
assurément fort difficiles à dresser. Mais l'intérêt en serait
considérable.

La seule chose bien certaine — et elle est très importante —
c'est que l'évolution économique des cent ou cent cinquante
dernières années s'est orientée dans le sens de l'augmentation de l'importance relative du capital fixe et de la diminution de l'importance relative du capital circulant. Cette évolution est naturellement liée au progrès technique et en
particulier au développement énorme du rôle industriel du
machinisme. Dans l'industrie à domicile manuelle beaucoup plus répandue jadis qu'à présent, le capital fixe est
presque nul. Plus la main-d'œuvre est remplacée par des
dispositifs mécaniques, plus grossiront les sommes immo-
bilisées sous forme d'acquisition d'outillage. La propriété
d'engins coûteux se substitue toujours davantage au capital
circulant qui se dépense en salaires et se reconstitue par la
vente des produits fabriqués (1). Pour ce qui est des entreprises de banque et de finance toutefois, il convient d'être
beaucoup moins affirmatif, d'autant qu'il est malaisé, en ce
qui les concerne, de tracer une exacte délimitation entre
immobilisations et fonds de roulement. Il y a lieu d'ajouter
que la plus grande partie de celui-ci est obtenu par l'emprunt sous forme de réception de dépôts. Nous examine-
rons plus tard les problèmes économiques spéciaux que

---

(1) Cette substitution est profitable à l'entrepreneur chaque fois
que l'intérêt et l'amortissement du capital fixe supplémentaire représentent une somme moins élevée que les salaires des ouvriers rem-
placés par des machines. Il y aurait lieu toutefois de tenir compte
de l'aggravation du risque résultant de l'immobilisation du capital.
Le capital circulant (des marchandises, des matières premières)
est beaucoup plus aisément réalisable et susceptible d'être affecté
à un autre genre de production, si son premier emploi a cessé d'être
rémunérateur.

soulèvent les capitaux des entreprises banquières et financières.

Il ne faut pas pousser trop loin les observations qui viennent d'être faites. Il va sans dire que l'on ne peut indéfiniment développer les capitaux fixes au détriment des capitaux circulants ou même sans les accroître. En industrie, le développement du capital fixe équivaut, dans l'ordre technique, à l'accroissement de la puissance productive de l'outillage. Conséquence : pour utiliser celle-ci, il faudra mettre en œuvre plus de matières, c'est-à-dire disposer d'un capital circulant plus élevé. Plus une filature compte de broches, plus est considérable la quantité et par suite la valeur du coton brut qu'elle doit acheter et travailler.

Si elle agissait autrement, l'avantage que présente pour elle la possession d'un capital fixe plus important serait paralysé par l'impossibilité d'utiliser à plein l'outillage développé dont il constitue la propriété.

Cela est si vrai que des accidents économiques ont été maintes fois provoqués par l'exagération du capital fixe et l'insuffisance du capital circulant. Voici un industriel qui dispose en tout, pour s'installer d'une somme d'un million de francs. Il emploie 900.000 francs aux acquisitions de terrain, aux constructions, aux achats de machines. Il ne lui reste plus que 100.000 francs pour constituer son fonds de roulement, ce qui dans la plupart des cas, n'est évidemment pas assez. Il se trouvera bientôt dans l'embarras. De fait, plus d'un établissement industriel périclite pour cette raison : installations trop larges, immobilisations excessives.

En résumé, si le capital fixe peut grandir au détriment du capital circulant sans créer à l'entreprise une situation anormale et périlleuse, c'est dans la mesure où la machine se substitue au travail. En effet le prix de la première est une immobilisation tandis que le paiement du salaire s'effectue à l'aide du fonds de roulement. Il conviendrait peut-être d'ajouter que le développement du machinisme permettant la production et le transport en masse des matières brutes et demi-ouvrées en abaisse le prix et diminue par conséquen la somme que les entreprises transformatrices doivent consacrer à leur acquisition. Que la fonte baisse de valeur, le capital circulant de l'aciérie se réduira à égalité de quantité travaillée. Mais il s'agit ici de l'influence du capital fixe d'une entreprise (le haut fourneau) sur le capital circulant d'une autre entreprise (l'aciérie).

VIII

Si le capital fixe a une tendance marquée à croître relativement au capital circulant, le capital dans son ensemble trahit une tendance non moins prononcée à grossir d'une façon absolue. En d'autres termes, l'entreprise évolue chez les nations les plus avancées vers des types offrant des dimensions de plus en plus vastes, ainsi qui nous le verrons par la suite.

Nous sommes à une époque de grandes affaires et toutes les probabilités sont dans le sens de l'accentuation de ce caractère économique de la société contemporaine. De là le nom de *Capitalisme* dont les écrivains socialistes stigmatisent l'organisation actuelle, qui se complète d'après eux, par le *Salariat*.

On peut conserver ces deux termes, mais en ayant soin de leur donner une signification purement objective.

Le *Capitalisme*, qui nous intéresse seul pour le moment, est un état de fait qui, comme tel, s'oppose essentiellement à l'état de droit lequel, nous le savons, est constitué chez les peuples civilisés contemporains par la liberté de l'industrie, du commerce, du travail. On peut le définir de la manière suivante. C'est cet état de choses où la propriété étant inégalement répartie, un nombre restreint de personnes seulement, en dépit d'une liberté très étendue, sont aptes à fonder les grandes entreprises qui dominent à notre époque, possèdent la plus grande partie de leurs capitaux et par suite les dirigent seuls et s'assurent une part prépondérante des profits considérables qu'elles produisent.

Cette formule peut paraître trop absolue en ce qu'elle fait abstraction de la division en parts souvent très nombreuses et très modestes du capital des entreprises ayant pris la forme de sociétés anonymes. Or presque toutes les grandes affaires adoptent aujourd'hui ce mode d'organisation.

En fait, cette critique n'a pas grande portée. Et il en est ainsi pour plusieurs raisons. Il y a lieu de remarquer d'abord que les actions de toutes les compagnies prospères subissent une plus-value considérable, se négocient parfois à plusieurs milliers de francs et deviennent inaccessibles aux petits épargnants. Il n'en est pas moins vrai que certaines entreprises comptent un grand nombre de participants. Bernstein cite un trust cotonnier anglais n'ayant pas moins de 12.000 actionnaires (1). Mais ce caractère apparemment démocratique que la multiplication des sociétés anonymes imprime à la propriété industrielle, ne doit pas faire illusion. C'est que dans une compagnie par actions comme au sein d'une assemblée représentative, il n'y a guère qu'une chose qui importe et qui compte : c'est la majorité. Les petits et moyens actionnaires, quelque nombreux qu'ils soient, sont éparpillés, ils forment une « masse inorganique » ; ils ne se connaissent pas plus entre eux que les électeurs d'une grande agglomération. Ils n'exercent presque jamais leurs

(1) Bernstein, *Zur Geschichte und Theorie des Sozialismus*, Berlin, 1901, p. 296.

droits, faute de temps ou d'expérience (1). Plus d'un parmi eux serait embarrassé de se présenter à une assemblée générale. Cette « masse inorganique » ne saurait mieux se comparer qu'à cette « poussière d'Empire » qui était formée par les principicules allemands si nombreux sous l'ancien régime. En face d'eux se dresse compact, expérimenté, vigilant et résolu le petit groupe des gros capitalistes (2). C'est ce groupe qui possède la majorité du nombre des actions, majorité souvent relative et qui n'est due qu'au chiffre élevé des abstentions, mais il n'importe. Le groupe s'assure la direction effective de la société en attribuant à ses membres tous les sièges du Conseil d'administration et du Collège des commissaires. Et comme les administrateurs touchent une part spéciale de bénéfices désignée sous le nom de *tantièmes* et encaissent la majeure partie des dividendes — proportionnellement d'ailleurs au nombre de leurs actions — on peut affirmer que les profits des entreprises importantes vont surtout aux grands capitalistes et que de ce festin la petite bourgeoisie et la classe ouvrière ne recueillent guère que les miettes.

(1) Le droit de paraître à l'assemblée générale d'ailleurs est parfois interdit statutairement aux actionnaires qui ne possèdent pas un certain nombre d'actions. Pour le dire en passant, cette mesure a pour but principal de soustraire aux concurrents la connaissance des secrets d'affaires. Il suffirait à ceux-ci, en effet, d'acheter une action à la Bourse pour avoir le droit, lors de l'assemblée générale, d'exiger des informations sur la marche de l'entreprise. Mais le résultat de pareille exclusion des petits porteurs est de renforcer la domination des grands capitalistes.

(2) Nous parlons de groupes de capitalistes plutôt que de capitalistes individuels. C'est que l'usage s'est établi pour tout capitaliste de s'intéresser à un certain nombre d'entreprises plutôt que de concentrer ses capitaux en une entreprise unique. C'est l'application d'une règle de prudence élémentaire. Par suite il se forme des alliances entre différentes personnalités qui s'entendent pour gouverner en commun un certain nombre de grandes affaires.

La domination du grand capital dans les entreprises importantes a pris, de nos jours, des formes financières compliquées qui l'ont consolidée au point de la rendre inébranlable. Les grandes banques mixtes, les syndicats, les *consortiums*, les *omniums*, les *konzerne*, les *holding trusts*, tous ces organismes aux noms parfois si bizarres assurent à un petit nombre d'opulents capitalistes un empire presqu'absolu sur les grandes affaires et une incomparable puissance sociale. Le moment n'est pas venu de les considérer de plus près. L'étude en est, du reste, fort malaisée si l'on songe au mystère dont toutes ces combinaisons capitalistiques sont enveloppées.

IX

La plupart des entreprises ont une existence prolongée et bien que la loi limite généralement à un certain nombre d'années la durée des sociétés commerciales (à trente ans en Belgique), elle autorise les renouvellements successifs des contrats de constitution pour une série pratiquement indéfinie de termes ultérieurs.

Ceux qui les dirigent doivent donc avoir le souci d'en assurer la permanence. Et comme toute entreprise court des risques plus ou moins graves, on s'efforce généralement d'y parer en utilisant à cet effet non seulement les chances favorables qui viennent à leur échoir, mais encore leurs résultats normaux, c'est-à-dire les bénéfices des périodes ordinaires d'activité. Dans une certaine mesure, du reste, le législateur leur en fait une obligation. Ces compensations anticipées s'imputent sur les profits réalisés : ceux-ci ne sont donc périodiquement partageables qu'après diverses déductions.

Si, d'autre part, l'on songe à la multiplicité des opérations, et particulièrement des paiements et des recouvrements effectués par les grandes entreprises, il est évident que l'appréciation des résultats de leur activité est chose singulièrement complexe. Cette appréciation est indispensable afin de concilier les deux intérêts opposés qui sollicitent leurs dirigeants. D'une part, en effet, il convient de ménager la vitalité permanente de l'entreprise et notamment son aptitude à produire des bénéfices réguliers, d'autre part il faut tenir compte du désir de ses propriétaires de percevoir le plus vite possible les profits les plus élevés. De là, la nécessité d'un dosage précis et judicieux des résultats obtenus. Il ne peut s'effectuer que sur la base d'une comptabilité minutieuse reposant elle-même sur l'évaluation périodique en monnaie de tous les éléments de l'entreprise (1).

La période généralement choisie en vue de dresser cette évaluation et de distribuer les profits nets dont elle fait ressortir l'existence, est l'année ; parfois cependant est adoptée une période semestrielle. Cette période s'appelle l'exercice. A l'expiration de chaque exercice, est dressé le bilan de l'entreprise, c'est-à-dire la balance de son actif et de son passif. En comptabilité, cette balance est toujours en équilibre, le bénéfice étant, à cette fin, additionné au passif où, si des pertes ont été supportées, le déficit étant additionné à l'actif. Ce ne sont là que des artifices d'écriture d'ailleurs transparents.

Quoi qu'il en soit, la comptabilisation détaillée de l'activité des entreprises n'est pas seulement un moyen de voir

(1) En fait pareille comptabilité n'est pas régulièrement tenue par toutes les entreprises, lors même que la loi l'impose. Les petites entreprises surtout, et même on peut le dire la grande majorité des entreprises agricoles, ne tiennent pas régulièrement écriture de toutes leurs opérations.

clair dans leur situation, elle permet aussi de concilier intérêts immédiats et permanents, avantages présents et futurs. Plus particulièrement il faut faire ressortir à cet égard la création d'épargnes spéciales dénommées fonds de réserve, fonds de prévision, fonds d'amortissement, etc., et dont la contrevaleur est souvent — pas toujours — confondue dans la masse des biens appartenant à l'entreprise. Ces épargnes peuvent aussi se constituer d'une façon occulte, en réduisant directement l'évaluation de certains postes actifs (c'est le cas lorsqu'ils sont excessifs, des « amortissements avant bilan »).

C'est le fonds de réserve qui constitue par excellence l'épargne d'une fraction des bénéfices réalisés en vue de faire face aux éventualités fâcheuses de l'avenir. D'un point de vue philosophique, on pourrait dire d'une entreprise ce que les Anciens disaient de l'homme : ce n'est qu'après sa mort que l'on peut affirmer qu'il a été heureux. De même, il n'est permis de soutenir qu'une entreprise a été lucrative qu'à son expiration. Mais les hommes d'affaires, qui ne sont point des philosophes, ne sauraient attendre ce moment éloigné pour s'attribuer les bénéfices réalisés. La constitution du fonds de réserve apparaît ainsi comme une transaction entre les appétits immédiats et les injonctions de la prudence commerciale. C'est grâce à elle qu'une partie des bénéfices de chaque année est épargnée en vue de couvrir l'insuffisance des années subséquentes et le cas échéant, de conjurer une catastrophe (1). Parfois on va jusqu'à en faire — ainsi procèdent certaines banques — un fonds de régularisation du dividende, c'est-à-dire de la part de profit

____

(1) Lorsqu'un exercice a été exceptionnellement prospère, il arrive que l'on constitue, à l'aide d'une fraction de ces profits anormaux, un fonds de réserve extraordinaire. Le même but peut être atteint par des moyens détournés, tels que remboursement anticipé des emprunts, amortissements exceptionnels des installations, etc.

périodiquement distribuée aux actionnaires. En cas de liquidation, la réserve contre-balance en quelque mesure les
pertes subies lors de la réalisation en monnaie des capitaux
fixes et circulants. En un mot, elle est un correctif ingénieux et souvent efficace à l'application trop rigoureuse du
principe de la division de la vie de l'entreprise en exercices
annuels indépendants.

Le même souci se retrouve à la base des fonds de prévision qui servent à régulariser les charges irrégulières de
l'entreprise résultant d'accidents aux appareils, de dépréciation des matières premières ou des produits fabriqués, etc. Ces fonds de prévision sont parfois multiples et
spécialisés. L'entreprise qui les constitue par un prélèvement sur ses profits devient de la sorte son propre assureur,
au moins dans une certaine mesure. Pour certains risques
le fond de prévision peut être remplacé par une assurance
proprement dite dont les primes annuelles s'incorporent aux
frais de production réguliers. Mais seul le mode de réalisation diffère ; de part et d'autre le but poursuivi est de subor-
donner les intérêts momentanés aux intérêts permanents.

A tout prendre, c'est à la même préoccupation que répond
encore l'amortissement industriel. Il n'a d'autre but que de
conserver aux capitaux engagés dans l'entreprise une exacte
contrevaleur. L'outillage, les bâtiments, les approvisionnements de matières brutes ou de produits achevés s'usent
ou se déprécient ; si l'entrepreneur ne tenait pas compte de
cette usure et de cette dépréciation, il s'exagérerait les
bénéfices qu'il a effectivement réalisés. L'erreur pourrait
être grossière. L'intérêt permanent encore une fois serait
sacrifié.

Il va sans dire que l'application des amortissements n'a
pas lieu suivant des règles invariables dans toutes les entre
prises. On tient généralement compte de la nature des
choses et l'on amortit d'une façon particulièrement rapide

dans les branches de fabrication où les inventions techniques se succèdent vite. Pour rester à la hauteur du progrès, il faut jeter aux vieux fers des machines non encore usées pour peu que depuis leur acquisition d'autres types aient été créés dont l'emploi réduit sensiblement le coût de production. Il y a longtemps déjà qu'a été faite cette juste remarque : « on peut dire qu'aujourd'hui, en ce qui concerne l'amortissement du capital-outillage, l'élément « temps » devient une inconnue (1) ». Il va sans dire, d'ailleurs, que l'amortissement ne peut s'effectuer dans une mesure convenable que si l'entreprise réalise des bénéfices bruts suffisants. Cette condition s'applique aussi, bien entendu, aux fonds de réserve et de prévision. Les entreprises très prospères et prudemment conduites amortissent trop : c'est en réalité une façon déguisée de capitaliser une partie des profits, c'est-à-dire d'accroître le capital sans faire de nouvel appel de fonds.

Les entreprises qui recourent à l'emprunt pour accroître leur capital — et c'est la généralité — pratiquent encore une autre espèce d'amortissement. Elles remboursent annuellement, par prélèvement sur leurs bénéfices bruts, une fraction de la dette ainsi contractée de façon que celle-ci soit complètement éteinte au bout d'un certain nombre d'années. En apparence cet amortissement financier fait double emploi avec l'amortissement industriel dont il vient d'être question. Une compagnie de chemins de fer qui amortit industriellement son matériel roulant acquis à l'aide de fonds empruntés rachète en réalité le matériel neuf substitué à celui qui est usé à l'aide d'un prélèvement sur les profits courants. Elle reconstitue ainsi son capital engagé au fur et à mesure qu'il se consomme. Par suite, elle possède constamment l'intégrale contrevaleur des sommes empruntées. L'amortissement des emprunts n'en est pas moins

____

(1) *Dictionnaire de l'Industrie et de la Banque,* vol. I, p. 197.

jugé nécessaire pour faire face à certaines éventualités, telles que l'invention d'un nouveau mode de traction qui évincerait le transport par voie ferrée et tarirait la source de bénéfices de l'entreprise (1). Souvent d'ailleurs, l'amortissement financier n'a d'autre effet que d'améliorer la situation de l'entreprise, de l'affranchir d'une dette, de l'enrichir. La compagnie épargne ainsi pour le compte de ses actionnaires, sans qu'ils s'en doutent et sans qu'ils en souffrent bien sérieusement !

En résumé, toutes les pratiques que nous venons d'analyser brièvement témoignent de la puissance de l'esprit de prudence, de prévoyance et d'épargne des hommes d'affaires de notre temps. Le fait devait être mis en pleine lumière pour faire clairement comprendre le mécanisme de l'entreprise contemporaine que la théorie classique de la production négligeait absolument d'analyser.

X

Mais avant même de prévoir l'avenir et de s'organiser en conséquence, il faut vivre dans le présent : la plus pressante préoccupation de l'entrepreneur doit donc être de ne pas travailler à perte et de réaliser des bénéfices. Et pour y réussir pleinement il est indispensable qu'il se rende périodiquement compte de sa situation. A cet effet, il doit établir d'abord le bénéfice brut que lui procurent les ventes qu'il a effectuées. Ce calcul est généralement aisé si les écritures sont bien tenues. Le total ainsi obtenu, il doit le comparer au montant des frais qu'il a dû faire. De cette comparaison résulte la situation financière de l'entreprise. Dans les

____

(1) Même observation pour une entreprise exportatrice toujours exposée à voir se fermer les marchés extérieurs.

affaires bien gérées, on estime que cette confrontation globale entre les produits et les frais, faite à intervalles relativement éloignés, ne suffit pas. L'on s'efforce aussi d'établir ce que coûte chaque article pris à part et le coût de l'article individuel — ou prix de revient — ainsi déterminé, on le compare au prix de vente. Par cette méthode, on détermine le bénéfice par article ou unitaire (1). Faute de procéder ainsi, on s'exposerait, dans un grand établissement surtout, à vendre à perte sans s'en apercevoir.

Il n'est pas toujours facile d'établir la somme totale des frais d'exploitation ; il est peut-être plus malaisé encore de calculer le prix de revient unitaire. A cet égard se posent des problèmes de comptabilité dans le détail desquels ce n'est pas ici lieu d'entrer : mais il était nécessaire d'en signaler la difficulté et l'importance pour présenter l'entreprise sous son véritable jour et tout particulièrement la grande entreprise contemporaine.

Les frais d'exploitation d'une entreprise que les économistes appellent en général coût de production, mais l'expression est peut-être un peu étroite (2), se divisent en deux catégories : frais fixes et frais proportionnels. Les frais fixes ou généraux comprennent principalement la rémunération du haut personnel, l'intérêt des capitaux propres ou em-

---

(1) Il est à remarquer que cette seconde opération, malgré son importance pratique est moins décisive que la première. Ce à quoi vise l'entrepreneur, en effet, c'est bien moins le gain par unité vendue que le profit réalisé sur le total des ventes. D'où cette conséquence qu'il peut y avoir avantage à perdre de l'argent sur certains articles afin d'en gagner plus sur les autres. Il est vrai qu'il peut y avoir avantage aussi à travailler à perte dans l'ensemble si telle est la condition d'un avenir prospère. Toutes ces questions sont infiniment complexes ; aussi les formules générales, qui sont nécessaires, doivent toujours être entourées de réserves.

(2) Elle l'est en ce qui concerne les banques, les compagnies d'assurance et même les entreprises de transport.

pruntés (1), les prélèvements nécessaires à la dotation des fonds de réserve et de prévision ainsi qu'aux amortissements (2). Les frais proportionnels portent surtout sur les matières premières et auxiliaires et les salaires. Les frais fixes se répartissent sur toutes les unités produites et pèsent d'autant moins sur chacune d'elles que la production globale s'élève davantage. Les frais proportionnels, au contraire varient exactement avec la quantité produite. En fait, la distinction n'est pas toujours aussi nette qu'il semblerait à première vue. Une entreprise qui étend son activité doit, à un moment donné, accroître ses frais fixes. Ainsi une exploitation de chemins de fer doit agrandir les gares, multiplier le nombre de voies lorsque le trafic se développe au delà d'une certaine mesure. Ce qui est vrai, c'est que cette première catégorie de dépenses n'est nullement proportionnelle au volume des affaires traitées : constatation qui offre une importance capitale, comme on le verra par la suite.

De là, une conséquence qui doit être immédiatement mise en lumière. C'est que le coût de production total par unité varie avec l'importance du débit. Aussi est-il impossible de le calculer exactement par avance, tandis que l'on ignore comment marchera la vente. Un éditeur qui lance mille exemplaires d'un livre ne saurait, le jour du lancement, déterminer infailliblement la part des frais de composition typographique qui doit être incorporée dans le prix de revient de chaque exemplaire. En fait, cette part sera

(1) Les économistes s'accordent à inscrire l'intérêt des capitaux propres des entreprises parmi leurs frais de production. Cette conception cadre, on le verra plus loin, avec la théorie des prix. Mais il importe de remarquer que dans ces conditions, l'entrepreneur qui produit à perte n'entame pas nécessairement son capital ; il suffit que celui-ci ne soit point rémunéré pour que le prix de vente soit inférieur au coût de production.

(2) On donne le nom de dépenses de premier établissement au coût des installations et de l'outillage.

minime si les mille exemplaires se vendent tous ; elle sera
très lourde si l'on n'en écoule que 100 ou 200. Il s'ensuit
que la fixation anticipée du prix de revient n'est le plus
souvent qu'une estimation conjecturale et provisoire. Mais
c'est une première approximation naturellement indispensable pour les hommes d'affaires.

XI

Il ne serait pas tout à fait exact de dire que le coût de
production est l'inverse du rendement. Le rendement est
une conception purement technique ; le coût de production
est une notion économique. Le coût peut varier sans alté-
ration du rendement. Tel est le cas lorsque les prix des
matières premières ou les salaires haussent ou baissent.
Inversement la productivité peut croître ou décroître sans
modification du taux des salaires.

Il faut ajouter d'ailleurs que le coût de production ne
croît pas seulement en proportion du rendement décroissant, mais encore de la diminution de puissance productive
des éléments de la production. Nous avons vu qu'un ouvrier produit moins au cours de la onzième heure, par
exemple, que des précédentes. Si le salaire est fixé à l'heure,
le coût du travail augmente évidemment. Il est même souvent aggravé par suite de cette circonstance que l'ouvrier
réclame un taux de salaire plus élevé pour les heures supplémentaires en faisant état de la fatigue plus grande
qu'elles lui imposent. De même le travail de nuit, naturellement moins productif que le travail de jour, est aussi
plus onéreux, même si l'on ne tient pas compte des frais
d'éclairage qu'il entraîne.

Des observations analogues doivent être faites relativement à l'exploitation des mines : au fur et à mesure que

s'épuisent les filons les plus riches et les plus facilement accessibles, le coût d'extraction grossit. La culture intensive détermine elle aussi une aggravation des frais de production, l'épuisement de la terre devant être constamment réparé par l'emploi d'engrais. On a même attribué à cette circonstance la supériorité de l'agriculture américaine exploitant de vastes superficies de terres vierges et disposant d'un sol arable à ce point surabondant qu'elle pouvait laisser en jachère les champs momentanément fatigués. D'autre part, si pour répondre à une demande accrue, les entrepreneurs agricoles doivent exploiter des terres moins fertiles ou plus éloignées du marché, le coût de production ou de transport s'élève.

Enfin n'est-il pas évident que les transports à grande vitesse, terrestres ou maritimes, sont beaucoup plus coûteux que les autres ?

Une réserve doit être néanmoins faite : la diminution de puissance productive ne pèse pas toujours sur l'entrepreneur. Le fermier loue moins cher une terre épuisée, le vieil ouvrier ne touche plus le salaire plein.

L'action du rendement croissant ou décroissant sur le coût de production est assurément plus directe. Sans doute le rendement décroissant pourrait coïncider avec une baisse du prix des matières premières ou auxiliaires ou de la main d'œuvre dont l'effet serait de masquer la décroissance du rendement et de faire en sorte que le travail devenu moins productif ne coûte pas plus cher qu'auparavant. Néanmoins, un certain parallélisme existe, il est permis de l'affirmer, entre les deux courbes. Il arrivera donc qu'à un rendement décroissant corresponde un accroissement des frais proportionnels : ainsi, si l'on exagère le nombre d'ouvriers agricoles, les salaires des ouvriers surabondants pèseront plus lourdement sur les quantités moindres produites par ceux-ci. Et comme nous n'avons envisagé le point de vue technique qu'à titre préparatoire et analytique, nous ne parlerons plus des *lois du rendement,* mais des *lois du coût,* qui sont *à peu près* l'inverse des premières. Ainsi, lorsque décroît la productivité culturale ou minière sans modification des prix des éléments de production, nous dirons qu'en pareille occurrence se manifeste l'action de la *loi du coût croissant.* Inversement, si un progrès technique permet d'augmenter le rendement industriel, nous verrons là une application de la *loi du coût décroissant.*

On se rend immédiatement compte que les lois du rendement ainsi traduites en langage économique doivent exercer une action importante sur la vitalité et la prospérité des entreprises. Les répercussions en sont d'ailleurs nombreuses, variées et profondes. Nous retrouverons l'action, souvent décisive, de ces lois dans tous les domaines économiques et tout particulièrement dans la théorie des prix.

CHAPITRE VIII

I

La liberté étant le régime juridique de l'activité économique d'aujourd'hui, il est de principe qu'aucune entreprise ne jouit du droit exclusif de la fourniture de certains services déterminés. Liberté économique est synonyme de concurrence. A cette règle il y a toutefois d'importantes exceptions : qu'il nous soit permis d'en faire abstraction pour quelques instants.

En vertu de la concurrence, il y a pluralité d'entreprises spécialisées dans chaque branche d'activité. Leur nombre est d'autant plus grand que plus large est le marché et plus réduit le capital nécessaire à l'exercice normal de la spécialité. Songeons, par exemple, à la foule de nos artisans, de nos cultivateurs, de nos boutiquiers. Les concurrents sont naturellement moins nombreux là où prévaut la grande entreprise.

Dès à présent, il est à propos de constater que loin de se renfermer en une ville ou un canton, la concurrence peut s'étendre bien au-delà des frontières d'un Etat. Nous aurons à délimiter le rayon effectif des compétititions internationales. Chacun sait combien le bon marché croissant des transports a contribué à l'allonger.

La concurrence produit des conséquences extrêmement im

portantes et qui apparaîtront dans toute la suite de nos études et en particulier dans la théorie des prix et celle des revenus.

L'école classique s'est plu à en exalter les mérites. Elle la dépeint comme l'aiguillon des activités individuelles et la garantie du bon marché ; elle y voit le véritable moteur du progrès technique ; elle la représente comme l'instrument infaillible de la justice distributive ; ses continuateurs enfin s'emparant de la théorie darwinienne proclament le caractère scientifique de la concurrence : à leurs yeux, elle n'est autre chose que l'application dans le domaine social de la loi naturelle de la lutte pour la vie, de la sélection, de l'élimination des moins aptes, loi aussi bienfaisante qu'inéluctable.

A ce dithyrambe répond l'acte d'accusation de l'école socialiste pour qui la concurrence n'est qu'une source d'inégalité, d'injustice, d'abus, d'exploitation. D'un autre côté, tout un groupe d'économistes contemporains en conteste et la nécessité et les avantages économiques et considère que dans certaines conditions d'organisation, le monopole lui est manifestement supérieur.

Nous avons cru opportun de signaler dès à présent, la controverse et d'en montrer l'ampleur. Il est toutefois évident qu'elle soulève une série de questions qui ne pourront être examinées qu'au fur et à mesure de l'avancement de nos travaux. Nous aurons au surplus grand soin de ne pas nous égarer sur le terrain du Darwinisme : on ne sait que trop combien sont trompeuses les analogies superficielles. Il a été démontré, du reste, par la biologie que la lutte pour la vie n'est point le régime exclusif de coexistence des êtres vivants (1). Le fût-il même, rien n'empêcherait

---

( ) Cf. Ch. Gide, *op. cit.*, I, p. 216, note 1. — La science contemporaine fait, du reste, des théories de Darwin une critique beaucoup plus radicale ! Voyez notamment Yves Delage et Marie Goldsmith, *Les théories de l'Evolution*, Paris, 1911.

les sociétés humaines de s'élever à un stade supérieur : la civilisation est-elle autre chose qu'une victoire remportée par l'homme sur la nature ?

II

Le fait de la concurrence réagit profondément sur la structure des entreprises et plus encore sur l'esprit qui les anime. Lors même qu'elles sont de grande taille, elles se différencient nettement des institutions administratives, lesquelles vivent sous le régime quelque peu endormeur de la paix perpétuelle. L'entreprise songe sans cesse à attaquer ou à se défendre. C'est une nécessité vitale pour elle d'attirer ou de garder la clientèle. Pour y réussir, elle doit s'efforcer d'abaisser le coût de production, ce qui lui permet de sous-enchérir ses rivales. De là aussi l'importance énorme prise, à notre époque, par la réclame, dont l'efficacité ne saurait être surévaluée, encore qu'individuellement tout homme intelligent ait la prétention de ne s'y point laisser prendre. La réclame est plutôt exagérée que radicalement fausse, ce qui explique que les consommateurs n'ont pas tout à fait tort d'en tenir compte. A côté de la réclame, un rôle considérable est dévolu aux représentants de commerce, aux agents, courtiers et rabatteurs de toute espèce qui ont pour tâche de disputer la clientèle à l'ennemi. En un mot l'entreprise devient sous l'empire de la concurrence une organisation de combat et s'imprègne toute entière d'un esprit éminemment agressif et défensif. Cet esprit est incontestablement vivifiant, car il associe deux mobiles d'action dont nous avons reconnu toute la puissance : la *nécessité* et l'*émulation*. Mais il comporte aussi de la rudesse et ne s'embarrasse guère de scrupules.

La lutte elle-même a ses défauts graves et ses outrances. Dans l'ardeur de la bataille, les entrepreneurs rivaux oublient parfois la juste mesure, exagèrent la production, offrent les produits au public à des prix trop bas dans le désir de s'évincer mutuellement, bref compromettent l'équilibre financier de leurs affaires.

Indépendamment des excès individuels, la multiplication même du nombre des concurrents peut aller trop loin. Ce serait une erreur de croire qu'un état de choses plus rationnel se rétablit promptement grâce à l'élimination des moins aptes et particulièrement de ceux d'entre les concurrents dont les frais de production sont les plus élevés. Il peut se faire que la plupart des concurrents se trouvent dans des conditions de lutte sensiblement égales et que leur excessif foisonnement n'ait d'autre conséquence qu'un morcellement non moins exagéré du marché. Chacun ne peut plus écouler qu'une petite quantité de produits. D'une façon générale, du reste, la concurrence conduit au partage des débouchés, sauf en cas d'inégalité flagrante entre les compétiteurs. Et même en cette dernière éventualité peut se produire plutôt qu'une élimination un partage inégal, l'entreprise la plus puissante ne se sentant pas de taille à alimenter à elle seule le marché tout entier. Enfin le partage peut être le fruit d'une entente tacite ou contractuelle, occulte ou avouée, qui fixe les prix ou répartit les débouchés : mais du même coup la concurrence proprement dite cesse pour faire place à une modalité du monopole.

III

Bien que la plupart des producteurs s'inscrivent avec empressement parmi les adeptes de l'école classique, qui célèbre sans se lasser les bienfaits de la concurrence, il n'est aucun d'entre eux dont le souci constant ne soit de se mettre à l'abri de cette concurrence tant vantée. On peut même dire que l'un des mobiles principaux de la spécialisation est d'y

échapper et de se constituer un « coin » de monopole !
L'exemple des spécialités existantes, surtout dans les
carrières libérales, ne montre-t-il pas qu'en sortant des
chemins battus l'on s'assure des profits exceptionnels ?

La tendance au monopole est donc un fait au moins
aussi « naturel » que la liberté même. Aussi la proclamation
de celle-ci par les législations modernes n'a-t-elle pas
complètement extirpé le monopole. Celui-ci a subsisté ou
s'est établi dans une série de branches d'activité où sa supériorité économique ou, du moins, politique s'est imposée
d'une façon indiscutable. Il faut citer surtout la poste, le
télégraphe, le téléphone, le chemin de fer, l'émission des
billets de banque, les services locaux de l'éclairage, de la
distribution d'eau et de force motrice, du tramway. D'autres
monopoles ont surgi afin de procurer des ressources à
l'Etat et de lui permettre de ne pas augmenter les impôts.
Pratique ancienne, du reste, et qui, pour des raisons diverses, a compté souvent des partisans déterminés parmi
les dirigeants des finances publiques : de là les régies du
tabac, des allumettes, de l'alcool, du sel, de la lotérie, des
cartes à jouer, etc. Enfin, si notre époque ne connaît plus,
comme l'ancien Régime, les privilèges accordés aux manufactures et aux compagnies commerciales et coloniales, il a
vu se former spontanément de puissants monopoles de fait
dans une série de branches d'industrie. Ces monopoles de
fait, qui seront étudiés plus loin, ont ce caractère distinctif
de n'être point absolus en ce qu'ils ne suppriment point la
liberté légale de l'industrie et du commerce (1) et souffrent
même la survivance d'une certaine concurrence effective qui
les tient en haleine sans les menacer sérieusement. Mais ils
n'en gouvernent pas moins le marché de leurs produits.

(1) Cependant là où ils s'établissent le plus solidement, la liberté du
commerce international n'est généralement pas entière.

A l'esprit de lutte se substitue l'esprit de domination. Celui-ci rencontre, il est vrai, des freins sérieux dans l'opinion publique, la presse, parfois même la législation. D'autre part l'organisation tend à se faire plus administrative, au moins à la longue ; enfin l'action politique, nécessaire pour écarter la concurrence étrangère ou prévenir la législation hostile, devient l'un des soucis principaux de la direction du monopole privé.

IV

L'inégalité économique des entreprises rivales détermine, au profit des plus favorisées, un état de choses qui se rapproche du monopole sans y aboutir complètement. On a donné le nom d'éléments de monopole aux avantages que certains entrepreneurs possèdent à l'exclusion de leurs concurrents. Ces avantages peuvent avoir un caractère juridique comme un brevet d'invention ou de perfectionnement, le plus souvent ils sont simplement économiques et consistent en une supériorité de situation, de puissance capitalistique, de ressources naturelles, d'aptitudes, de renommée. Le seul fait d'avoir largement amorti les installations ou constitué un important fonds de réserve est un incontestable élément de monopole.

Le possesseur d'un élément de monopole n'élimine pas nécessairement ses compétiteurs moins favorisés : c'est qu'une extension trop grande de ses affaires pourrait être destructive de l'avantage dont il jouit, ou du moins entraînerait des désavantages qui neutraliseraient celui-ci : il serait obligé d'emprunter des capitaux supplémentaires à un taux élevé d'intérêt; il devrait acquérir des terrains à des prix fort onéreux; il serait incapable de surveiller ou de diriger aussi bien l'entreprise si elle prenait des dimensions plus vastes ; peut-être reculerait-il simplement devant le risque de pareille extension ; ou encore il n'ambitionne pas d'augmenter ses gains au prix de soucis plus accablants.

Dans la réalité, les éléments de monopole se combinent parfois avec des infériorités qui les compensent plus ou moins. Ils sont fort nombreux et l'on peut dire qu'ils encombrent littéralement le champ de la concurrence. L'égale concurrence est une notion théorique chère aux économistes abstracteurs ; le fait normal, c'est la concurrence modifiée et altérée par des éléments de monopole. Ou si l'on veut l'inégalité est véritablement la règle entre entreprises rivales.

Il est à remarquer que certains avantages peuvent être communs à tout un groupe de producteurs à l'exclusion des autres groupes de la même branche d'activité. Souvent ils sont régionaux. C'est ainsi que la possession de gisements houillers importants et d'exploitation relativement peu onéreuse favorise l'industrie d'une région au détriment de l'industrie rivale d'une autre région. La proximité d'un grand port est un avantage du même ordre. Des impôts moins lourds, un climat plus heureux, un réseau ferré plus dense, des tarifs de transport moins élevés, un taux d'intérêt plus modique, une main-d'œuvre plus expérimentée, des ingénieurs plus capables, autant d'éléments de monopole qui peuvent faire la prospérité et la grandeur d'un pays (1).

D'un autre côté, il ne faut pas méconnaître que les éléments de monopole n'ont nécessairement rien d'immuable.

(1) Un exemple précis et frappant d'élément de monopole régional est le climat des districts du Lancashire où sont établies les filatures de coton. Ces districts sont situés sur le penchant des collines qui font face à l'ouest sur lesquelles les vents humides, venant de l'Atlantique déchargent leur humidité lorsqu'ils sont obligés par la pente du terrain de s'élever à des niveaux supérieurs (Cf. CHAPMAN, *Lancashire cotton industry, op. cit.*, p. 153). On sait que la sécheresse provoque le bris fréquent des fils au cours de l'opération du filage.

Si les uns sont durables et tenaces, les autres sont précaires, parfois même fugitifs. Il est même permis de dire qu'une infériorité temporaire est un stimulant incomparable, si elle n'est point excessive. En ce sens on peut affirmer qu'elle est de nature à engendrer par la suite une supériorité durable. En revanche, un avantage légal, comme la protection douanière, peut produire une sécurité trompeuse, déterminer du relâchement et être tôt ou tard neutralisé, et bien au delà, par une grave infériorité de fait.

Au nombre des éléments de monopole si nombreux et si variés qui se rencontrent dans la réalité, il en est un qui mérite d'être signalé particulièrement parce que moins saisissable de prime abord que la plupart des autres. C'est le fait que certains entrepreneurs jouissent de débouchés géographiquement plus étendus que leurs compétiteurs. Le fait s'explique aisément lorsque des producteurs protégés chez eux par des droits de douane viennent disputer la clientèle des pays non protégés à leurs fournisseurs nationaux. Ces producteurs jouissent exclusivement ou à peu près de leur marché national, ce qui leur confère un évident avantage vis-à-vis de leurs concurrents étrangers dépourvus de semblable privilège. Mais le fait est moins clair quand il ne dérive pas de la loi. Il faut alors en rechercher l'origine dans l'organisation même de l'entreprise. Si un grand pharmacien du centre d'une ville jouit d'un « débouché » plus étendu qu'un petit pharmacien de faubourg, c'est qu'il a organisé un meilleur service d'envois à domicile. Un grand magasin ne vend pas seulement aux habitants de toute une agglomération, mais encore à l'extérieur, voire à l'étranger : ses petits concurrents, eux, n'ont guère qu'une clientèle de quartier. Le grand établissement de crédit possède de nombreuses ramifications territoriales dont est dépourvue une petite ou moyenne banque locale. Voici un cas encore plus typique. Les fabriques anglaises de chaussures « mécaniques » font la concurrence en Belgique aux fabriques belges similaires dans des conditions avantageuses. C'est qu'elles ont des débouchés plus étendus et vendent leurs produits dans tout l'Empire britannique et notamment dans les possessions d'outre-mer où ne pénètre guère l'article belge. Il en résulte, pour les Anglais, la faculté de se spécialiser davantage, de ne produire que quelques types, d'avoir en conséquence beaucoup moins de machines, de frais de modèles, etc. C'est, en somme, cette application plus poussée de la division du travail qui constitue l'élément de monopole.

V

Si la concurrence est restreinte d'un côté par les monopoles et les éléments de monopole, elle est élargie de l'autre par la faculté de substitution. Tous les biens susceptibles de satisfaire un besoin général déterminé comme le chauffage, l'éclairage, l'alimentation, jouissent les uns vis-à-vis des autres de la faculté de se remplacer dans la consommation, dans certaines conditions que la théorie des prix devra préciser. Pour le dire tout de suite, l'article répondant au besoin général, mais non au besoin spécial, ne peut prendre la place d'un autre satisfaisant le besoin spécial qu'à la faveur d'un prix plus avantageux. Mais comme précisément le monopole tend bien souvent à relever les prix, la faculté de substitution y apporte un correctif et rétablit une certaine concurrence que l'on pourrait appeler approximative. Cette concurrence approximative a un champ beaucoup plus vaste qu'on ne l'imaginerait à première vue. Dans certaines branches comme l'alimentation, elle s'applique simultanément à un grand nombre de produits. Seulement cette application est, bien entendu, plus ou moins précise. Elle n'est pas un phénomène objectif, car elle peut se heurter aux répugnances ou aux fantaisies du consommateur. Elle est très étendue encore dans l'industrie du vêtement, le chauffage, l'éclairage.

CHAPITRE IX

LA CONCENTRATION DES ENTREPRISES

Nous avons fait plus d'une allusion déjà à la concentration des entreprises. Le moment est venu de la considérer de plus près. Il convient de l'examiner d'abord d'une façon tout à fait générale, dans ses traits communs à toutes les entreprises quel qu'en soit l'objet particulier. Par la suite il y aura lieu de revenir sur les aspects spéciaux que présente le phénomène dans les diverses branches d'activité.

Une étude scientifique de la concentration doit se proposer de la *définir*, de la *mesurer* et de l'*expliquer*. Phénomène essentiellement dynamique et surtout vivant, inachevé, ses formes, son importance, ses lois mêmes ne peuvent être l'objet d'une analyse définitive. L'évolution ultérieure y apportera sans conteste des modifications qu'il est loisible de conjecturer, non de prédire avec certitude. Les données qui sont actuellement en notre possession permettent toutefois un examen sérieux et des plus instructifs de la « portion » passée et présente de ce phénomène dont la connaissance est indispensable à l'intelligence de l'organisation économique d'aujourd'hui.

I

La concentration est assez difficile à définir, car elle re-vêt des formes variées et nettement divergentes. D'une manière très générale, c'est *l'importance croissante des entre-prises ou leur union plus ou moins intime dans une branche déterminée ou dans des branches connexes d'activité écono-mique.* Ou si l'on veut encore, c'est le groupement plus ou moins étroit de capitaux de plus en plus considérables en vue d'un but économique bien défini comme la fabrication de l'acier ou les transports maritimes. D'un point de vue négatif, le caractère distinctif de la concentration chez une nation progressive réside dans le fait que le nombre des en-treprises indépendantes, libres de toute attache, diminue, reste stationnaire ou n'augmente pas proportionnellement à l'accroissement de la richesse, de la population, du mou-vement de la production et des échanges (1).

Voyons maintenant suivant quels modes principaux s'opère la concentration.

Elle résulte d'abord de l'accroissement du capital d'une entreprise existante, que ce capital représente le fruit de bénéfices accumulés, ou qu'il constitue un nouvel apport effectué soit par les anciens participants soit par des parti-cipants nouveaux. Le terme concentration est applicable à cette hypothèse parce que le surcroît de capital absorbé par une affaire ancienne aurait servi sans cela à créer des éta-

(1) Ainsi aux États-Unis, de 1880 à 1900, il y a eu *diminution* du nombre des entreprises dans certaines branches telles que la sidé-rurgie, la construction des machines agricoles, la construction mari-time, l'industrie de la laine, celle du cuir, etc. *Twelfth Census of the United States*, Washington, 1902, vol. VII, p. 72. Le même fait se constate dans diverses industries, en France, en Belgique et en Allemagne.

blissements nouveaux et indépendants, par suite à déconcentrer l'activité économique. Nombreux sont les exemples
de ce mode de concentration dans l'industrie, l'exploitation minière, le commerce, les transports et même l'agriculture où la capitalisation des bénéfices sert souvent à
rendre la culture plus intensive. La concentration est plus
lente lorsqu'elle repose uniquement sur l'épargne d'une
portion des profits annuels : c'était le procédé favori des
entreprises individuelles dans l'industrie et le commerce
pendant la majeure partie du xixe siècle. L'apport de capitaux neufs accélère l'évolution vers la grande entreprise :
c'est ce que l'on a vu à la fin du xixe siècle et au commencement du xxe. Au cours de cette dernière période, on voit
surgir de grosses affaires créées de toutes pièces sous le pa-
tronage des grandes banques.

Un mode tout différent de concentration nous apparaît
dans le cas où deux ou plusieurs entreprises antérieurement indépendantes s'unissent plus ou moins étroitement.
On peut distinguer trois degrés dans la concentration par
agglutination : l'association simple établie sur un pied
d'égalité ; la fusion de plusieurs entreprises en une seule ;
la subordination. Comme types d'association, il faut citer
les comptoirs et kartells dans l'industrie et les mines, les
syndicats agricoles, les « conférences » navales, enfin les
« groupes » industriels et financiers. Le type par excellence
de la fusion est le *trust*, mais souvent la grande banque à
succursales et l'entreprise intégrée sont des applications du
même principe. La subordination se rencontre assez fréquemment : sous-entreprise travaillant pour un grand magasin ; cultivateur de betteraves lié par contrat à une sucrerie ; négociant au détail dépendant d'un producteur ;
établissement industriel ou financier rattaché à un autre
établissement analogue sous le régime de participation,
comme, en Belgique, les charbonnages de la Société géné-

rale. D'autre part la concentration se présente sous deux aspects nettement opposés suivant qu'elle s'effectue entre entreprises appartenant à des phases successives d'activité économique ou qu'elle a lieu entre entreprises appartenant à la même phase d'activité, ou si l'on veut, du même palier. Dans la première alternative, on parle d'*intégration* ou de *concentration verticale*, dans la seconde de *concentration horizontale*. Un établissement métallurgique qui absorbe un charbonnage ou un laminoir fait de l'intégration ; un syndicat ou un trust unissant des filatures de coton, des compagnies de navigation qui s'associent, des cultivateurs qui entreprennent de produire du beurre ou de vendre des fruits en commun concentrent horizontalement. Ici s'accuse souvent, mais non toujours, la tendance au monopole ou du moins à l'exercice d'une influence prépondérante sur le marché. La concentration horizontale se manifeste encore dans l'union d'activités différentes, mais parallèles et non successives : exemple, le grand magasin ou la société coopérative de consommation qui mettent en vente un grand nombre d'articles achevés.

Au surplus, ces classifications, dont le seul but est de débrouiller une matière très complexe, ne sont pas des cloisons étanches. La « U. S A. Steel Corporation » (le trust américain de l'acier) est à la fois une entreprise intégrée et le produit de la fusion d'entreprises similaires. Les entreprises dépendantes, enfin, se rangent suivant les cas dans la concentration verticale — fabrication à façon — ou dans la concentration horizontale — succursales de banques sous forme de commandite, etc. Enfin, il est des entreprises dépendantes — toutes les « participations » industrielles de grandes banques — qui ne se rangent ni sous l'une ni sous l'autre rubrique : elles ne représentent à proprement parler ni une phase antérieure ou postérieure à l'activité financière ni moins encore une activité du même ordre.

II

La multiplicité des formes de la concentration, le caractère peu apparent et parfois même secret de plusieurs d'entre elles, l'instabilité de quelques-unes rendent particulièrement malaisée ce que nous avons appelé la « mesure du phénomène ». D'un autre côté, s'agissant d'un problème dynamique, il ne pourrait suffire de recenser à une date déterminée les entreprises concentrées ou d'en établir la moyenne au cours d'un certain nombre d'années. Ce qui importerait, ce serait de constater d'une manière précise la progression ou la régression du phénomène de concentration des entreprises ou, comme disent les statisticiens, d'en dresser la courbe ou plutôt les courbes, car une observation superficielle suffit à montrer que la concentration est plus ou moins rapide et prononcée suivant les pays et les branches d'activité. Ainsi, elle est moins accélérée en France qu'en Allemagne et beaucoup plus lente (sinon inexistante ou même négative) en agriculture qu'en industrie, en banque ou en finance.

Il faut ajouter que la statistique n'embrasse pas toutes les modalités de la concentration. Elle laisse tout à fait de côté les combinaisons telles que syndicats et « groupes » qui ne se traduisent point par la réduction absolue à l'unité d'une pluralité d'entreprises. En prenant uniquement pour guides les recensements officiels, on ne réussirait donc pas à étudier la concentration sous l'un de ses aspects les plus intéressants et les plus modernes. Nous verrons bientôt qu'ils offrent d'autres insuffisances, qui s'expliquent assurément surtout par les grandes difficultés techniques de ce genre de travail.

III (1)

Le premier contact que l'on prend avec les tableaux statistiques relatifs à notre matière laisse une impression déconcertante, disons même tout à fait paradoxale. Quoi ! Tout le monde parle de la concentration de l'industrie, du

(1) Pour la réunion et l'interprétation de données statistiques qui vont être exposées et analysées, l'auteur a eu le concours très précieux de M. Raymond Olbrechts, chargé de cours à l'Université de Bruxelles et secrétaire de l'Institut de Sociologie.

Voici la liste des publications officielles auxquelles ces données ont été empruntées :

Belgique :

Recensement général des industries et des métiers (31 octobre 1896) en particulier l'*Exposé général des méthodes et des résultats* (vol. XVIII) et l'analyse des volumes I et II.

Recensement de l'Industrie et du Commerce (31 décembre 1910). Deuxième partie : Recensement industriel, vol. V.

Recensements agricoles de 1901, 1905 et 1909.

France :

Résultats statistiques du Recensement général de la population effectué le 4 mars 1906, t. I, 2ᵉ partie.

Statistique agricole de la France en 1892.

Grande-Bretagne :

Agricultural Returns of Great Britain, 1886 et 1896.

Agricultural Statistics, 1906 et 1912.

Etats-Unis :

Twelfth Census of the United States, 1900, vol. V, Agriculture, Part. 1, et vol. VII, Manufactures, Part. 1.

Thirteenth Census of the United States, 1910. Abstract of the Census

Allemagne :

Statistik des Deutschen Reichs, Neue Folge, Band 119 ; *Gewerbe und Handel im Deutschen Reich,* nach der gewerblichen Betriebszählung vom 14 juni 1895.

Band 212, 2b. *Die Landwirtschaft im Deutschen Reich,* nach der landwirtschaftlichen Betriebszählung vom 12 juni 1907.

Band 220-221. *Gewerbliche Betriebsstatistik,* vom 12 juni 1907. Zusammenfassende Darstellung.

commerce, des transports, et les relevés officiels nous montrent, clair comme le jour, que la moyenne des entreprises présente les dimensions les plus humbles. Consultons les chiffres (1) : que voyons-nous en effet ? En France, si nous n'utilisons que les trois recensements industriels suffisamment comparables de 1896, 1901 et 1906, nous enregistrons en 1896 6,2 ouvriers en moyenne par établissement industriel (industrie extractive comprise) 6,5 en 1901, 6,6 en 1906. Pour les établissements de manutention, de transports, de commerce et de banque, il y a eu en moyenne 4,8 employés par établissement en 1901 et 4,7 en 1906. En Allemagne, d'après les recensements industriels des années 1882, 1895 et 1907 qui ne s'appliquent pas seulement à l'industrie proprement dite (y compris l'exploitation des mines et la construction), mais encore à l'horticulture, à l'élevage, à la pêche ainsi qu'au commerce et aux transports (y compris les hôtels et les débits de boissons), le nombre moyen de personnes employées par entreprise est de 2,4 en 1882 ; 3,2 en 1895 ; 4,2 en 1907. Pour l'industrie seule, ce nombre s'élève légèrement de 2,6 en 1882 à 3,7 en 1895 et 5,2 en 1907. En Belgique le nombre moyen de personnes qu'emploie chaque entreprise industrielle en atelier est de 2,9 en 1846, 4,2 en 1896, 5 en 1910. Aux Etats-Unis, la moyenne du nombre de salariés est de 7,8 en 1850, 10,8 en 1880, 11,2 en 1900.

Devons-nous conclure de ces données que la petite en-

____

(1) Les lecteurs peu familiers avec les statistiques doivent se pénétrer de cette idée que les statistiques pèchent souvent par défaut de comparabilité. Les bases sur lesquelles elles reposent varient d'un pays à l'autre et dans les mêmes pays elles se modifient plus ou moins à chaque recensement. Sous ce dernier rapport on pourrait rappeler le dicton : le mieux est l'ennemi du bien. Il est cependant légitime et nécessaire que les statisticiens s'efforcent de perfectionner de plus en plus leurs procédés.

treprise est demeurée le type dominant de l'organisation économique de notre temps ?

Avant de se prononcer, il importe d'apporter à ces premiers résultats des corrections d'ordre technique.

On notera d'abord que dans les recensements belges, américains et allemands, les entreprises multiples sont décomposées en autant d'établissements distincts qu'elles comptent de branches de fabrication. Il n'en est pas de même en France. Mais la statistique française, comme les précédentes, divise les entreprises en autant d'établissement qu'elles ont de sièges situés dans des communes différentes. Une rectification partielle a été faite en Allemagne en 1895 et 1907. On a reconstitué, dans un tableau spécial, les entreprises totales (Gesamtbetriebe) en ramenant à l'unité les divisions d'entreprises chaque fois qu'elles étaient contiguës. Cette rectification est certainement insuffisante, car les sièges des très grandes entreprises sont souvent dispersés. Les modifications qu'elle apporte aux premiers résultats sont de faible importance.

Nombre moyen de personnes employées en Allemagne.

	Entreprises industrielles		Ensemble des entreprises	
	Premiers résultats	Résultats rectifiés	Premiers résultats	Résultats rectifiés
1895	3,7	3,8	3,2	3,4
1907	5,2	5,4	4,2	4,4

Une autre correction plus importante consiste à retrancher du total des entreprises les ateliers d'ouvriers à domicile. C'est une erreur d'inscrire ceux-ci parmi les entreprises indépendantes. La décentralisation de la production, le fait même que nombre de travailleurs en chambre exécutent des commandes pour différents entrepreneurs ne suffît

point à conférer aux ateliers familiaux les caractères essentiels des entreprises. Nous n'aurons nulle peine à le démontrer lorsque nous étudierons l'industrie à domicile. Cela
étant, il y avait lieu de les retrancher des dénombrements.
Mais cette opération est difficile à faire. C'est ainsi que
d'après les statistiques allemandes le nombre total de ces
ateliers (Hausgewerbetreibende) varie suivant que l'on s'en
réfère aux déclarations des entrepreneurs ou des salariés.
En 1907, les premiers déclarent avoir employé 482.436 travailleurs à domicile, tandis que d'après les bulletins qui
émanent directement de ceux-ci, leur nombre n'aurait été
que de 405.262. Adoptons ce dernier chiffre qui semble
plus rapproché de la vérité (1) : il fait fléchir le nombre des
entreprises industrielles (les seules où compte le travail à
domicile) et relève par suite le nombre moyen d'ouvriers
au service de chacune d'elles. Cette moyenne atteint 4,9
en 1895 et 6,7 en 1907. Mais elle est encore bien basse et
ne nous fournit aucun indice de prédominance de la grande
industrie (2) !

Faut-il donc admettre que l'opinion courante affirmant
pareille prédominance n'est qu'une erreur banale ? Assurément non. Nous allons voir, au contraire, qu'un examen plus approfondi et plus rationnel des données statistiques la justifie pleinement. Il est, du reste, une vérité
élémentaire qu'il est à propos de rappeler ici : c'est qu'en
statistique, tout n'est pas dit lorsque l'on a traduit en

(1) Il en est ainsi pour diverses raisons, notamment parce que le
même ouvrier travaillant pour plusieurs patrons, chacun de ceux-ci
le déclare comme étant employé par lui. Il est donc recensé autant
de fois qu'il a d'employeurs différents.

(2) Remarquons que la statistique française ne compte pas les
artisans isolés parmi les « établissements ». Au nombre de ces
artisans isolés figurent notamment la plupart des ouvriers à domicile. La correction, dont nous parlons au texte, n'est donc pas nécessaire en ce cas.

chiffres les phénomènes. Encore ces chiffres doivent-ils
être judicieusement interprétés. En d'autres termes, il convient de bien poser les questions dont la réponse sera de-
mandée aux tableaux statistiques.

Or, en fait de concentration, il importe bien moins de
déterminer le nombre moyen de salariés par entreprise que
de savoir si la masse des salariés se répartit également ou
inégalement entre les entreprises existantes. Il est bien vrai
que le nombre moyen d'ouvriers employés n'est pas un indice sans valeur. Mais quelle en est l'exacte portée? Il témoigne seulement que les entreprises de petite taille sont
nombreuses. Il ne prouve aucunement qu'elles soient pré-
dominantes ou, si l'on veut, *typiques*. La question de prédominance ne pourrait se trancher en leur faveur que si
l'on établissait que cette moyenne n'est pas seulement une
donnée d'arithmétique, mais correspond à la grande majorité des cas existants dans la réalité, en d'autres termes
que les extrêmes sont peu éloignés de la moyenne. Or telle
n'est point la situation. Celle-ci se caractérise plutôt d'une
part par l'emploi d'un grand nombre d'ouvriers dans un
petit nombre d'entreprises, d'autre part par un pullulement
d'entreprises minuscules à peine dignes de ce nom. C'est
ce qui ressort de la division des entreprises recensées en
catégories distinctes suivant l'importance numérique de
leur personnel.

Le recensement belge de 1896 montre très nettement la
prédominance de la grande industrie à cet égard dans un
tableau dont est exclue l'industrie à domicile et en ateliers
publics. La très petite industrie qui n'emploie pas d'ouvriers si ce n'est les membres de la famille de l'artisan représente 70,08 % du nombre total des entreprises. La petite industrie (1 à 4 ouvriers) constitue 24,09 % de ce même
nombre, mais seulement 13,92 % du nombre total des ouvriers ; la moyenne industrie (5 à 49 ouvriers) 5,12 % de

l'ensemble des entreprises et 25,96 % de la masse des ouvriers ; la grande industrie (50 à 499 ouvriers) 0,63 % de la somme des entreprises mais 36,66 % du personnel total ; enfin la très grande industrie (500 ouvriers et plus) 0,08 % du total des entreprises et 23,46 % de l'ensemble des ouvriers. Ainsi donc, en 1896, les entreprises industrielles belges (mines, usines, ateliers, chantiers, etc.) occupant plus de 50 ouvriers ne formaient pas 1 % (exactement 0.71) du nombre total des entreprises, mais employaient 60,12 % du nombre total des ouvriers, un peu plus des trois cinquièmes, tandis que la très petite et la petite industrie réunies comprenaient les 9 1/2 dixièmes des entreprises et seulement 1 1/2 dixième des ouvriers.

La statistique française est moins frappante parce qu'elle exclut les artisans isolés, catégorie qui comprend les petits industriels sans personnel ouvrier. En revanche, elle nous permet, grâce à la comparaison des recensements de 1896 et de 1906, de voir à l'œuvre la tendance à la concentration. Nous indiquons seulement les pourcentages. ·

Catégories d'établissements	1896		1906	
	0/0 du nombre total d'établissements	0/0 du nombre total d'ouvriers et employés	0/0 du nombre total d'établissements	0/0 du nombre total d'ouvriers et employés
Petits (1 à 5 salariés) . .	88,0	28,6	87,4	24,4
Moyens (6 à 50 salariés) .	10,7	26,7	11,1	25,9
Grands (51 à 500 salariés) .	1,2	28,4	1,4	30
Très grands (plus de 500 salariés)	0,1	16,3	0,1	19,7

Ce tableau nous montre que le pourcentage du nombre total des ouvriers employés par les grands et très grands établissements (1), lequel était déjà de 44,7 % en 1896, atteint 49,7 % en 1906. La moitié des ouvriers et employés est donc, en France, au service des grandes entreprises, un quart environ est à la solde des entreprises moyennes. Les petites entreprises qui forment encore près des 9/10 du total des établissements emploient moins d'un quart du personnel salarié.

Il n'en va pas autrement en Allemagne. Ici la statistique englobe, outre l'industrie proprement dite, l'horticulture, la pêche, le commerce, les transports. En outre, nous disposons de trois recensements suffisamment espacés : 1882, 1895, 1907. On lira page 175, les résultats qu'ils nous donnent.

Ce dernier tableau est particulièrement instructif. L'évolution rapidement progressive de l'Allemagne au tournant du siècle s'y traduit d'une façon particulièrement frappante. Le personnel des entreprises individuelles tombe du quart du personnel total en 1882 au dixième en 1907. Leur nombre proportionnel se réduit beaucoup aussi. Dans le même laps de temps, la proportion des petites entreprises au total augmente sensiblement alors que le pourcentage de leur personnel faiblit. Les moyennes entreprises se développent incontestablement. Mais les grandes gagnent bien davantage.

Il faut ajouter que le développement économique de l'Allemagne, si puissant au cours de cette période de vingt cinq années, profite surtout aux grandes et très grandes entreprises. C'est ce que, mieux que les pourcentages, traduisent les chiffres absolus. Tandis que le personnel des petites et moyennes entreprises passe de 3.849.670 en 1882 à 5.585.202 en 1907, soit une augmentation de 1.736.232,

---

(1) Rappelons ici que les « établissements » de la statistique française ne sont parfois que des fractions d'entreprises ayant leurs divers sièges fixés sur le territoire de communes différentes.

Catégories d'entreprises	1882	
	º/₀ du nombre total des entreprises	º/₀ du nombre total des personnes occupées
Exploitations individuelles . . .	62,5	25,6
Petites (1 à 5 personnes). . . .	33,4	33,5
Moyennes (6 à 50 personnes) . .	3,8	18,9
Grandes (plus de 50 personnes) .	0,3	19,1
Très grandes (plus de 1.000 personnes).	0,0 (1)	2,9

Catégories d'entreprises	1895	
	º/₀ du nombre total des entreprises	º/₀ du nombre total des personnes occupées
Exploitations individuelles . . .	54,5	16,7
Petites (1 à 5 personnes). . . .	38,8	29,8
Moyennes (6 à 50 personnes) . .	6,1	23,9
Grandes (plus de 50 personnes). .	0,6	25,2
Très grandes (plus de 1.000 personnes).	0,0 (2)	4,4

Catégories d'entreprises	1907	
	º/₀ du nombre total des entreprises	º/₀ du nombre total des personnes occupées
Exploitations individuelles . . .	42,2	10,1
Petites (1 à 5 personnes). . . .	49	27,2
Moyennes (6 à 50 personnes) . .	7,8	25,4
Grandes (plus de 50 personnes). .	0,9	30,7
Très grandes (plus de 1.000 personnes).	0,0 (3)	6,6

(1) 127 en chiffres absolus.
(2) 255 en chiffres absolus.
(3) 505 en chiffres absolus.

assurément considérable, celui des grandes et très grandes
qui était de 1.613.247 en 1882 passe à 5.350.025 en 1907,

soit une augmentation de 3.736.778, c'est-à-dire de plus du double de celle du personnel des petites et des moyennes (1). Le sens de l'évolution organique de l'industrie et du commerce contemporains pourrait difficilement être mis en lumière d'une façon plus saisissante.

Pour corroborer la démonstration qui vient d'être faite, il y a lieu de décomposer plus complètement encore les données globales relatives aux entreprises industrielles et à leur personnel ouvrier et de déterminer le degré de concentration auquel est parvenu chaque groupe d'industrie.

A cet égard toutefois, la documentation nécessaire nous manque pour différents pays. Seules les statistiques belges et allemandes contiennent les éléments de cette analyse.

Le recensement belge de 1896 nous permet de préciser comme suit la part proportionnelle dans le personnel ouvrier total de chaque industriel de la petite (et très petite) industrie, de l'industrie moyenne et de la grande (et très grande) industrie :

Branches d'industrie	Très petite et petite industrie	Moyenne industrie	Grande et très grande industrie
Mines	0	3,5	96,5
Carrières	4	36,4	59,6
Métaux.	8,8	21,3	69,9
Verre	0	0,5	99,5
Produits chimiques . . .	6	33,6	60,4
Produits alimentaires. . .	26,8	27,9	45,3
Textiles	1,2	17,3	81,5
Vêtement	58,8	33,4	7,8
Construction.	22	53,4	24,6
Bois et Ameublement. . .	43,1	46,9	10
Peaux et Cuirs	36,2	35,3	28,5
Livre	17,1	63,3	19,6

(1) Nous n'avons pas tenu compte des entreprises isolées parce que cette catégorie comprend, dans la statistique allemande, un grand nombre de travailleurs à domicile qui, en réalité, sont des salariés.

Ce tableau révèle des divergences très caractéristiques sous le rapport de la concentration. Il démontre incontestablement la prédominance de celle-ci dans les premiers stades de la production industrielle : extraction des matières minérales et traitement initial des matières brutes (métallurgie, industries textiles et chimiques, travail des métaux, fabrication du verre) ; le parachèvement étant beaucoup moins concentré : confection, alimentation (et surtout boulangerie), ameublement, livre, construction des maisons, etc. Sans doute les larges tendances que nous indiquons comportent dans le détail plus d'une exception, mais qui n'ôte rien à la valeur de ces constatations tout à fait générales.

Les recensements allemands vont nous montrer l'évolution des phénomènes entre 1882 et 1907 (Voy. tableau, p. 178).

L'évolution se dessine très nettement. Si la très grande industrie paraît proportionnellement faible dans beaucoup de branches, c'est que, à la différence des autres, la statistique allemande n'y range que les établissements occupant plus de 1.000 personnes. La décroissance des petites et très petites entreprises est manifeste sauf pour les exploitations commerciales. La moyenne entreprise atteint assez souvent son point culminant en 1895 et recule ensuite légèrement. La grande entreprise fait des progrès rapides sur toute la ligne. Comme en Belgique, on constate que la concentration prédomine dans les phases initiales de l'industrie : mines; métallurgie, construction mécanique, industrie chimiques et textiles particulièrement. Pour certaines branches, la formation quelque peu arbitraire des cadres de la statistique est de nature à masquer dans une certaine mesure le phénomène qui nous intéresse, par exemple dans le groupe des carrières et industries connexes, parmi lesquelles sont inscrites les industries céramiques et verrières. Pour ce qui est des entreprises commerciales, le chiffre du personnel n'y a pas la même signification que pour les exploitations

Branches d'industrie	Années	Très petites entreprises	Petites entreprises	Moyennes entreprises	Grandes entreprises	Très grandes entreprises
Industrie minière et métallurgique.	1882	0,1	1,3	6,2	58,5	33,9
	1895	0,1	0,6	4,0	50,0	45,3
	1907	0,1	0,5	2,8	44,1	52,5
Carrières et industries connexes, industries céramiques et verrières	1882	4,1	21,6	41,2	31,2	1,9
	1895	1,9	10,9	42,5	42,0	2,7
	1907	0,9	7,2	39,4	49,9	2,6
Travail des métaux	1882	14,6	48,2	18,7	18,3	0,2
	1895	9,0	35,6	24,6	28,8	2,0
	1907	4,7	24,3	24,0	42,8	4,2
Construction des machines, instruments et appareils	1882	12,6	22	18,6	41	5,8
	1895	7,7	14,4	18,9	45,1	13,9
	1907	3,4	8,8	17,4	50,7	19,7
Industries chimiques	1882	4,1	17,4	27,5	45,7	5,3
	1895	2,7	13	22,6	49,1	12,6
	1907	1,3	9,1	19,8	51,6	18,2
Industries textiles	1882	29,0	18,6	14,2	36,1	2,1
	1895	15	11	14,8	54,9	4,3
	1907	7,6	8,2	16,7	63,1	4,4
Industrie du papier.	1882	6,5	18,9	31,6	43	—
	1895	4,4	13,4	31,5	48,9	1,8
	1907	2,7	9,5	29,4	56,6	1,8
Industrie des cuirs et produits similaires.	1882	17,1	45,8	21,3	14,5	1,3
	1895	13,6	37,1	24,8	20,4	4,1
	1907	10,5	30,1	24	27,7	7,7
Travail du bois, de la paille, du liège, etc.	1882	30,7	45,4	17,2	16,7	—
	1895	19,2	38,6	29,6	12,6	—
	1907	11,4	31	35,3	21,8	0,5
Industries alimentaires.	1882	9,0	51,4	19,6	19,8	0,2
	1895	5,8	46,1	24,0	23,7	0,4
	1907	4,2	45,5	28,5	20,6	1,2
Industrie du vêtement.	1882	53,5	35,1	8,4	3,0	—
	1895	46,6	32,9	13,6	6,8	0,1
	1907	37,1	34	16	12,4	0,5
Industrie de la construction. .	1882	17,0	28,9	36,2	16,9	1,0
	1895	10,1	16,9	39,6	32,9	0,5
	1907	4,8	15,4	39,3	39,2	1,3
Industries polygraphiques . .	1882	4,2	16,9	51,2	27,7	—
	1895	3,1	13,3	47,7	34,9	1,0
	1907	2,2	10,6	43,4	42,2	1,6
Exploitations commerciales . .	1882	35,0	41,5	21,2	2,3	—
	1895	26,3	44,5	25,3	3,9	—
	1907	15,4	47,6	28,1	8,0	0,9

industrielles. Une firme occupant 40 employés, figurant par conséquent parmi les entreprises moyennes, représente déjà une grosse maison de commerce.

Il est intéressant de constater enfin que dans chaque catégorie d'entreprises le personnel *moyen* tend à augmenter de 1882 à 1907 : c'est un indice très net de la tendance que nous étudions (1). Le tableau qui suit (p. 180) montre, en effet, dans la grande majorité des cas une augmentation proportionnelle du nombre de personnes plus forte que celle du nombre d'entreprises. Il n'y est pas tenu compte des petites et très petites qui, on vient de le voir, sont en décroissance.

Dans tous les tableaux qui précèdent nous n'avons pris d'autre indice de la concentration que l'importance du personnel. Les statistiques européennes n'en fournissent guère d'autres. Aux Etats-Unis, par contre, les recensements successifs contiennent des données du plus haut intérêt concernant les capitaux des entreprises et la valeur de la production. Données d'autant plus précieuses que la concentration marche de pair avec le progrès technique et que celui-ci comporte, dans l'industrie, une économie croissante de main-d'œuvre. Le nombre des ouvriers grandit donc moins vite que l'importance de l'établissement qui les emploie. Dans les branches où la concentration ne progresse pas ou est même en recul, la diminution porte surtout sur le nombre d'ouvriers.

D'une façon générale, d'ailleurs, il est extrêmement utile d'avoir d'autres indices du degré de la concentration et de la tendance croissante ou décroissante de celle-ci que le chiffre du personnel. Aussi y a-t-il lieu d'accorder aux sta-

---

(1) Les exceptions à cette tendance générale sont signalées par une astérisque ; telles sont les très grandes entreprises dans le groupe II.

Groupes d'industries	Catégories d'entreprises	Augmentation (+) ou diminution (—) en pour cent du nombre d'entreprises de 1882 à 1907	Augmentation (+) ou diminution (—) en pour cent du nombre de personnes occupées de 1882 à 1907
Minières et métallurgiques . .	Moyennes	— 15,7	— 10,3
	Grandes	36,8	51,2
	Très grandes	179,3	209,9
Carrières et industries connexes (céramiques et verrières) . .	Moyennes	54,5	111
	Grandes	233,9	253,2
	Très grandes	250	196,6 *
Construction des machines . .	Moyennes	171	194,4
	Grandes	273,9	289,1
	Très grandes	713,3	974,6
Industries chimiques.	Moyennes	75,6	72,8 *
	Grandes	124,4	171,2
	Très grandes	800	726,7 *
Industries textiles.	Moyennes	21,7	40,3
	Grandes	97,4	108,9
	Très grandes	120	151,4
Industrie du papier	Moyennes	99,9	115
	Grandes	171,8	202,6
	Très grandes	—	—
Industrie des cuirs	Moyennes	68,2	92,4
	Grandes	216,9	226,0
	Très grandes	600,0	838,0
Travail du bois etc.	Moyennes	188,5	236,1
	Grandes	399,1	413,7
	Très grandes	—	—
Industries alimentaires. . . .	Moyennes	137,1	142,2
	Grandes	103,4	73,3 *
	Très grandes	900	1220,2
Industries du vêtement. . . .	Moyennes	88,6	122,2
	Grandes	349,7	384,6
	Très grandes	—	—
Industries de la construction. .	Moyennes	191,6	219,0
	Grandes	474,0	579,0
	Très grandes	266,6	272,6
Industries polygraphiques. . .	Moyennes	127,5	152,4
	Grandes	302,2	355,7
	Très grandes	—	—
Exploitations commerciales . .	Moyennes	180,9	226,5
	Grandes	593,3	869,9
	Très grandes	—	—

tistiques américaines une attention toute particulière. Il est à remarquer seulement qu'elles offrent certaines lacunes (concernant les mines, le commerce et les banques) et qu'elles ne sont pas toujours comparables. La récolte ne sera donc pas aussi abondante qu'on aurait pu l'espérer.

Voici d'abord un coup d'œil général sur le mouvement de concentration industrielle (1) au cours d'une période à vrai dire assez brève :

Années de recensement	Capital moyen par établissement (1) en dollars (2)	Nombre moyen d'ouvriers par établissement	Valeur moyenne de la production par établissement (en dollars)
1900	43.251	22,7	51.969
1905	58.631	25,3	68.433
1910	68.636	24,6	76.993
1914 (3)	82.500	25,5	87.900

(1) Le terme : établissement est pris à peu près dans le même sens que dans les statistiques belge et allemande. Le tableau ci-dessus ne donne donc qu'une idée encore imparfaite du degré effectif de concentration industrielle.

(2) Le dollar, au pair, vaut 5 francs 18 centimes.

(3) Les chiffres relatifs à 1914 sont empruntés à Ch. Gide, *Cours d'économie politique* tome I page 279.

Si l'on répartit en cinq groupes, suivant la valeur de leur production annuelle, les différents établissements industriels américains, on peut mesurer de la façon suivante

(1) Ne sont recensées que les fabriques, en d'autres termes sont exclues les industries manuelles (métiers consacrés surtout aux réparations), locales (neighborhood) et de la construction. Ces industries étaient reprises, il est vrai dans le recensement de 1900 ; nous les avons éliminées dans la mesure du possible pour obtenir des chiffres comparables avec ceux des recensements ultérieurs (Abstract du XIII th. census, p. 439).

leur part proportionnelle du personnel ouvrier total et de
la valeur totale de la production :

Classes d'entreprises	Proportion pour cent du personnel ouvrier total		Proportion pour cent de la valeur totale de la production	
	1904	1909	1904	1909
Entreprises dont la production annuelle vaut :				
Moins de 5.000 dollars	1,9	2,2	1,2	1,1
De 5.000 à moins de 20.000 dollars	7,7	7,1	5,1	4,4
De 20.000 à moins de 100.000 dollars	18,8	16,5	12,3	14,4
De 100.000 à moins de 1 million de dollars	46,0	43,8	41,3	38,3
1 million de dollars et plus . .	25,6	30,5	38,0	43,8

La répartition par groupes d'industrie nous permettra
d'étudier la progression de ces trois facteurs : capital moyen,
nombre moyen d'ouvriers, valeur moyenne de la production par établissement au cours d'une période de vingt
années. Les exemples de régression ne manquent pas ; parfois le recul ne porte que sur l'un des trois indices et surtout sur le nombre moyen des ouvriers. En ce qui concerne
le groupe des textiles, il s'explique par un classement arbitraire : le recensement y rattache l'industrie du vêtement
où est très développé le travail à domicile. Du point de vue
qui nous intéresse, la confusion des premiers stades de la
fabrication avec le finissage est évidemment regrettable.

	Capital moyen (en dollars)	Nombre moyen d'ouvriers	Valeur moyenne de la production (en dollars)
I. — Industrie des produits alimentaires.			
Année 1880	8.296	4,5	30.478
» 1890	12.294	6,0	39.621
» 1900	15.348	5,1	37.155

II. — Industries textiles (y compris les industries du vêtement).

Année 1880	42.083	50,3	68.704
» 1890	59.836	48,9	74.890
» 1900	45.484	34,3	34.275

III. — Fer, acier et Produits dérivés.

Année 1880	54.502	43,0	74.738
» 1890	89.343	47,6	102.431
» 1900	110.030	52,8	129.065

IV. — Industrie du bois et Produits dérivés.

Année 1880	7.408	7,6	11.559
» 1890	23.729	15,4	24 671
» 1900	20.096	11,4	21.897

V. — Industries du cuir.

Année 1880	8.529	11.2	26.277
» 1890	19.105	16,5	37.742
» 1900	20.225	14,0	34.359

VI. — Industries du papier et industries polygraphiques.

Année 1880	22.397	19,8	32.812
» 1890	17.064	11,2	22.103
» 1900	20.848	11,1	22.669

VII. — Produits chimiques.

Année 1880	39.083	15,6	58.365
» 1890	57.168	13,6	67.362
» 1900	91.548	18,6	101.560

VIII. — Produits céramiques et verreries.

Année 1880	7.981	12,7	10.368
» 1890	18 563	18,9	19.623
» 1900	23.695	16,5	19.823

IX. — Métaux et produits métalliques autres que le fer et l'acier.

Année 1880	8.936	8,7	17.679
» 1890	20.390	12,3	31.631
» 1900	25.185	11,7	45.924

* *
*

Jusqu'ici nous avons laissé de côté les recensements agricoles. C'est qu'ils sont rarement comparables aux recensements industriels. Ce qui est plus grave, ils ne le sont guère entre eux, même dans un seul pays. C'est chose d'autant plus regrettable qu'il eût été hautement intéressant de résoudre par la statistique la question de savoir si les entreprises agricoles évoluent vers la concentration ou en sens inverse et dans quelle mesure, puis si d'un pays à l'autre il y a des différences d'orientation, voire des oppositions tranchées.

Pour autant que l'on puisse établir des rapprochements approximatifs, il semble qu'en France, en Belgique et en Angleterre il n'y ait de mouvement bien décisif ni en un sens ni dans l'autre et que somme toute prédomine l'état stationnaire. Conclusion qu'il faut formuler toutefois avec bien des réserves, car elle est fondée sur des comparaisons insuffisantes : les recensements suffisamment comparables ont été faits à des dates trop rapprochées.

Quoi qu'il en soit voici les chiffres :

1° *France* :

Catégorie d'exploitations	Pourcentage de la superficie totale	
	1882	1892
Exploitations de moins de 1 hectare . .	2,2	2,7
Exploitations de 1 à 10 hectares. . . .	22,9	22,8
Exploitations de 10 à 40 hectares . . .	29,9	29
Exploitations de plus de 40 hectares . .	45	45,6

2° *Belgique* :

	Pourcentage de la superficie cultivée totale		
	1901	1903	1909
Exploitations dont la partie cultivée (1) est supérieure à : et inférieure à :			
» 10 hectares	46,3	47,2	47,9
10 hectares 50 hectares	39,8	39,2	39,1
50 hectares	13,9	13,6	13,0

(1) Ce tableau ne comprend que les exploitations dont la superficie *totale* est supérieure à 1 hectare.

3° Royaume-Uni :

Catégorie d'exploitations	Pourcentage de la superficie totale des exploitations	
	1885	1895
De 1 à 5 acres (1)	1,2	1,1
De 5 à 20 acres	5,1	5,1
De 20 à 50 acres	8,7	8,8
De 50 à 100 acres	14,6	15,0
De 100 à 500 acres.	42,^	42,6
De plus de 500	28,4	27,4

(1) Un acre = 40 ares 47 centiares.

Ici on constate un léger recul des grandes entreprises culturales. Il s'est vraisemblablement accentué depuis 1895. Nous n'en avons toutefois qu'un indice insuffisant. C'est la diminution de leur nombre. Il passe de 19.364 en 1885 à 18.787 en 1895, puis à 17.828 en 1906 et enfin à 17.717 en 1912. Comme la réduction du nombre de 1885 à 1895 a été accompagnée d'une diminution dans le pourcentage de la superficie exploitée, on peut conjecturer que le même parallélisme s'est produit par la suite. Mais cette induction n'est pas absolument probante.

4° Allemagne. — Nous ne pouvons tirer aucune conclusion des statistiques des entreprises agricoles dont les statisticiens allemands eux-mêmes nous disent qu'elles ne sont pas comparables. Bornons-nous à indiquer les pourcentages de 1907.

Entreprises de moins d'un demi hectare.	1,1 %
» d'un et demi à deux hectares	4,3 »
» de 2 à 5 hectares.	10,4 »
» de 5 à 20 hectares	32,7 »
» de 20 à 100 hectares.	29,3 »
» de plus de 100 hectares	22,2 »

Ce tableau trahit un certain degré de concentration : les

entreprises agricoles de plus de 20 hectares exploitaient en 1907 un peu plus de la moitié de la superficie cultivée totale de l'Allemagne.

5° *États-Unis.* — Un tableau fort intéressant, mais malheureusement construit sur des bases insuffisamment comparables, semble indiquer une régression de la grande culture :

Années	Étendue moyenne de chaque exploitation
1850	202,6
1860	199,2
1870	153,3
1880	133,7
1890	136,3
1900	146,2
1910	138,1

L'orientation paraît indiscutable, mais il ne faudrait pas se fier outre mesure aux chiffres qui, pour des raisons techniques beaucoup trop longues à expliquer ici, font ressortir cette orientation régressive avec une certaine exagération.

Un tableau portant sur une période beaucoup moins étendue, mais plus digne de confiance trahit, en tout cas, un certain recul des très grandes entreprises au profit des grandes et surtout des moyennes.

Catégorie d'exploitations	Pourcentage de la superficie totale des exploitations	
	1900	1910
Exploitations de moins de 20 acres	0,9	1,0
Exploitations de 20 à 100 acres	16,8	16,9
Exploitations de 100 à 500 acres	50,8	53,6
Exploitations de 500 à 1 000 acres	8,1	9,5
Exploitations de 1 000 acres et plus	23,6	19

IV

En dépit de ses inégalités, et malgré d'assez importantes exceptions, la concentration des entreprises nous apparaît donc comme un phénomène d'ordre général dans l'évolution économique telle qu'elle s'est déroulée depuis plus d'un siècle. Aussi n'est-il pas téméraire de penser qu'il dérive de causes ayant, elles aussi, un caractère général tandis que les inégalités qui se manifestent suivant les cas dans l'intensité et la rapidité de la concentration doivent apparemment s'expliquer par l'action de causes particulières. Et pour le dire tout de suite, n'est-il pas évident qu'une évolution d'une telle ampleur ne peut être attribuée, du moins dans ses caractères fondamentaux, à une influence aussi limitée que celle de la législation douanière qui n'intervient aucunement dans le domaine du crédit, de la finance, du commerce de détail et des transports?

L'augmentation moyenne de l'importance des entreprises les plus diverses depuis cent à cent cinquante ans provient de tout autres causes. Elle est due avant tout à la tendance qui s'est affirmée au cours de cette époque plus qu'à aucune autre vers la diminution du coût de production. La liberté permettait toutes les tentatives ; le progrès technique autorisait toutes les espérances. Bien plus : sous l'empire d'une concurrence d'une extraordinaire âpreté, ceux-là seuls ont pu se maintenir qui triomphaient de leurs compétiteurs. Or, en l'absence de restrictions légales ou de privilèges, le triomphe ne s'obtient que si l'on gagne la clientèle. Et le moyen le plus ordinaire et le plus sûr de la séduire est de lui fournir les produits qu'elle demande à meilleur marché que les autres vendeurs. Pour réussir à vendre moins cher d'une manière durable et sérieuse, il faut évidemment réduire les frais d'exploitation. Aussi est-ce en ce sens que les entrepreneurs contemporains aiguillonnés par la nécessité comme par l'ardeur au gain ont dirigé tous leurs efforts.

C'est de là qu'est issue la concentration parce que la concentration permet d'abaisser le coût de l'exploitation. Elle nous apparaît donc avant tout comme l'application de la loi du coût décroissant (correspondant à la loi technique du rendement croissant et à la tendance primordiale à l'économie des forces).

Comment la concentration permet-elle de réduire les frais d'exploitation ? Les raisons en sont simples mais varient suivant l'objet et la nature des entreprises. Aussi est-ce en étudiant séparément chaque branche d'activité qu'on les verra apparaître en toute netteté. Ainsi, dans les exploitations minières et industrielles, ce sont avant tout les progrès du machinisme et de la division du travail et plus particulièrement les prix élevés de l'outillage perfectionné, qui poussent, dans une très large mesure, à l'accroissement du capital moyen des entreprises. Le même résultat se produit aussi en agriculture, mais sur une échelle beaucoup plus réduite. Un peu partout, notamment en banque, en industrie, dans le commerce de détail, dans les transports intervient le fait que le poids des frais fixés n'est pas proportionnel au chiffre d'affaires et qu'une grande entreprise bien organisée a une technique administrative supérieure à celle des petites et par suite relativement moins coûteuse. Enfin la spécialisation, dans la grande industrie et le grand commerce de détail, permet une utilisation plus intensive de l'outillage et du travail sans augmentation corrélative des frais. Les frais proportionnels eux-mêmes décroissent au fur et à mesure que grandit l'entreprise parce que celle-ci effectue ses achats de matières premières dans des conditions plus favorables. Elle jouit encore d'un crédit meilleur c'est-à-dire moins onéreux; elle peut récupérer avec avan-

tage les sous-produits à raison de leur abondance même ;
bref le coût proportionnel d'exploitation va lui-même décroissant.

Favorisée par des prix de revient plus modiques, la
grande entreprise est en mesure de supplanter au moins
partiellement ses concurrents de taille plus médiocre. Elle
est surtout plus résistante. Les crises et les dépressions si
fréquentes depuis plus d'un siècle l'ébranlent rarement ; en
revanche elles sont souvent mortelles à la petite usine, à la
petite banque, au petit magasin : c'est au cours de ces périodes difficiles que se consomme ordinairement l'élimination des faibles.

Ce serait toutefois une erreur de croire que les grands
progrès de la concentration n'aient d'autre origine que la
tendance à la réduction des frais d'exploitation. On peut
même dire que la résistance des entreprises concentrées
aux crises et dépressions ne s'explique pas uniquement
par là, mais tient encore à la capacité de subir des pertes
ainsi qu'au fait que souvent la concentration diminue
les risques. Sous ce dernier rapport, c'est l'étude détaillée
des différentes branches d'activité économique qui fera ressortir pourquoi et en quelle mesure il en est ainsi. Les
risques en effet sont divers et diverse aussi la façon dont la
concentration permet d'y parer. Disons tout de suite qu'il y
a trois sortes d'aléas à redouter : le resserrement des débouchés, c'est-à-dire la diminution du chiffre d'affaires ; la
baisse des prix de vente ; la hausse des prix des éléments
de production.

Accroître le chiffre des opérations, en empêcher du moins
le fléchissement, une banque ou un magasin à succursales
multiples, un grand magasin vendant une foule d'articles
différents, une fabrique à production diversifiée ou jouissant
d'un marché étendu y arrivent mieux que des établissements dont la sphère d'action est restreinte soit dans l'es-

pace soit eu égard au nombre d'articles traités : c'est le principe des compensations qui intervient. Ainsi s'amortit l'action des crises, au moins de celles qui n'atteignent qu'une espèce de produits ou en frappent inégalement plusieurs (1).

D'autre part, certains modes de concentration — groupement syndical, fusion, spécialisation — qui suppriment la concurrence — en industrie, en commerce, en finance, dans les transports maritimes — ou la réduisent à fort peu de chose ont pour effet de soutenir les prix et parent ainsi au second risque qui vient d'être signalé.

Enfin la concentration verticale obvie aux aléas dérivant des fluctuations des prix des matières premières. La concentration horizontale peut amener le même résultat ainsi qu'on le verra à propos de certains *trusts* américains ou des syndicats de banques qui fixent, les premiers le prix du tabac en feuilles, les seconds le taux d'intérêt accordé aux déposants.

La concentration peut encore avoir son origine dans la nécessité de posséder un capital considérable, lorsque l'outillage industriel perfectionné devient coûteux ou lorsque, comme en finance, on ne peut participer aux grandes affaires qu'à cette condition.

La concentration n'est pas seulement une application de la loi du coût décroissant et du principe de la division des risques ou de l'atténuation de ceux-ci par la suppression de la concurrence. Elle doit encore une partie de ses succès à des facteurs psychologiques dont l'action est puissante dans une société mentalement aussi fusionnée et concentrée que la nôtre. C'est ainsi que le rôle de l'*imitation* n'est pas

---

(1) Dans un ordre d'idées un peu différent, il y a lieu de constater que les compagnies d'assurance ne peuvent atteindre l'objet qu'elles s'assignent qu'en opérant sur une vaste échelle. La loi des grands nombres qui est le fondement technique de l'assurance n'est applicable que par de puissantes entreprises.

niable. Aveugle ou raisonnée, l'imitation accélère incontestablement le procès de concentration ; parfois même elle le précipite (1). En outre elle unifie les besoins, elle uniformise ou généralise les désirs des consommateurs.

D'un autre côté le *prestige* des grands établissements s'exerce avec force sur la clientèle de toute sorte à laquelle ceux-ci s'adressent. Il agit aussi bien sur les voyageurs séduits par les paquebots des grandes compagnies de navigation que sur les acheteurs au détail qui subissent la fascination des grands magasins ou sur les déposants apportant de préférence leur épargne disponible aux puissants établissements de crédit qui leur inspirent une confiance illimitée. Ces forces psychologiques corroborent singulièrement l'action des causes proprement économiques.

V

Cependant il est des entreprises nombreuses qui sont réfractaires à la concentration. D'où viennent ces tenaces survivances ? Nous devons nous borner à cette place à en indiquer les raisons les plus générales.

On peut poser tout d'abord en principe que la concentration est conditionnée, dans son existence et dans son développement, par la capacité d'achat du marché. Aussi longtemps que le volume des opérations reste faible, la création de grands établissements est chose pratiquement impossible.

____

(1) C'est ainsi que la formation de trusts en Angleterre en 1899 et 1900 est une imitation évidente du mouvement trusteur américain (*Macrosty. The trust movement in British industry*, Londres, 1907, p. 23). Dans plus d'un cas, l'imitation contribue du moins à écarter les objections à la concentration et triomphe de la routine. Celle-ci est « dans l'air » elle n'apparaît pas comme quelque chose d'insolite : ce n'est pas un « saut dans l'inconnu ».

On peut donc dire que le degré de concentration, dans une branche quelconque, dépend avant tout de l'importance du marché (1). Par là il ne faut pas seulement entendre l'étendue territoriale des débouchés. Elle n'est qu'une des composantes de ce que les économistes appellent le marché. La densité et la richesse moyenne des habitants doivent aussi entrer en ligne de compte. Et ce qui est plus nécessaire encore, c'est que des désirs rigoureusement conformes se portent en masse vers l'article offert. Cette dernière condition est particulièrement décisive en industrie. Les consommateurs exigent-ils au contraire un produit individualisé, présentant certaines particularités répondant à leurs goûts personnels (ce qui est le cas pour les articles de luxe, de toilette, etc.), la fabrication mécanique deviendra impossible et la petite entreprise conservera une grande partie de ses avantages.

Dans le même ordre d'idées, un grand établissement financier ne peut vivre que si les valeurs mobilières qu'il émet trouvent un accueil uniformément favorable et empressé chez de nombreux épargnistes. Aussi longtemps que ceux-ci ne se sont pas familiarisés avec ce genre de placement, la finance ne peut travailler que sur une échelle assez restreinte. D'autres exemples analogues pourraient être donnés. L'essentiel est de ne pas se faire de l'étendue du marché une conception purement géographique et en quelque manière passive, si bien qu'il s'accroîtrait mécaniquement grâce au simple abaissement des frais de transport (2)

(1) Telle est, semble-t-il, la raison pour laquelle la concentration a été moins rapide en France, pays dont la population est à peu près stationnaire et qui vit sous un régime de protectionnisme rigoureux, c'est-à-dire de marché en partie fermé que dans les contrées dont la population grandit vite et qui ont un très important commerce extérieur.

(2) Et d'abord il ne faut pas oublier que ceux-ci sont très inégaux suivant les marchandises et même les personnes.

ou à la création de nouveaux moyens de communication.

Au xixe siècle sans doute ces faits ont contribué plus que tous autres aux énormes progrès de la concentration ; encore faut-t-il reconnaître qu'un marché accessible n'est pas un marché conquis. Ainsi, la fabrication des chaussures mécaniques a dû multiplier les magasins de vente au détail pour populariser cet article nouveau (1) et avoir raison des habitudes anciennes et des répugnances en partie justifiées pour une chaussure imparfaitement ajustée. De même pour stimuler la vente, les fabricants de liqueurs en inventent constamment de nouvelles qui tiennent en éveil et diversifient les sensations spéciales des consommateurs d'alcool (2). La réclame financière ne doit pas être moins intensive pour faire pénétrer partout les titres émis. Les monopoleurs eux-mêmes n'échappent point complètement à la nécessité de faire de la publicité afin de multiplier les ventes.

Une autre remarque doit être faite encore. C'est que le transport des services est infiniment plus limité que celui des biens. Si, par exemple, les médecins consultants se déplacent assez aisément (3), il n'en est pas de même des praticiens ordinaires qui ne pourraient le faire régulièrement sans abandonner leur clientèle locale ; car envisagée dans son ensemble, celle-ci réclame des soins constants. La question des possibilités de déplacement n'a toutefois pas grand intérêt en ce qui concerne les professions libérales parce qu'elle est primée par la question de confiance et l'on ne voit pas très bien la médecine ou le barreau donner naissance à une sorte de grande industrie. Cette question

---

(1) V. Passama, L'*intégration du travail*. Formes nouvelles de concentration industrielle, p. 221.

(2) *Le même* p. 223-224. Paris, 1910.

(3) Remarquons aussi que les patients vont souvent en pèlerinage chez les spécialistes réputés.

Ansiaux   13

est capitale, au contraire, pour les métiers, dont plusieurs sont locaux par essence. Ainsi, les réparations aux installations immobilières doivent être faits par des artisans locaux. C'est affaire de rapidité et d'économie. Le commerce de détail doit à la même circonstance de conserver en partie, surtout dans les campagnes, son type ancien de petite entreprise. Même observation pour les journaux locaux ou régionaux et certains organes professionnels. On pourrait citer aussi les changeurs de monnaie, là où cette profession existe encore à l'état séparé et bien d'autres activités économiques, surtout parmi les plus humbles comme celle des chiffonniers.

La concentration n'est pas seulement subordonnée à la possession de débouchés suffisants. Même si la carrière qui lui est ouverte a toute l'ampleur désirable, encore faut-il que la petite entreprise ne réussisse pas à lui disputer victorieusement tout ou partie du terrain. C'est en matière agricole que s'offrent les plus nombreux exemples de pareille résistance des petits entrepreneurs. Mais il n'en manque pas non plus dans l'industrie, le commerce de détail et même la finance. Nous sommes donc ici en présence d'une restriction importante au mouvement qui emporte les peuples contemporains vers la concentration des affaires. Comme telle, elle comporte une explication d'ordre général.

A quelles conditions s'impose la concentration ? Avant tout, nous le savons, parce qu'elle permet de réduire le coût d'exploitation des entreprises. Mais si, à force de travail et de sacrifices, les petits entrepreneurs viennent à bout, eux aussi, de réduire les frais de production et par conséquent les prix de vente, on conçoit qu'ils réussissent à se maintenir. Ils l'emporteront même souvent là où, comme en agriculture, la nature des choses ne permet point à la grande entreprise d'abaisser radicalement le coût d'exploitation. Il ne faut pas perdre de vue que la petite entreprise offre deux avantages inappréciables : elle surexcite tout naturellement la productivité et n'a besoin d'aucun organe de contrôle alors que cette dernière nécessité impose aux grandes exploitations des frais extrèmement élevés.

Seulement il ne faut pas se faire illusion : si tant de petits artisans, négociants ou même cultivateurs arrivent à conserver leur indépendance, c'est trop souvent au prix d'un travail exténuant et de privations cruelles. Ils se maintiennent malgré la réduction graduelle de leurs profits qui, maintes fois, tombent au-dessous du niveau des salaires des ouvriers et employés des grandes entreprises correspondantes. Dans cette lutte héroïque, mais insensée, ils recourent à tous les moyens. Longues journées de travail, maigre chère, logement exigu parfois malsain, peu ou point de distractions, voilà la rançon de l'indépendance conservée par tant de petits producteurs ou négociants. Réadaptation douloureuse et bien peu progressive. Et dans combien de cas, cette indépendance n'est-elle pas fictive ! Combien de cultivateurs, d'artisans, de négociants ne sont point dans les griffes de l'usurier !

Il est vrai de dire que la petite entreprise, rurale surtout, a réussi dans nombre de cas, à échapper à cette situation pénible par l'*association* : mutualité de crédit ou coopérative agricole. Ces combinaisons sont très intéressantes ; il y a lieu de les encourager. Seulement aux yeux de l'économiste, elles ne constituent évidemment que des modalités particulières de concentration comparables aux syndicats industriels ou bancaires. Par où l'on voit que la statistique ne nous donne pas une idée suffisante du réel degré de concentration puisqu'en dénombrant les petites entreprises elle ignore forcément les ententes qu'elles concluent entre elles.

En un autre sens encore, les recensements font quelque peu

illusion sur la force conservée par la petite entreprise (1).
Ils ne tiennent et ne sauraient tenir compte de la courte
durée d'un certain nombre de petits établissements, par
exemple d'agences financières ou de courtage, de minuscules boutiques qui se ferment peu de temps après s'être
ouvertes. Toutes ces tentatives avortées d'existence indépendante viennent grossir indûment les chiffres, les relevés
statistiques lesquels ont lieu à date fixe. Aussi, le caractère
instable et éphémère de beaucoup de petites entreprises
doit-il être noté avec soin si l'on ne veut pas s'exagérer la
portée de la survivance actuelle de cette forme économique.
Sous un régime de liberté, tous les essais sont permis, mais
combien en est-il de réellement viables ? Telle est la véritable question.

VI

Il reste à nous demander si la concentration peut se poursuivre indéfiniment ou si, au contraire, elle a des limites
et quelles elles sont.

Nous savons déjà que l'importance du marché tant au
point de vue de l'intensité que de l'extension assigne des
limites positives aux progrès de la concentration. Seulement ces limites peuvent être reculées grâce à d'ultérieures
réductions des frais de transport, à l'augmentation de la
puissance d'achat des consommateurs résidant dans le
rayon accessible ou simplement à une propagande commerciale plus efficace. Le même résultat peut provenir de la
réduction des frais d'exploitation qui a notamment pour effet

(1) Il conviendrait encore de faire observer que beaucoup de très
petites exploitations rurales appartiennent à des ouvriers agricoles
ou industriels et n'ont pour ceux-ci qu'une importance tout à fait
secondaire. Le salaire constitue leur gagne pain principal.

d'élargir la zone d'écoulement des produits. En matière de crédit, de finance et d'assurance, le surcroît de frais occasionné par la distance ne joue qu'un rôle effacé ; celui de l'initiative et de la hardiesse des dirigeants, de la confiance de la clientèle, y est beaucoup plus grand.

En ce qui concerne l'extensibilité du marché, il est également essentiel de faire ressortir l'influence mutuelle exercée par l'étendue du marché et la division du travail. Plus le marché s'agrandit, plus il est possible d'accentuer la division du travail et l'emploi des machines *au sein de l'entreprise*. C'est que la spécialisation des ouvriers et l'utilisation de machines — ces deux choses marchent de pair — ne sont économiques qu'en cas d'application régulière, constante. L'industriel qui achète une machine ne pouvant être utilisée qu'une heure ou deux par jour, loin de gagner de l'argent, en perd. Une observation analogue doit être faite pour la division du travail, lors même que celle-ci s'applique sans intervention de machines, comme dans une banque ou un magasin. La clientèle est-elle insuffisante, l'ouvrier ou l'employé spécialiste ne pourrait se consacrer exclusivement à sa spécialité. Il devrait s'occuper encore d'autres tâches où le rendement de son travail serait moindre. Et comme pour le conserver, il faudrait lui allouer une rémunération supérieure à celle des ouvriers non spécialisés, il résulterait de là une augmentation de frais au lieu d'une réduction. Ou pour mieux dire encore, dans de telles conditions, ouvriers et employés ne se spécialisent pas, mais exécutent indifféremment des besognes diverses avec un rendement médiocre. Mais alors, la grande entreprise n'offrant plus guère d'avantage, la petite entreprise se maintient aisément, et conserve même la supériorité que lui confèrent la plus grande productivité du travail personnel du chef et l'absence presque complète de frais de surveillance.

Cela étant, il est clair que l'extension des débouchés favorise le développement de la grande entreprise. En revanche celui-ci favorise celle-là. La grande entreprise, produisant moins cher, peut étendre le rayon d'écoulement des produits et atteindre, à l'intérieur de ce rayon, de nouvelles couches de consommateurs ayant de moindres ressources et qu'on ne peut conquérir qu'à la faveur du bon marché. On voit, par suite, qu'il y a interaction effective et puissante entre l'importance du marché et celle des entreprises (1).

Ce processus ne saurait pourtant se poursuivre indéfiniment. C'est que tôt ou tard il se heurte à un obstacle : la loi du coût croissant (ou, pour parler le langage techniq·e, du rendement décroissant). Un moment arrive en effet, où le coût du contrôle se développe dans une mesure excessive et neutralise toutes les autres économies dérivant du régime d'exploitation en grand. Ou si l'on recule devant ces dépenses de plus en plus lourdes de surveillance, apparaît le phénomène bien connu du coulage, caractéristique habituelle des grandes affaires mal gérées. Un autre écueil de la grande entreprise, c'est le mauvais choix des dirigeants. Il y a même là un aléa inhérent à toutes les affaires importantes, même lorsque leurs dimensions ne paraissent point exagérées. Aléa qui semble même s'accroître avec le temps. Lorsqu'à la période de conquêtes, durant laquelle les chefs sont généralement des hommes d'initiative, de coup d'œil et

_____

(1) Une remarque analogue peutêtre faite pour les établissements de crédit qui développent la spécialisation *interne* au fur et à mesure de l'accroissement de leur clientèle et du grossissement du volume de leurs opérations. Ils peuvent dès lors faire l'escompte ou les prêts sur titres à des conditions plus favorables que les petites banques. Ce résultat provient aussi de la division des risques de mieux en mieux établie et de la diminution qui en résulte de la prime d'assurance contre ces risques, d'où réduction des frais de gestion.

d'infatigable activité, succède celle de la jouissance ou, comme on l'a dit, de la « digestion », on voit se ralentir les activités directrices, surtout lorsque, par suite d'un favoritisme bien naturel, les fils succèdent aux pères dont ils ne possèdent pas toujours les qualités. Et comme l'empire de ce favoritisme s'étend jusqu'au personnel subalterne, que parfois les employés vieux et fatigués restent trop longtemps à leur poste, qu'un esprit d'inertie et de routine enfin se répand du haut en bas de l'échelle, le phénomène de la productivité décroissante fait nettement son apparition entraînant à sa suite l'élévation du coût d'exploitation. En pareil cas, la limite dont nous parlons s'abaisse et des chances nouvelles s'offrent aux concurrents jeunes, énergiques, entreprenants. Les faits que nous signalons se manifestent plus vivement encore lorsque l'entreprise obéissant à une impulsion déjà ancienne, continue à s'étendre tandis qu'a déjà sonné l'heure de son déclin : le renchérissement de l'exploitation est alors plus rapide et plus marqué et les compétiteurs ont beau jeu. Cela ne veut pas dire que la grande entreprise disparaîtra ou restreindra sa sphère d'action ; elle peut vivre longtemps sur son fond ou même se régénérer sous l'influence d'une concurrence devenue menaçante. Lorsqu'elle a acquis un monopole de fait pratiquement intangible, elle peut même subsister d'une manière presqu'indéfinie et répercuter sur la clientèle l'aggravation de ses dépenses d'exploitation. Dans chaque cas particulier, mille circonstances fortuites peuvent d'ailleurs exercer leur influence, et cela dans les sens les plus divers.

Enfin le problème des limites de la concentration se pose différemment suivant l'objet des entreprises. C'est ainsi qu'en agriculture l'action des distances à parcourir entre la ferme, centre de l'exploitation et les diverses parties de celle-ci augmente le coût du travail et fait obstacle au développement de l'entreprise. Il en est autrement, par contre, en matière forestière ou pastorale (1).

(1) Kautsky, *La question agraire*, trad. française de Milhaud et Polack. Paris, Giard et Brière, 1900, p. 219-222.

CHAPITRE X

I

Sous le nom d'industrie, nous grouperons conformément au langage usuel les entreprises transformatrices et les entreprises minières. Du point de vue de l'organisation actuelle, en effet, les mines se rapprochent tout naturellement des usines et s'éloignent au contraire des autres entreprises extractives telles que chasse, pêche, exploitation des forêts naturelles.

L'industrie contemporaine nous offre le spectacle intéressant de la coexistence des différentes phases d'une évolution qui en a porté les branches les plus puissantes à un degré très élevé de concentration. Ce qui prédomine dans l'ensemble, c'est assurément la grande industrie. Mais cette notion est assez imprécise et d'habitude l'on y range indistinctement à côté des entreprises géantes parvenues au stade de l'intégration ou du quasi-monopole les fabriques plus ou moins spécialisées occupant une cinquantaine d'ouvriers et dont le capital ne dépasse guère un ou deux millions. Or il est évident que ce sont là deux types d'organisation nettement différents sinon opposés et qu'il convient tout au moins d'étudier séparément. Pour se faire une idée claire de la situation présente, on doit considérer qu'il y a trois quarts de siècle environ la lutte était surtout engagée entre la petite et la grande industrie tandis qu'aujourd'hui elle s'établit tout particulièrement entre la moyenne et la très grande industrie. Encore de telles observations simplifient-elles à l'excès un état de choses beaucoup plus complexe. A l'heure qu'il est, la petite industrie elle-même a conservé certaines positions ; à côté d'elle se range l'industrie à domicile qui perd d'un côté, mais gagne ou se maintient de l'autre ; puis vient la moyenne et grande industrie de fabrique qui reste dominante en diverses branches, conquiert même par-ci par-là du terrain enlevé aux types précédents, mais en cède par ailleurs à la très grande industrie. D'autre part entre types semblables ou dissemblables se nouent des liens d'association ou de subordination qui parfois se resserrent au point de transformer l'union en unité et d'aboutir ainsi à la très grande industrie ; celle-ci, enfin, a réalisé depuis un quart de siècle surtout des progrès considérables et en plus d'un cas elle approche du monopole.

Cette multiplicité de formes est, en un certain sens, le fruit de la liberté. A cet égard, on peut l'opposer à la rigidité des cadres corporatifs. Mais avons-nous le droit d'y voir une *organisation*? Aussi bien liberté et organisation ne sont-elles pas tout à fait incompatibles? Enfin la liberté est-elle autre chose qu'une phase transitoire entre deux modes différents d'organisation, l'organisation seule étant durable et donnant seule une réponse définitive aux problèmes de réadaptation posés par une révolution économique?

Ce ne serait pas ici le lieu d'affronter d'aussi vastes problèmes. Mais il fallait les indiquer afin de se rendre un compte bien net de tout ce qu'il y a de dangereux et de délicat à faire la théorie d'une phase d'évolution probablement passagère. Il importait surtout, avant d'aller plus loin, de se rappeler que nous étudions des choses en mouvement, disons plus : en voie de transformation rapide.

II

Le secret de l'essor si remarquable de la grande industrie au XIX° siècle réside essentiellement dans l'abaissement de plus en plus marqué du prix de revient qui lui a permis de faire une concurrence souvent meurtrière tant à la petite industrie qu'à l'industrie à domicile.

D'où procède l'abaissement du prix de revient dans la grande production mécanique ? Cette question mérite d'être examinée de près. Le fait s'explique sans doute par l'accroissement de productivité qui résulte de l'emploi de ces outils perfectionnés que sont les machines. Mais cette explication purement technique est insuffisante. Car si le prix de l'outillage était exceptionnellement élevé, la production mécanique pourrait, en dépit de son rendement supérieur, être plus coûteuse que la production manuelle (1). Pour résoudre complètement le problème, il faut encore établir qu'il est plus *économique* de fabriquer à l'aide de machines que de simples outils. La valeur de ces derniers est, en général, si faible qu'à peine y a-t-il lieu de tenir compte de leur coefficient d'usure dans le calcul du coût de production. Pour simplifier le raisonnement, on peut donc en faire abstraction. La question se ramène dès lors à comparer ce que chaque unité produite coûte en travail si la production est manuelle et ce qu'elle coûte en travail et capital si la production est mécanique. Admettons que pour tisser une pièce de

____

(1) Il est vrai que le coût élevé de l'outillage ne sera bien souvent que la traduction financière de difficultés techniques très imparfaitement surmontées. Dans ces conditions, la production mécanique, en y comprenant la fabrication des machines qu'elle utilise, exige vraisemblablement plus de travail que la production manuelle : elle est moins *économique*. Cependant pareille affirmation, qui se rapporte à une hypothèse devenue très exceptionnelle, ne doit pas être faite sans réserves, le coût et le rendement n'offrant pas toujours une exacte correspondance.

coton de dimensions déterminées, il faille quatre journées
de travail au tisserand employant un métier à bras et une
journée seulement au tisserand conduisant un métier mécanique et que les salaires de l'un et de l'autre soient égaux,
le coût de la main-d'œuvre sera quatre fois plus élevé dans le
premier cas que dans le second. Mais pour obtenir le coût
de fabrication de ladite pièce, il y aura lieu, dans le second
cas, d'ajouter au salaire d'une journée de travail, un jour
d'intérêt et d'amortissement du capital représentant la valeur
de la machine. Cette surcharge n'équivaut certes pas au
prix de trois journées d'ouvrier. Mais pourquoi en est-il
ainsi ? Uniquement parce que la construction d'une machine
coûte beaucoup moins de main-d'œuvre et d'autres frais
que l'*utilisation* de celle-ci ne permet d'en économiser.
Imaginez que la construction des machines soit chose lente,
compliquée, minutieuse à l'extrême et que l'on ne soit
jamais sûr de réussir, extraordinairement onéreuse par
conséquent : la supériorité technique indiscutable de la
production mécanique n'entraînerait en aucune façon sa
supériorité économique sur la production à l'aide d'outils.
Et celle-ci ne céderait point la place à celle-là. Mais le fait
est que, dans la majeure partie des industries, cette supposition ne concorde point avec la réalité. Dès lors, il n'y a
plus rien d'obscur dans le triomphe du machinisme et l'on
s'explique clairement son retentissement sur l'organisation
industrielle (1).

Au cours du XIXe siècle, et durant les premières années
du siècle actuel, le progrès technique s'est accentué et la

(1) C'est surtout dans la période des débuts de l'industrie mécanique que ce problème s'est posé dans toute sa netteté. Il offrait alors
un véritable intérêt d'actualité; les premières machines étaient fort
imparfaites et ne permettaient qu'une assez faible économie de main-
d'œuvre. Aussi la fortune de l'industrie mécanique naissante a-t-elle
été parfois balancée.

lutte s'est de plus en plus dessinée entre outillage mécanique arriéré et outillage perfectionné ou, ce qui revient au même, entre petites et moyennes fabriques et fabriques de plus en plus grandes. Le trait dominant de cette évolution, notamment dans l'industrie textile, est l'accélération des mouvements mécaniques et l'invention de dispositifs ingénieux permettant de réduire de plus en plus l'emploi de la main-d'œuvre. En 1890, Schulze Gævernitz notait que depuis 1870 seulement la vitesse des machines à filer (self-actors) s'était accrue en Angleterre de 15 0/0 (1). Le progrès est naturellement beaucoup plus considérable si l'on remonte aux débuts de la fabrication mécanique ! Le raccourcissement du temps nécessaire au mouvement de va et vient du chariot du self-actor est, dans certains cas, de près des deux tiers. Le même auteur écrit encore : « De même, les machines qui servent à préparer le travail déterminent, comme les machines à filer proprement dites, un accroissement dans la puissance de production. Les progrès accomplis se manifestent non seulement par l'accroissement de production des machines isolées, mais aussi par là réduction du nombre des ouvriers employés par machine ; ce dernier résultat peut être obtenu soit par le progrès technique, soit par l'élévation du niveau intellectuel de l'ouvrier. Un ouvrier surveille aujourd'hui plus du double et même près du triple des machines ou outils que pouvait surveiller son père ; le nombre des machines utilisées a plus que quintuplé depuis ce temps, le nombre des ouvriers n'a pas même doublé ». Le progrès n'est pas moins frappant dans le tissage de coton : « Avec un métier mécanique, un tisserand produit autant que 40 bons tisseurs à la main. Mais dans le tissage mécanique comme dans la filature, la quantité produite par métier, aussi bien que par ouvrier,

____

(1) *La grande industrie.* Trad. franç. Paris, 1896, p. 129.

s'accroît d'une manière continue..... Tandis que du temps d'Ure (vers 1830), un tisseur gouvernait un métier, deux au plus, la moyenne aujourd'hui (1890), dans le Lancashire, est de quatre métiers (1) ».

La supériorité économique de la très grande industrie ne procède pas seulement de l'allure rapide des machines et de la réduction *directe* du nombre des ouvriers chargés de les conduire, elle a encore sa source dans tout un ensemble de combinaisons permettant d'économiser aussi bien la force motrice que la main-d'œuvre. Ici il faut rappeler le rôle des *continues* qui dans la minoterie et la papeterie notamment, éliminent des ouvriers spécialistes pour les remplacer par de véritables surveillants de tout un outillage. De même une partie des ouvriers de laminoir est remplacée dans les grands établissements par d'énormes pinces qui déplacent des blocs d'acier incandescent et suppriment ainsi un labour pénible. Voici encore un exemple curieux d'économie·de forces et de frais. Dans une filature de laine verviétoise, on a disposé le lavoir au rez-de-chaussée et les étirages à l'étage immédiatement supérieur. La laine lavée est séchée et transportée à l'atelier des étirages par un courant d'air chaud qui circule à travers une large cheminée mettant en communication les deux étages. C'est par milliers que l'on citerait les cas de ce genre. Ils démontrent à l'évidence l'écrasante supériorité de la production en grand (2).

Il est à remarquer que la concentration industrielle

(1) *Op. cit.*, p, 128 et 153.

(2) Rappelons aussi, comme nous l'avons dit dans le chapitre précédent, que les grandes entreprises industrielles jouissent de conditions plus favorables de crédit et d'achat des matières premières. On signale aussi le fait qu'une très grande usine peut livrer très vite et l'on cite l'exemple des *Baldwin Works*, aux Etats-Unis, qui fabriquent des locomotives. Cf. Brassey, *Works and Wages*, « continuation » par Chapman, New-York, 1904, p. xi.

présente d'autres modes que l'accroissement de puissance d'une usine unique. Une entreprise industrielle peut encore s'étendre par la création de succursales. A première vue, on n'aperçoit pas l'utilité d'une dissémination des forces productrices. Elle peut être simplement imposée par l'impossibilité d'acquérir sur place, si ce n'est à un prix excessif, tout l'espace indispensable aux extensions projetées. Mais elle se justifie aussi par l'existence de centres distincts de main-d'œuvre expérimentée ou par l'opportunité d'établir un siège nouveau à proximité d'un débouché important, particulièrement dans une contrée lointaine. Les régimes douaniers expliquent la fréquence des succursales établies à l'étranger, de l'autre côté d'une barrière difficile à franchir. La législation sur les brevets d'invention qui, dans beaucoup de pays, n'assure la protection de la propriété industrielle que si le brevet est effectivement exploité sur le territoire national, produit un résultat analogue. Ces diverses circonstances, bien d'autres encore qu'il serait trop long d'énumérer rendent raison de la pluralité des sièges producteurs des grandes entreprises. Cette pluralité et même la transplantation partielle à l'étranger n'enlèvent pas à la grande industrie l'avantage considérable qu'elle tire de l'unité de ses services techniques. La haute expérience de ses chefs est ainsi utilisée sur un champ extrêmement vaste.

Il n'en va pas autrement lorsqu'au lieu de créer des filiales, les grands établissements industriels se rattachent à un titre quelconque des entreprises existantes. En étudiant les *trusts* et l'*intégration*, nous verrons l'importance pratique que peuvent acquérir les procédés de fusion, de participation et autres semblables et les transformations étonnantes de l'organisation économique qui en sont la conséquence.

III

Après ce qui vient d'être dit, le triomphe de la concentration en industrie ne paraît que trop naturel.

La statistique démontre cependant qu'il n'est pas complet ; il s'en faut assez. — Nous en avons déjà vu les raisons en traitant en général de la grande entreprise. Mais il importe de préciser, l'industrie étant le terrain par excellence de la technique perfectionnée. Nous commencerons par l'industrie que nous avons appelée *moyenne* dont les spécimens sont encore nombreux dans des branches très diverses. On peut y adjoindre le premier échelon de la grande industrie, c'est-à-dire les établissements dont le personnel est quelque peu supérieur à 50 ouvriers.

Pourquoi l'évolution des entreprises moyennes s'est-elle arrêtée en quelque sorte à mi-chemin ? S'agit-il d'ailleurs d'un état stable ou d'une simple halte ?

A ces questions, on ne peut répondre d'un façon uniforme. Il semble que pour certaines d'entre elles, l'arrêt soit durable parce que commandé par la nature des choses. Il y a des ardoisières, des carrières de pierre, des marnières qui forment des entreprises de taille médiocre, précisément parce que le gisement est d'importance restreinte. On trouve même ici quelques exemples de petite industrie (1). On peut se demander comment ces moyennes et petites entreprises extractives peuvent soutenir la concurrence des grandes. Il est vraisemblable qu'elles doivent leur vitalité à certains avantages naturels (de situation notamment) et à l'opiniâtreté au travail des exploitants.

(1) Cf. l'art. de P. Weiss dans l'ouvr. déjà cité : *La concentration des entreprises industrielles et commerciales*, Paris, 1913, p. 268.

Un jugement identique — mais différemment motivé — paraît devoir être prononcé à propos d'un grand nombre d'ateliers mécaniques fort spécialisés, dont les débouchés sont par conséquent restreints. Ici encore voisinent moyennes et petites entreprises. Le cas se présente notamment pour les travaux devant s'exécuter sur place. Même situation dans l'industrie du bâtiment, la brasserie, la boulangerie. Cette dernière n'appartient qu'exceptionnellement à la production en grand et est restée le plus souvent l'apanage de la petite entreprise. L'imprimerie n'a généralement pas non plus de débouchés comparables à ceux de la métallurgie, des charbonnages, des filatures. Le journal doit être imprimé sur place : seuls les organes à vaste tirage rentrent dans la grande industrie. La multitude des feuilles locales, régionales ou spéciales appartient à la petite ou à la moyenne industrie. De son côté le livre n'est jamais tiré à un nombre énorme d'exemplaires, sauf dans des éventualités exceptionnelles. Il est vrai de reconnaître que la grande industrie réussit parfois à s'adapter à une demande plus restreinte. C'est ainsi qu'une grande fabrique belge de chaussures mécaniques jette en moyenne 2 à 3 000 types différents d'articles sur le marché chaque année.

Enfin, il est d'assez nombreuses entreprises qui ne grandissent guère parce que les avantages de l'extension ne sont pas, en ce qui les concerne, très marqués : à ce propos, peut-être ne faut-il parler que d'arrêt temporaire. Marshall faisait observer, il y a un quart de siècle, que dans la filature de coton et le tissage de calicot, un établissement relativement petit pouvait très bien se maintenir et employer les meilleures machines possibles pour toutes espèces de procédés. Le grand établissement ne conserve plus alors que quelques avantages secondaires : quelques économies de construction, notamment pour les cheminées, moindre dépense de vapeur, réparations de machines moins onéreuses (1). Mais cet état de choses est évidemment susceptible de modification. Chapman fait remarquer avec raison que la standardisation des produits (limitation du nombre de types de chaque article) a permis de pratiquer certaines industries sur une plus grande échelle : fabrication des locomotives, des montres, du matériel de construction des ponts, etc. (2).

En conclusion, le triomphe de la grande entreprise est absolu dans la production de la plupart des matières premières ou mi-ouvrées pour lesquelles l'*uniformité* du produit est poussée très loin. L'entreprise moyenne se maintient mieux aux stades ultérieurs de la transformation. On verra toutefois qu'elle est menacée dans cette position de repli par la tendance offensive des entreprises intégrées.

IV

Que reste-t-il de la petite industrie ? Peu de chose ; du moins chez les nations qui marchent en tête du progrès industriel. Ces vestiges sont pour la plupart des métiers locaux. Le recensement belge de 1896 qui, nous le savons, n'inscrit dans la petite industrie que les établissements occupant moins de cinq ouvriers, constatait que sur 212 000 entreprises de la petite industrie, plus de 190 000, soit les neuf-dixièmes, se concentrent dans vingt cinq métiers presque tous purement locaux. En voici la nomenclature par ordre d'importance numérique : couturières, cordonniers, menuisiers, boulangers, tailleurs, forgerons, débardeurs, maçons, blanchisseurs, modistes, peintres, voituriers, sabotiers, charrons, meuniers, couvreurs, scieurs de bois,

____

(1) *Economics of Industry*, Londres, 1886, p. 158.
(2) *Op. cit.*, p, 168.

plombiers, selliers, tonneliers, vanniers, lingères, chaudronniers, bateliers.

La cause essentielle de la survivance apparaît ici très clairement. Le métier est une production *directe* pour la clientèle locale. L'artisan lui livre un produit fini propre à la consommation ou à l'usage : pain, linge, vêtements, chaussures, chapeaux ; ou il travaille à l'aménagement et à l'ornementation des habitations (maçonnerie, toiture, plomberie, peinture, menuiserie). Il fait aussi des réparations et des nettoyages ou exploite des modes de transport simples, peu rapides et peu coûteux (1). La clientèle est nécessairement restreinte même dans les grandes villes où, à raison des distances, elle se sectionne par quartiers. Accessoirement, le maintien de la petite entreprise s'explique encore par le fait que l'artisan se contente d'une rémunération fort maigre et paie de misérables salaires à ses ouvriers quand il en a. Dans bien des cas, s'il ne tenait pas à son indépendance, s'il n'était pas l'esclave de la routine, si du moins il n'espérait pas une amélioration qui ne vient jamais, l'artisan s'empresserait de fermer son petit atelier pour s'embaucher dans une usine : il y trouverait — si du moins il est encore assez jeune — meilleur salaire et sécurité. Mais aussi il perdrait le titre et la fonction de patron ou du moins le gouvernement de son propre travail.

Bien souvent, son indépendance économique est devenue illusoire. Plus d'un artisan prétendûment indépendant est aujourd'hui tombé au rang de travailleur en chambre ; il est, de fait, embrigadé dans l'industrie à domicile.

____

(1) Pour être complet, il faut encore signaler l'existence d'artisans colporteurs dont le meilleur exemple est la trôle parisienne (industrie du meuble). Enfin notons qu'au Moyen Age l'artisan ne fournissait pas nécessairement des produits finis. Au XIX° siècle encore, il y a eu en Belgique des tisserands au métier à bras qui étaient plutôt des artisans que des ouvriers à domicile.

Pourtant cette observation no doit pas être poussée trop loin. Dans tous les cas où l'étroitesse du débouché met l'artisan de métier à l'abri de la concurrence de la fabrication mécanique, il peut réaliser des bénéfices normaux et même anormaux. Il arrive alors, surtout dans les grandes villes, que la petite entreprise augmente quelque peu son personnel et se rapproche de la moyenne industrie.

Expliquer les causes de l'essor de la grande production, c'est, du même coup justifier la décadence du métier. Un auteur allemand, Bücher, a prétendu cependant que cette décadence ne résulte pas, ainsi qu'on le soutient communément, de « l'expropriation du travail manuel par la machine ». A cette opinion courante il oppose une théorie originale dont la vogue a été trop grande pour qu'il n'y ait pas utilité scientifique à en montrer le caractère spécieux et tout au moins excessif (1).

D'après cet économiste, si le métier a reculé et recule encore, c'est d'abord à raison de la concentration locale des besoins qui est la conséquence du développement des grandes villes et des grandes communautés telles que prisons, hôpitaux, écoles, armées exigeant un approvisionnement en masse. A quoi il faut ajouter les grands magasins, les maisons d'exportation, les sociétés coopératives qui rassemblent des besoins nombreux sur quelques points.

Telle est, d'ailleurs, dit-il, l'énormité des tâches imposées aux producteurs par la vie moderne que le métier serait incapable d'y faire face. Quel est donc l'artisan apte à fabriquer une locomotive, une presse à imprimer, une grue à vapeur, un navire de guerre, le matériel nécessaire pour un tramway urbain, etc. ? De puissantes machines, des ingénieurs très habiles, des ouvriers très spécialisés sont indispensables à l'exécution de pareils travaux.

(1) *Op. cit.*, p. 161 suiv.

Enfin Bücher allègue que la vie moderne s'est considérablement uniformisée et améliorée : la satisfaction des besoins des masses exige une production rapide, abondante, facile, à bon compte.

Cette explication n'est point satisfaisante et il est aisé de voir pourquoi. C'est que, de propos délibéré, Bücher néglige la phase initiale et décisive du phénomène. Comme le Dormeur de la légende, il se réveille au sein d'un monde nouveau, déjà fortement évolué. En ouvrant les yeux; il aperçoit un marché si profondément transformé qu'il est désormais incompatible avec la petite production artisane. Mais il ne songe pas à se demander d'où viennent ces transformations. Aussi, la cause primaire du phénomène lui échappe. Il ne voit pas l'énorme influence exercée par la production et les transports mécaniques sur la concentration urbaine ; il ne voit pas que si l'on a imaginé des « produits » tels qu'une locomotive, une grue à vapeur, un *dreadnought*, etc., c'est à la suite des progrès accomplis dans la fabrication mécanique; il ne voit pas enfin combien le bon marché des articles produits mécaniquement a contribué à leur diffusion et par suite à l'uniformisation et à l'amélioration de la vie moderne. Que ces conséquences aient réagi à leur tour sur l'organisation industrielle et consolidé la suprématie des grandes entreprises, cela n'est pas niable : il arrive très souvent que l'effet renforce l'action ultérieure de la cause. Il n'en est pas moins vrai que la décadence du métier a son origine véritable dans la révolution technique de la production industrielle et des transports et dans la suppression de toutes les barrières juridiques qui, dans l'ancien régime, s'opposaient à l'épanouissement des grandes entreprises comme à l'essor du grand commerce.

Il faut remarquer, d'autre part, que la liberté de l'industrie a favorisé la multiplication des toutes petites entreprises dont le capital est extrêmement réduit. La facilité de s'établir en qualité d'artisan, toutes épreuves corporatives étant abolies, devait donc assez naturellement amener un excès de concurrence limitant le chiffre d'affaires de chacun, augmentant le prix de revient par article et rendant par suite la petite entreprise singulièrement chétive et vulnérable. Là même où ne pouvait s'exercer la concurrence meurtrière de la grande industrie, l'encombrement du métier a maintes fois déterminé un état maladif chronique (1).

(1) Cf. Brants, *La petite industrie contemporaine*, Paris, 1902, p. 182 et 187 suiv.

CHAPITRE XI

On a dit souvent que les syndicats de producteurs limitent leur intervention aux opérations purement commerciales et qu'en conséquence ils n'ont nullement affaire à l'organisation industrielle des entreprises qui y sont affiliées. Cette assertion est trop absolue, comme on le verra plus loin. Il n'en est pas moins vrai que l'on peut se demander si l'étude de ces associations ne devrait pas être rattachée à celle des entreprises commerciales. En fait, toutefois, l'affinité étroite des syndicats et des trusts, leurs relations avec les entre prises intégrées, les mesures qu'elles prennent pour limiter la production, enfin la circonstance qu'ils ne constituent pas un intermédiaire indépendant entre le producteur et le consommateur justifient pleinement l'inscription du problème syndical parmi ceux qui ressortissent à l'organisation industrielle.

I

Quelle que soit la tactique qu'il adopte, le syndicat d'entrepreneurs industriels ne poursuit qu'un but : l'établissement durable de prix rémunérateurs. Il se distingue des ligues d'accapareurs en ce qu'il groupe non des spéculateurs, mais des producteurs et qu'il se propose non de faire une razzia sur le marché, mais d'organiser la vente

sur des bases permanentes et, comme telles, exclusives de
toute exploitation outrancière du consommateur. Il se rapproche beaucoup du *trust* qui poursuit un objectif analogue.
Mais il s'en sépare nettement en ce qu'il respecte l'indépendance des entreprises associées et n'empiète point, du moins
en général, sur leur liberté de fabrication. Il n'en est pas
moins intéressant de dégager tout d'abord les traits communs à ces deux types d'organisation. Ils apparaissent
surtout lorsqu'on recherche les origines de l'un et de l'autre.
Historiquement celles-ci se placent dans le dernier quart du
XIXe siècle, au cours d'une période où les affaires ont été
souvent difficiles et les prix généralement en baisse.

Ce n'est pas encore le moment de nous demander quelles
furent les causes de telles anomalies. Ce qui est immédiatement intéressant, c'est le fait de leur liaison avec le grand
développement des capitaux fixes dans l'industrie. Cette
relation se conçoit aisément.

Lorsque, pour une cause quelconque, le marché est
encombré des produits d'une ou de plusieurs industries
déterminées, la liquidation qui s'impose est plus ou moins
rapide suivant que les industries intéressées se caractérisent
par la prédominance du capital circulant ou celle du capital
fixe. Dans la première hypothèse, le capital peut se trans-
férer, avec une relative aisance, en d'autres branches de
production ne souffrant point du même encombrement. Ce
transfert s'opère au fur et à mesure de l'écoulement des
stocks de marchandises pesant sur le marché (1). Tout autre

(1) Les industriels peuvent alors rembourser aux banquiers les
avances que ceux-ci leur ont faites et à leur tour les banquiers peuvent diriger les capitaux redevenus libres vers des entreprises prospères et ayant besoin de moyens financiers pour développer leur production. Les choses ne se passent pas toujours ainsi, à la vérité, et il
arrive que les banquiers souffrent pendant un certain temps d'une
pléthore de disponibilités. Mais enfin l'industrie se dégage et revient
assez vite à des conditions normales.

est la situation lorsque les immobilisations de capitaux sont considérables, c'est-à-dire lorsque l'outillage employé possède une haute valeur. En ce cas, la capacité de production ne peut être réduite qu'avec peine et fort lentement; ou plutôt il faut attendre, pour revenir à l'état normal, que le marché se soit élargi, que la demande des produits ait augmenté. Mais l'attente peut être longue et ruineuse. On s'est donc avisé que la liquidation des stocks accumulés avait cessé d'être le moyen d'assainir la situation et qu'il fallait chercher un autre remède. Ce remède, c'est la coalition des producteurs concurrents sous l'une de ces deux formes : le syndicat ou le *trust*. La protection douanière, sollicitée et souvent obtenue du gouvernement, est venue consolider cette politique dont l'objet essentiel est la suppression d'une concurrence désastreuse (1). Ainsi, l'entente des producteurs apparaît comme une mesure de salut permettant de sortir d'une situation momentanément sans issue et qui est née de l'excès des immobilisations de capitaux.

Ce serait cependant une erreur de croire que la plupart des syndicats et des trusts ont vu le jour dans les périodes de dépression des affaires. C'est plutôt le contraire qui paraît vrai, du moins dans les pays où ces modes nouveaux d'organisation se sont le plus vigoureusement développés, les États Unis et l'Allemagne. Les dates de fondation d'un grand nombre de *Kartells* (c'est le nom des syndicats allemands) sont significatives à cet égard. C'est la période de hausse de 1895 à 1900 qui a été la plus féconde en créations de ce genre. On s'explique du reste que les entreprises concurrentes, dont la concurrence même s'était étendue en face d'une demande extraordinairement intensive, aient

(1) Cette remarque ne s'applique naturellement pas aux syndicats internationaux.

songé à s'unir pour pouvoir exploiter sans inquiétude pareille bonne fortune. Il est plus probable encore que les souvenirs tout récents des années mauvaises facilitèrent singulièrement ces arrangements fructueux, le désir de gains assurés et durables étant en raison directe de la médiocrité et de l'insécurité des résultats antérieurs (1). Ceci paraît d'autant plus certain que l'un des objectifs des *Kartells* est de prolonger la période de prospérité en ménageant la clientèle et surtout en se gardant d'exagérer les prix, ce qui favoriserait l'éclosion de nouvelles entreprises concurrentes. En résumé, la crainte de la surproduction et le désir d'une compensation bien assurée paraissent bien avoir été les motifs déterminants de la formation des syndicats. Autre chose est évidemment de savoir si le syndicat a été un remède efficace au mal qu'il était destiné à conjurer (2).

II

Il ne fallait pas moins de ces raisons décisives et véritablement vitales pour mener à composition les chefs d'entre-

---

(1) Le trust de l'acier a été constitué à la suite d'une menace de Carnegie d'entreprendre une guerre contre des rivaux dans l'industrie de l'acier. Cf. MEADE, *The fallacy of big bussiness* dans Annals of the American academy, 1912, vol. 42, p. 85.

(2) Il a du moins été profitable aux entreprises syndiquées, au moins en général. C'est ce qui explique non seulement les renouvellements fréquents des syndicats, mais leur multiplication. Les *kartells* passent, avec les banques, pour avoir fait la grandeur économique de l'Allemagne avant 1914. Aussi, pendant la guerre, la syndicalisation a-t-elle fait de rapides progrès chez différents peuples de l'Entente, tout particulièrement en Angleterre : *fas est ab hoste doceri!* Le but poursuivi était la préparation de l'exportation au lendemain de la paix. Il faut ajouter que durant les hostilités les gouvernements préféraient traiter avec des groupements organisés qu'avec des firmes isolées.

prise toujours jaloux de leur liberté d'action et anxieux de sauvegarder le secret de leurs affaires. Au reste ce serait une erreur de s'imaginer que les accords syndicaux soient aisés à conclure. Ils sont souvent précédés de négociations délicates et prolongées. A peine est-il besoin d'en indiquer l'objet : c'est la répartition, entre les diverses usines que l'on s'efforce de grouper, de la production globale préalablement limitée au chiffre qui paraît nécessaire pour assurer le relèvement des prix dans la mesure jugée convenable. Qu'il s'agisse d'ailleurs de fixer des parts absolues ou simplement proportionnelles, — ceci dans le cas le plus fréquent où le montant total des fabrications sera destiné à varier suivant l'état du marché — les mêmes compétitions se donnent carrière, chaque industriel cherchant à se faire attribuer les droits les plus étendus possible. Or, on l'a fait souvent remarquer : il n'y a pas, en pratique du moins, de principe de répartition syndicale s'imposant de toute la force de l'évidence et de l'équité (1). La capacité de production comparée des usines n'est qu'un élément de solution. Reste à voir en effet si elle était pleinement utilisée. L'importance de la clientèle n'est pas plus décisive. Est-elle permanente ? Ne l'a-t-on pas grossie à force de rabais exagérés ? Quelle en est la *qualité*, c'est-à-dire la solvabilité ? En réalité, questions et objections se pressent. Si bien que l'entente ne peut être obtenue qu'à l'aide de transactions. On s'explique dès lors qu'elle soit souvent si difficile à cimenter.

(1) Les syndicats anglais ont trouvé une formule conférant une certaine élasticité à la répartition de la production. Les entreprises syndiquées produisant plus que leur part versent à un fonds commun 5 0/0 de la valeur de l'excédent ; celles qui produisent moins que leur part prélèvent sur ce fonds 5 0/0 de la valeur de la fraction non produite. (Cf. *Report of Committee on trusts*, Londres, 1919, p. 3).

III

Que la technique syndicale se soit perfectionnée — disons même : élaborée — grâce à l'expérience, rien de plus naturel. En toute matière sociale les conceptions organisatrices les plus judicieuses demeurent imparfaites et incomplètes aussi longtemps qu'elles n'ont pas subi le feu de la pratique. Les dispositions, purement rationnelles, dont on escomptait le plus l'efficacité, se révèlent à l'usage insuffisantes et des plus aisées à tourner. Force est de créer une armature nouvelle dont les pièces se forgent successivement au fur et à mesure des déceptions expérimentales. C'est ainsi que le syndicat de producteurs, parti d'une entente très souple entre producteurs pour limiter la production, aboutit dans les *kartells* les plus puissants, à un bureau de vente. C'est que l'on n'a pas tardé à constater le caractère théorique des premiers arrangements. On comptait, pour leur stricte observance, sur l'intérêt commun. C'était oublier que sous l'empire de leurs intérêts particuliers les participants n'hésiteraient guère à recourir à la fraude afin de s'assurer des avantages exorbitants. Chacun espérait que la convention serait fidèlement appliquée...., par les autres. Les *pools* américains qui ont précédé l'avènement des *trusts* reposaient sur la même erreur pratique et ont conduit à des désillusions pareilles.

Le bureau de vente du *kartell* a, suivant les cas, des attributions plus ou moins étendues. Il peut être simple courtier, c'est-à-dire mandataire, mais il peut être aussi commissionnaire : alors, il vend ou achète en nom propre, bien qu'en définitive le *risque* — comme la chance de gain — soit au compte des entreprises associées. Enfin le bureau peut être constitué en société à responsabilité limitée (institution particulière du droit allemand). Cette société conclut des contrats de livraison et autres avec chacun des associés ; elle est chargée d'une manière exclusive de la vente des produits de ses membres et répartit ensuite les bénéfices entre eux. Les producteurs sont donc d'une part les actionnaires de cette société nouvelle, d'autre part ils en sont les fournisseurs. Il n'est même pas nécessaire que les producteurs soient liés entre eux par une autre convention, il suffit que chacun d'entre eux ait traité avec la nouvelle société, par exemple chaque aciérie avec la société par actions : *Stahlwerksverband* (*Union des aciéries*) Le contrat syndical devient dès lors superflu (1). Aboutissement assez paradoxal, au moins en apparence, d'une évolution portant au point maximum de rigueur et d'efficacité l'association des producteurs (2).

IV

On a dit que le syndicat n'est qu'un organe de transition. Sombart soutenait même, il y a une quinzaine d'années, que l'importance des *kartells* tenait surtout à ce qu'ils renforcent toutes les tendances propres au capitalisme industriel moderne et hâtent ainsi l'heure de nouvelles transformations (3).

(1) Zöllner, *Eisenindustrie und Stahlwerksverband*, Leipzig, 1907, p. 42.

(2) Les syndicats n'ont pas atteint partout la même puissance qu'en Allemagne. Le comptoir métallurgique de Longwy, dont parle longuement P. de Rousiers (*Les syndicats industriels de producteurs*, Paris, 1912, p. 171-227) est un organe purement commercial qui se borne à répartir entre ses adhérents, suivant une proportion convenue, les commandes qu'il reçoit. Il n'a pas d'action directe sur la production. Cela est si vrai que les membres du comptoir produisent à volonté toutes les quantités de fonte qu'ils dénaturent et transforment eux-mêmes.

(3) *Die deutsche Volkswirtschaft im XIX Jahrhundert*. Berlin, 1903, p. 371.

Ce qui est certain, c'est que, sous sa forme première et longtemps *unique* d'association volontaire, le syndicat de producteurs industriels se caractérise par son instabilité, on peut même dire par une certaine fragilité, tandis que le *trust* est une fondation perpétuelle — sous réserve de dislocation par ordre du gouvernement — et que le syndicat obligatoire, dont nous allons parler, subsiste indépendamment des velléités sécessionnistes qui peuvent se faire jour parmi ses membres.

L'instabilité du syndicat volontaire est la conséquence directe de la durée relativement brève de la période pour laquelle il est généralement constitué. Les contrats syndicaux sont des actes temporaires comme les traités de commerce auxquels ils sont, à certains égards, comparables. Ils créent un régime de vente et parfois d'achat se prolongeant pendant une dizaine d'années. Sans doute, ils sont susceptibles de renouvellement et, de fait, se renouvellent fréquemment. Mais cette opération n'est guère moins laborieuse et aléatoire que ne le fut la constitution même du syndicat. Elle l'est parfois davantage. Ce qui est pis, elle est l'occasion de pressions puissantes exercées sur l'association par ceux de ses membres qui veulent vendre chèrement leur liberté reconquise. Le renouvellement est précédé par des manœuvres qui ont pour effet d'altérer l'organisation industrielle même. Les adhérents qui désirent accroître leur participation augmentent la puissance de leur outillage à la veille de l'expiration du contrat syndical. Par là peut être accru le danger de surproduction.

D'un autre côté, le syndicat volontaire réussit rarement à grouper toutes les entreprises similaires sans exception. Il y a toujours quelques dissidents irréductibles qui entendent profiter des mesures syndicales ayant pour objectif l'établissement de prix rémunérateurs sans s'astreindre aux limitations de production imposées aux membres de l'association. Cette concurrence, il est vrai, n'est pas regardée comme dangereuse, si les « indépendants » ne disposent pas de plus de 10 à 15 0/0 environ de la puissance productive de l'industrie considérée. Leur influence sur les prix, en de telles conditions, est peu sensible. Mais elle peut grandir si les indépendants augmentent leur outillage ou si de nouvelles entreprises se fondent après l'établissement du syndicat. Cette dernière éventualité se produit fréquemment lorsqu'un petit capital suffit à l'exercice de l'industrie. Il peut arriver alors que le syndicat échoue dans la mission qu'il s'était assignée (1). La libre concurrence reprend donc son empire pendant quelque temps et les producteurs les plus faibles sont écrasés.

Mais si forte et si constante est aujourd'hui la tendance à l'entente des producteurs que la rupture n'est jamais de longue durée. Et le nombre des syndicats est en augmentation constante. Il y avait environ 500 kartells en Allemagne en 1910. Et l'on évalue à plus d'une centaine le nombre des syndicats internationaux (2). Ainsi l'instabilité de ces organismes est rachetée et bien au-delà par leur aptitude à renaître sans cesse et à multiplier. La mortalité est nettement inférieure à la procréation. Si bien que la

______

(1) Liefmann (*Kartelle und Trusts*, Stuttgard, 1910, p. 74), cite un certain nombre de Kartells qui se sont dissous pour se reconstituer par la suite. On en trouve un exemple typique dans l'industrie du ciment. Mais le fait est courant dans les industries de la pierre et de la terre, dans les industries chimique et textile, dans celle des métaux enfin. Le Kartell essaie parfois de conjurer le développement de la concurrence indépendante, en interdisant aux commerçants de vendre les produits non syndiqués, sous peine de boycottage. Seulement ce moyen n'est pas à la portée de tous les syndicats.

(2) W. Notz, *Cartels during the war*. Journal of political economy, Chicago. Janvier 1919, p. 23. Les syndicats internationaux ont disparu pendant la guerre ou du moins ont perdu partiellement ce caractère par l'élimination des participants austro-allemands.

physionomie de notre régime industriel n'est point altérée
par ces accidents (1).

V

Dans certains cas, et surtout dans les conjonctures
exceptionnelles créées par la guerre européenne, la dissolution des syndicats a paru cependant un mal assez grave
pour déterminer le gouvernement, au moins en Allemagne,
à intervenir dans leur reconstitution et à la rendre obligatoire. On est allé plus loin encore : on a groupé de force des
industriels qui ne l'étaient point et dans des conditions dont
il est intéressant de dire quelques mots.

Dès avant la guerre, l'état était intervenu pour reconstituer le syndicat des sels de potasse (Kalisyndikat) qui
n'avait plus qu'une existence nominale. La multiplication
des exploitations nouvelles provoquées par les bénéfices
considérables que donnait cette industrie avait fini par
ébranler la solidité du Kartel en l'obligeant à admettre toujours de nouveaux membres et à abaisser les prix pour
écouler le surcroît de production résultant de ces extensions.
En fin de compte des dissidences s'étaient produites et le
syndicat ne s'était renouvelé que dans les conditions les
plus précaires, les adhérents s'étant réservé le droit de se
retirer moyennant un simple préavis de six semaines.

C'est à la suite de ces faits que fut votée, en 1910, une
loi limitant annuellement la production totale et le coefficient de participation de chaque exploitant. En outre étaient
établis par la loi ou par le Conseil fédéral un prix maxi-

---

(1) De même l'instabilité de beaucoup de fortunes privées n'empêche point que notre état social se caractérise par une opposition
durable et très accusée des riches et des pauvres.

mum à l'intérieur et un prix minimum à l'extérieur (1).

Le groupement obligatoire effectué pendant la guerre sous l'influence de la pénurie des matières premières, conséquence elle-même du blocus, offre des caractères plus radicaux encore. Ce n'est pas la loi qui intervient, c'est l'administration qui règle tout en vertu d'un texte fort vague voté dès le début des hostilités par le Reichstag. Un petit nombre d'industriels d'une branche déterminée, ceux que l'on juge les plus souples, sont appelés à des réunions secrètes avec des fonctionnaires de l'État ; par la suite on leur adjoint, s'il y a lieu, quelques collègues de bonne composition ou que l'on rend tels par promesses ou menaces et on les constitue en Comité de surveillance. Puis de gré ou de force, toutes les entreprises sont syndiquées et la production commune est organisée de façon si rigoureuse que nombre d'établissements, les plus petits surtout ou les plus mal situés, sont fermés et leur outillage, si besoin est, transporté dans les usines qui restent en activité. Toute la fabrication est concentrée dans ces dernières sous le contrôle de l'administration et les bénéfices sont répartis entre toutes les entreprises indistinctement. Cet état de choses créé à partir de 1917 (2) et qu'il n'a pas été possible de saisir dans tous ses détails, à raison du secret qui l'entourait, a provoqué les plaintes les plus vives. Il faut reconnaître cependant qu'il présentait tous les avantages d'une concentration particulièrement énergique, notamment la suppres-

(1) Cf. de ROUSIERS, *op. cit.*, p. 154-160. Il s'agissait évidemment de protéger l'industrie nationale consommatrice de potasse et de ne pas favoriser l'industrie similaire de l'étranger. Mais du même coup l'exportation deviendrait plus rémunératrice pour les producteurs de potasse.

(2) Dès 1915, le gouvernement prussien amenait les membres du syndicat rhénan-westphalien des houilles à renouveler celui-ci en les menaçant, en cas de refus, de rendre le syndicat obligatoire.

Ansiaux.   15

tion de toute surproduction, l'uniformisation des produits, un petit nombre de types seulement étant fabriqués, l'écomie maxima de combustible, la diminution des transports par suite de la fermeture des usines les plus éloignées du marché, etc. Ajoutons que l'organisme nouveau s'est vu investi d'un monopole ; la création d'entreprises nouvelles a naturellement été interdite.

Nous avons affaire à un des exemples les plus frappants de ce « socialisme de guerre » qui a fait couler beaucoup d'encre et dont il semble qu'il doive rester quelque chose par la suite (1).

VI

Ce n'est pas seulement à raison de sa courte durée et du risque de non renouvellement à l'échéance comme aussi du fait qu'il n'englobe généralement pas toutes les entreprises concurrentes que le syndicat volontaire apparaît comme un type inachevé d'organisation corporative de l'industrie et, en quelque manière, un alliage de monopole et de liberté. Ces caractéres il les doit encore à la circonstance qu'il ne couvre pas tout le champ de l'activité industrielle. Son domaine par excellence, c'est celui des matières premières et des produits mi-ouvrés : charbons, fontes, aciers, filés de laine et de coton, produits chimiques (2). Sans doute, il

(1) Les renseignements cités au texte sont extraits de journaux allemands (particulièrement de la *Frankfurter Zeitung*). Cf. HAUSER, *La syndicalisation obligatoire en Allemagne*. (Revue d'Economie politique 1918). M. HAUSER a puisé aux mêmes sources.

(2) En 1917, le groupe de l'aniline, en Allemagne, était formé de 6 entreprises ayant un capital total de plus de 245 millions de marks. (HAUSER, *art. cit.*, p. 288).

s'étend bien au-delà, notamment en métallurgie (rails), verrerie, glacerie. Mais le syndicat devient de moins en moins réalisable plus on approche du produit fini. Et s'il en est ainsi, c'est à raison de la diversification croissante des fabricats au fur et à mesure de leur élaboration. La multitude des articles à base de fer ou d'acier, la grande variété des tissus, par exemple, forment un contraste frappant avec le nombre très restreint et l'uniformité des matières premières qui leur donnent naissance. Or la remarque est devenue banale : autant il est aisé de grouper des industriels produisant le même article, autant il est difficile d'établir une entente sérieuse et durable entre fabricants lorsque la production est diversifiée et changeante.

Une autre difficulté dérive à maintes reprises de la petite taille et du grand nombre des entreprises concurrentes. Tel est le cas des charbonnages en Angleterre. Les négociations se prolongeraient indéfiniment et sans sérieux espoir de succès s'il fallait amener à s'entendre des centaines de petits ou moyens exploitants parfois peu instruits, jaloux les uns des autres, incapables de se soumettre de bonne grâce à une commune direction.

Il est, du reste, un obstacle auquel se heurtent en plus d'un cas les tentatives de groupement. C'est l'écart sensible entre les prix de revient respectifs des entreprises à syndiquer. Chaque fois qu'une grande usine se juge de force à éliminer ses rivales, on ne conçoit guère qu'elle consente à leur sauver la vie et à faire des sacrifices à cette fin. En pareille éventualité, c'est à une lutte sans merci, non à un partage amiable de la clientèle qu'il faut s'attendre. L'accord n'a lieu qu'en cas d'égalité de force combative. Le syndicat est essentiellement le fruit d'un traité d'alliance entre compétiteurs qui n'ont pu s'évincer les uns les autres. Et il va sans dire que si l'inégalité surgit durant l'existence du syndicat, le renouvellement en sera irrémédiablement compromis. « Supposons, dit très bien de Rousiers, que l'une des usines syndiquées se trouve en possession d'un procédé encore secret et permettant de réaliser une économie sérieuse dans la fabrication, d'un procédé qui lui assure, par suite, un avantage sur toutes les autres. Imagine-t-on qu'elle demeurerait liée au bureau de vente ! Evidemment non. Elle se retirerait du syndicat, même au prix d'un fort dédit, et attirerait à elle toute la clientèle en lui vendant meilleur marché, quoique avec bénéfice, des produits d'un prix de revient inférieur (1). » Nous verrons bientôt que le développement de l'intégration s'exerce précisément en ce sens et accentue de la sorte le caractère de précarité qui s'attache à la syndicalisation volontaire des grosses industries.

VII

Quelles que soient les destinées réservées à ce mode d'organisation des entreprises industrielles, que plus tard il soit éliminé par d'autres ou artificiellement consolidé par l'obligation légale, il n'est pas indifférent à l'évolution économique ultérieure que sous sa forme purement volontaire, il se soit appliqué sur une large échelle et ait eu, en certains pays surtout, son heure de réelle puissance.

C'est que son intervention a provoqué plus d'une métamorphose, dont la plus importante a été sans doute d'habituer les hommes d'affaires à voir les choses beaucoup plus en grand que par le passé. Et s'il est vrai que cette transformation n'est pas l'œuvre exclusive du syndicat, il y a du moins puissamment contribué. Groupant les capitaux par dizaines et centaines de millions, parfois par milliards, il a

____
(1) *Op. cit.*, p. 103.

élargi étonnamment les perspectives de l'industrie contemporaine.

L'a-t-il réorganisée en conséquence? Non sans doute, car son action était forcément limitée par la nécessité de respecter l'indépendance de ses membres. Il a donc laissé subsister, dans tous leur particularisme ancien, les entreprises individuelles qui le constituent. Chacune a ses méthodes de production propres, ses secrets de fabrication qu'elle conserve jalousement, ses brevets d'invention qu'elle exploite d'une manière exclusive. La concurrence subsiste à l'état latent : elle se déchaînerait en cas de rupture. Chacun reste donc sur ses positions et se méfie du voisin. Ce qui est vrai, c'est que la direction de chaque usine n'ayant plus de préoccupations commerciales concentre tout son effort sur le perfectionnement de la fabrication et la réduction du prix de revient. C'est le seul élément du bénéfice sur lequel les intérêts particuliers puissent encore agir. Il est à croire qu'ils y apportent un redoublement d'attention et d'activité. On signale nettement que la concurrence qui ne peut plus avoir lieu sous forme de rabais, prend la forme intéressante d'améliorations qualitatives (1).

Ce ne sont là toutefois que des conséquences indirectes de la concentration en syndicats.

Pourtant l'action syndicale est parfois plus pénétrante : elle s'exerce directement alors sur l'organisation industrielle et concentre la production dans les entreprises ayant le rendement le plus élevé et par conséquent le prix de revient le plus faible. Cette concentration peut être temporaire ou s'étendre à toute la durée du contrat. Dans la seconde

---

(1) Cf. Sidney and Beatrice Webb, *The industrial democracy*, Londres, 1902, p. 720-721. Lorsque toutefois la vente a lieu par l'intermédiaire d'un comptoir, la rivalité « qualitative » devient sans objet.

alternative, les exploitations arrêtées ont reçu le sobriquet de « rentiers ». En effet leurs bénéfices procèdent exclusivement des indemnités de chômage qui leurs sont servies par les entreprises restées en activité. En Belgique, le *Syndicat des sables de la Campine* comprend des « rentiers » depuis sa fondation en 1890. Les « rentiers » sont même plus nombreux que les producteurs actifs ! (1).

Cette tactique ne se justifie pas seulement par la supériorité technique des entreprises demeurant en activité, mais par l'avantage qu'il y a d'imprimer à l'exploitation l'intensité maximale. Les limitations de production fréquemment décrétées par les syndicats afin de diminuer les stocks et d'agir sur les prix ont cette conséquence fâcheuse, quand elles sont assez fortes, de provoquer la hausse du coût. Nous savons que les frais fixes sont d'autant plus lourds qu'ils se répartissent sur un plus petit nombre d'unités produites. Il peut donc se faire que la limitation de production relève simultanément prix de revient et prix de vente et dès lors ne réussisse pas à soulager les producteurs. C'est dans des cas de ce genre que s'impose la concentration de la production dans un petit nombre d'ateliers ou de fabriques (2). Nous la retrouverons, systématiquement mise en œuvre, dans les trusts où elle ne se heurte pas, comme dans les syndicats, à l'indépendance des entreprises associées (3).

(1) G. DE LEENER, *L'organisation syndicale des chefs d'industrie.* Bruxelles 1909, vol. II, p. 315.

(2) Un autre expédient, mais il ne fait qu'ajourner et même aggraver le péril, consiste à réduire l'amortissement.

(3) Dans les Kartells dits de zone, c'est-à-dire qui répartissent entre les adhérents les débouchés géographiques en attribuant à chacun les marchés les plus rapprochés de ses usines, des économies sont réalisées sur les frais de transport et se traduisent par une diminution appréciable de prix de revient des produits rendus à destination. Ce fait est de toute particulière importance dans les syndicats internationaux.

Partout où le syndicat respecte l'organisation industrielle et se borne à fixer le chiffre de la production de chacun de ses adhérents, il suspend la lutte et accorde aux entreprises les moins productives un sursis précieux pour elles, mais qui peut être nuisible à la collectivité. C'est que celle-ci a intérêt à l'abaissement du coût de production et à l'élimination des moins aptes, sous cette réserve qu'il s'agisse d'infériorités permanentes, non de défaillances momentanées. Il ne faudrait toutefois pas exagérer cette critique : ne vient-on pas de voir, en effet, que le syndicat ne se constitue qu'entre concurrents de forces sensiblement égales ? Tout au plus réussit-il à masquer pendant quelques années une décadence qui n'apparaissait pas lors de sa constitution. Or il n'y a pas grand mal à ce que les transitions soient ménagées.

Enfin, quoi qu'on en ait dit, il ne semble pas que le syndicat soit un moyen bien efficace de prévenir les crises économiques et, en particulier, la surproduction ou mieux encore l'exagération dans la création d'outillage. Nous avons vu pourquoi : c'est qu'il n'empêche ni l'éclosion d'entreprises nouvelles, ni même l'extension des entreprises qui lui sont inféodées. Il peut néanmoins exercer une action modératrice sur la fièvre des fondations par sa politique de prix : nous y reviendrons par la suite.

En résumé, l'action proprement industrielle du syndicat est peu développée comparativement à celle du *trust*. Généralement elle se borne à la fixation du maximum de production dans chaque usine syndiquée. Son vrai champ d'action est le marché et plus particulièrement la vente des produits fabriqués ainsi que toutes les opérations accessoires qui s'y rattachent, telles que crédit, transports, publicité. Parfois, mais plus rarement, il s'applique aussi à l'achat en commun des matières premières. Cette activité commerciale sera spécialement étudiée dans la théorie des prix. Ce qu'il est à propos d'en retenir dès à présent, c'est le fait que par l'association les entreprises industrielles atteignent un double et important résultat : relèvement et régularisation des prix, d'une part, économies diverses sur frais de vente qui réduisent les frais d'exploitation d'autre part. Si bien que l'affiliation au syndicat est pour un grand nombre de producteurs une condition d'équilibre et de vie normale, parfois même de bénéfices exceptionnellement élevés.

CHAPITRE XII

I

Les énormes combinaisons industrielles dont ce chapitre va traiter fleurissent surtout aux Etats-Unis d'Amérique. Aussi est-ce là que nous les étudierons exclusivement, bien qu'il existe des trusts en d'autres pays comme l'Angleterre et même des trusts internationaux (1). Mais nulle part les caractères n'en sont accusés comme dans la vaste contrée où ils ont pris naissance.

On ne peut pas définir les trusts, comme on définirait les tribunaux de première instance, les bureaux de bienfaisance ou le corps diplomatique. Le trust est essentiellement la réalisation, plus ou moins parfaite, dans le cadre d'une législation libérale, d'une tendance au monopole. Il n'a pas la rigueur et les contours bien nets d'une institution politique ou administrative.

A la différence du syndicat qui est un organisme fédératif, le *trust* constitue de fait une entreprise unique issue de la fusion de compagnies rivales. En s'incorporant au trust, celles-ci perdent donc leur indépendance juridique et leur

(1) Sur les trusts anglais, qui d'ailleurs ne méritent pas toujours leur nom, voyez les ouvrages de MACROSTY, *The trust movement in British industry* (Londres, 1907) et de CARTER, *The Tendency towards industrial combination* (Londres, 1913). Ils se sont développés au cours de la guerre, notamment dans la métallurgie et l'industrie électrique.

individualité technique. Étant complète, l'union est définitive. Certaines formes juridiques du trust comporteraient, il est vrai, en cas de dissolution de celui-ci, le rétablissement des entreprises constitutives, mais dans un état plus ou moins profondément altéré.

Le syndicat n'aurait aucune raison d'être s'il n'obtenait d'emblée la domination du marché ; le *trust* n'est point dans le même cas. La *fusion* de plusieurs entreprises concurrentes peut avoir son utilité lors même qu'elle ne créerait point un monopole. C'est qu'elle est, avant tout, un mode d'établissement ou de croissance de la très grande industrie et par suite est nettement favorable à l'abaissement du coût de production. Il faut reconnaître toutefois qu'aux États-Unis, patrie des trusts, le but poursuivi par les fondateurs de ceux-ci a toujours été la suppression de la concurrence. Ce qui est vrai, c'est que dans certains cas, ils n'y sont parvenus que par étapes. C'est ainsi que la *Corporation de l'acier* (United States Steel Corporation) fondée en 1901 est un trust de trusts. Il a uni en une entreprise géante plusieurs trusts préexistants : la *Federal Steel Company*, la *National Steel Company*, la *National Tube Company*, l'*American Steel and Wire Company*, l'*American Tin-plate Company*, l'*American Steel Hoop Company*, l'*American Sheet Steel Company* et enfin la Compagnie Carnegie. Ce n'est qu'en 1908, qu'il a absorbé la *Tennesse Coal, Iron and R. R. Co.* Et encore cet énorme assemblage d'établissements métallurgiques englobant 228 compagnies, ayant leur siège dans 127 villes situées dans 18 États différents (1), n'est-il pas encore venu à bout de monopoliser la production. Voici, d'après un rapport officiel du *Bureau des Corporations* des États-Unis, quels étaient en 1911, les pourcentages de la

____

(1) BRANDEIS, *Other people's money and how the bankers use it*, New-York, 1914, p. 153.

capacité productive du trust de l'acier par rapport à la capacité productive des Etats-Unis :

Fonte.	43 %	Clous (wire nails) . . .	54 %
Acier brut	54 %	Fil de fer (wire netting) .	22 %
Produits laminés achevés.	54 %	Acier pour constructions.	33 %

Seager fait observer toutefois que le trust a le contrôle du marché pour un certain nombre de produits subsidiaires (1).

Plusieurs trusts peuvent aussi conclure une entente (*pool*) à la manière d'un syndicat, ce qui leur permet alors de dominer l'industrie qu'ils exercent ; en réalité, c'est en pareil cas, la formule syndicale qui assure le monopole. Il est certain, d'autre part, que plus d'une « corporation » a un quasi-monopole lui permettant de dominer le marché. C'est ainsi que le *Standard oil Company* (trust du pétrole) détenait en 1904 87,3 0/0 du commercé total du pétrole aux Etats-Unis (2). Au surplus, si le trust est loin de constituer toujours un monopole, en revanche il se range souvent dans la catégorie des entreprises intégrées que nous étudierons dans le chapitre suivant. La *Corporation de l'acier* est même un des spécimens les plus remarquables d'intégration.

En résumé, ce que l'on peut dire de plus exact, c'est que le *trust* est une entreprise géante à tendances nettement monopolisatrices.

II

On ne s'étonnera guère de voir apparaître les trusts vers la fin du xixe siècle, à l'époque où s'accentue rapidement la

(1) SEAGER, *Introduction to economies*. New-York, 1904.
(2) Edmond VILLEY, *La politique contre les trusts aux Etats-Unis.* (Revue d'économie politique, 1918, p. 413).

concentration industrielle sous l'empire des causes générales qui ont été indiquées plus haut. Il est néanmoins intéressant de se demander dans quelles circonstances spéciales sont nés et se sont développés ces organismes dont les dimensions rappellent un peu les monstres antédiluviens. Pourquoi, surtout, se sont-ils aussi rapidement multipliés ?

Les premières naissances sont assez espacées. Le trust du pétrole a été créé par Rockefeller dès 1882. Plusieurs autres ont suivi, avant 1898. Mais ce n'est que tout à la fin du siècle que se produit l'accès de *trustomanie* qui a transformé l'organisation industrielle américaine. De 1898 à 1900 il s'est créé 145 trusts ayant un capital total de 3.578.650.000 dollars. Le mouvement s'est continué après 1900. Nous avons déjà dit que la Corporation de l'Acier est de 1901. Il n'y a guère d'industries qui aient échappé à la *consolidation* (1).

Deux questions doivent retenir particulièrement l'attention : d'une part l'énormité même de l'institution nouvelle, d'autre part sa généralisation exceptionnellement rapide en une courte période.

Le premier point est aisé à élucider. Le *trust* a dû s'adapter à la vaste étendue du territoire américain, d'autant plus que la protection douanière a été souvent pour lui un indispensable élément de vitalité. Or cette protection ne s'exerce qu'aux frontières fédérales. On ne pouvait songer à brider la concurrence intérieure, en une contrée presqu'aussi grande que l'Europe, sans donner aux organes de concentration des proportions extraordinairement puissantes. Le fait s'est produit d'autant plus naturellement qu'il est le suprême degré d'une concentration déjà poussée très loin.

Mais pourquoi cette multiplication, si caractéristique, en quelques années ? Pour résoudre cette énigme, on a invoqué deux faits ; l'entrée en vigueur en 1897 du tarif Dingley

(1) MEADE, *Trust finance*, New-York, 1907, pp. 1-2.

ultra protectionniste, et la reprise des affaires qui a eu lieu
la même année (1). Cette explication n'est pas complètement
satisfaisante. Il y a eu aux Etats-Unis bien des reprises
d'affaires succédant à des phases de stagnation et le *Dingley
act* n'est pas non plus la première mesure protectrice adoptée
par la grande république nord-américaine. Le tarif Mac
Kinley notamment, entré en vigueur en 1890, fut loin de
produire pareil élan concentrateur.

Il y a donc autre chose. Nous sommes ici en présence
d'une particularité curieuse du développement social dont
il y a plus d'un exemple dans le champ de l'économie politique, mais qu'il appartient plutôt à la sociologie d'étudier.
Il s'agit, en effet, d'un caractère distinctif et essentiel de
l'évolution *sociale*. Nous l'indiquerons en peu de mots.

Dans l'évolution *biologique*, un processus déterminé
s'accomplit en un temps donné. Un second processus identique ne s'accomplira ni plus lentement ni plus vite, pourvu
que les conditions dans lesquelles il s'opère soient rigoureusement les mêmes. Et il en est toujours ainsi quel que
soit le nombre de répétitions (2).

Dans les sociétés humaines, les choses se passent différemment. La durée des processus n'est constante que s'ils
s'accomplissent dans les mêmes conditions, mais dans des
milieux n'ayant entre eux aucune communication mentale.
Si, au contraire, ces milieux communiquent entre eux, si
surtout les processus identiques — par exemple les applications de la concentration industrielle — se produisent dans
le même milieu, l'allure des phénomènes devient tout à fait
différente. Au cours d'une première phase, le processus a
lieu lentement ; les innovations se réalisent difficilement

____

(1) A la suite de la crise de 1893, s'était déclarée une dépression
industrielle prolongée.

(2) Cette remarque ne s'applique naturellement pas à l'imitation
chez les animaux.

par suite de l'inexpérience des acteurs et de l'hostilité des spectateurs. Mais aussitôt le succès assuré, la sûreté des uns s'accroît et la résistance des autres faiblit. Les expériences deviennent plus nombreuses. Le succès se maintient-il, la généralisation devient fiévreuse. Ici s'affirme l'action de l'imitation — aveugle, raisonnée ou... intermédiaire — si bien mise en lumière par Gabriel Tarde. Cependant l'imitatation n'est pas tout en l'occurrence ; il faut noter ce fait capital que chacun tire profit des expériences de ses devanciers et échappe à la phase de tâtonnements que ceux-ci ont dû traverser. Enfin il n'est plus accessible à l'hésitation ou au découragement ; c'est plutôt par présomption qu'il pèche.

Ce que l'on a appelé la « trustomanie » illustre parfaitement cette loi sociologique générale. Le mouvement s'est précipité sous l'empire d'un véritable engouement collectif dont le point de départ doit être recherché dans les gains considérables réalisés par les premiers trusts. Il ne faut évidemment pas méconnaître l'action stimulante du tarif Dingley et de la reprise des affaires; mais elle n'a fait que conditionner le phénomène.

III

L'imitation explique la généralisation rapide d'une institution nouvelle; elle n'en garantit pas les chances de durée. La persistance d'un type industriel notamment dépend bien moins d'un engouement momentané que d'une supériorité réelle de force économique ou politique dont il y a lieu dès lors de rechercher avec soin les causes. Comment les *trusts* ont-ils triomphé de leurs compétiteurs ? Voilà ce qu'il conviendrait surtout d'éclaircir.

Une chose est certaine : c'est que l'infériorité du coût de production n'a été ni le seul ni même le principal moyen de lutte dont ils aient fait usage. Ce n'est point un paradoxe de prétendre que dans ce conflit la capacité de perdre de l'argent les a servis plus que celle d'en gagner. C'est la puissance financière qui chez eux a été le fondement de la domination économique. Ils l'ont utilisée de diverses façons pas toujours très scrupuleuses. C'est à coups de millions de dollars qu'ont été souvent absorbés les établissements réfractaires à la fusion. On les a achetés à tout prix : d'où une surcharge parfois énorme pour le coût de production (1). Nous reviendrons sur les conséquences de cette pratique qu'on a nommée le mouillage (*watering*).

Le trust n'absorbe cependant pas tous les « indépendants ». Mais c'est encore en perdant de l'argent qu'il réussit à étouffer la concurrence qu'ils veulent lui faire. Il pratique sur une grande échelle et avec une rare témérité la vente au-dessous du prix coûtant (*underselling, price cutting*). Il se rattrapera plus tard en relevant les prix sensiblement au-dessus du niveau ancien !

La *Standard oil Co*, déploie une véritable virtuosité en ce genre de lutte. Ses agents connaissent à l'avance la destination des expéditions faites par les concurrents. Sachant cela, ils débarquent dans le même lieu un chargement de pétrole qu'ils vendent à des prix très réduits. Ils font ainsi la baisse des prix trois ou quatre jours avant l'arrivée du *pétrole indépendant* de manière à empêcher l'acheteur de celui-ci de le revendre. Ces manœuvres ne sont possibles que si le trust est au courant heure par heure des opérations de ses adversaires. Il a donc un service d'espionnage. Les

____

(1) C'est surtout lors de la constitution des trusts que les promoteurs de ceux-ci ont payé plusieurs fois leur valeur les entreprises qui refusaient d'abord d'entrer dans la combinaison.

compagnies de chemin de fer sont du reste de connivence avec lui (1).

Un autre procédé de même ordre employé par le trust pour éliminer ses adversaires consiste dans le boycottage, c'est-à-dire le refus de fournir ses produits aux négociants qui vendent aussi ceux des entreprises concurrentes (2). Boycotter sa clientèle, c'est encore perdre de l'argent ! En fait, de simples menaces de boycottage suffisent le plus souvent à faire capituler celle-ci. Une méthode plus douce mais non moins efficace consiste à accorder un rabais spécial aux marchands qui s'approvisionnent exclusivement en produits du *trust*. C'est ainsi que le trust des produits photographiques concède une réduction supplémentaire de 12 % en pareil cas. La tendance est du reste de transformer les négociants en simples agents de vente salariés ou à créer une compagnie spéciale chargée de la vente au détail comme la *United Cigar Stores* C° (3).

C'est encore grâce à son influence financière que le trust obtient des compagnies de chemin de fer des tarifs de faveur. Ces *discriminations*, pour employer le terme technique américain, ont naturellement pour effet de mettre les concurrents dans une situation d'infériorité fort grave et d'assurer au *trust* un quasi monopole même dans les cas où les indépendants ont conservé une appréciable importance (4).

(1) Martin SAINT-LÉON, *Cartells et trusts*. Paris, 1903, p. 140.

(2) Le refus de fourniture porte surtout sur les articles brevetés ou de marque spéciale que seul le trust peut fournir. Mais il exige qu'on lui prenne exclusivement les articles concurrencés comme ceux qui ne le sont pas.

(3) DE LEENER, *Le rôle des trusts dans l'organisation économique actuelle*. Bruxelles, 1904, p. 73 et TAFEL, *op. cit.*, p. 56.

(4) Un des plus curieux exemples de discrimination est celui de la *Standard oil* C° qui a obtenu d'une compagnie de chemins de fer, la *Pennsylvania Railroad*, le droit exclusif de passage pour ses *pipe lines*

Ne faut-il pas enfin attribuer à la même cause les intelligences que les trusts ont su maintes fois se ménager au
sein des assemblées parlementaires et qui leur ont servi
soit à combattre les projets de loi dirigés contre eux soit à
travailler au renforcement des mesures protectionnistes qui
consolident leur monopole en écartant la concurrence étrangère ? De très bons juges ont répondu d'une façon nettement
affirmative à cette délicate question (1).

IV

En dépit de tout ce que nous venons de dire, il est un
fait avéré qu'en beaucoup de cas les trusts se sont vivement préoccupés d'abaisser le coût de production et y ont
réussi dans une mesure étonnante. Constatation intéressante pour la pratique comme pour la théorie, car d'un côté
elle implique la possibilité pour ces vastes entreprises de
se perpétuer, et de l'autre elle fournit de nouveaux aliments
à la vieille controverse du monopole et de la concurrence
si souvent agitée parmi les économistes.

Le fait est que sous l'aiguillon de la nécessité le monopole peut être aussi progressif que le régime opposé (2). Or

ou canalisations de pétrole. Le pétrole brut est en effet refoulé vers
les raffineries par des canalisations d'une longueur de 5 à 600 kil.
Le transport par *pipe lines* représente une économie de moitié sur
le transport par chemin de fer. Il est rendu impossible si le passage
des dites canalisations à travers les voies ferrées n'est pas permis. On
va même plus loin et l'on refuse quelquefois de transporter par rail
les barils de pétrole indépendant. Il est évident que de tels services
se paient. (Cf. de Rousiers, *op. cit.*, p. 42-43.)

(1) Martin Saint-Léon, *op. cit.*, p. 189.

(2) Pour montrer que la nécessité, *indépendamment de toute concurrence*, est un stimulant efficace de l'activité et de l'économie, il suffirait de citer l'exemple des mines d'or *qui ne se font pas concurrence*

le *trust*, dont le capital initial a été dangereusement surfait par le mouillage et qui se voit, en outre, dans l'obligation de dépenser beaucoup pour tuer la concurrence par tous les moyens qui viennent d'être indiqués courrait tout droit à la ruine s'il n'était à même de réaliser d'énormes bénéfices. Pour y réussir, il n'a le choix qu'entre deux alternatives : la hausse du prix de vente et la baisse du prix de revient. Il lui serait souvent impossible de relever considérablement le prix de vente. Par là il ferait renaître la concurrence et verrait bientôt s'évanouir son empire ; il risquerait de rétrécir le marché et il a pour devoir impérieux la production en masse ; en outre il susciterait des protestations d'une extrême violence qui ruineraient son influence politique. Force est de se retourner du côté des économies sur coût de production. Pareille solution serait au-dessus des forces des détenteurs de monopoles en des contrées arriérées, routinières ou en décadence. Elle fascine, au contraire, les hommes d'affaires américains d'une trempe si énergique, si hardis et que séduisent toutes les innovations. Du côté du progrès technique, il leur semble qu'il y ait des possibilités de gain illimitées. Et le monopole dont dispose le trust leur est garant que le bénéfice réalisé ne devra point être cédé au public sous forme de baisse des prix, comme c'est le cas lorsque règne la concurrence. C'est donc avec une sorte de fièvre que beaucoup de trusts se sont lancés dans la voie des améliorations et surtout des systématisations de la production.

Dans toutes les usines qu'ils ont acquises, les conditions

puisque les Hôtels des Monnaies des principaux pays du globe leur achètent toute leur production à prix fixe et sans limitation de quantité. L'absence de compétition a-t-elle en ce cas entraîné l'incurie et la routine ? Absolument pas. En dehors même de la nécessité qui n'est pas toujours pressante, l'appât du gain ou la prévoyance suffisent à aiguillonner le zèle des producteurs.

techniques sont régularisées ; les brevets achetés sont naturellement appliqués partout. D'autre part, on laisse aux différents directeurs la plus grande initiative possible dans la
poursuite des améliorations. Mais on a soin de les réunir
périodiquement ; de là des échanges de vues instructifs et de
fécondes comparaisons des méthodes expérimentales employées dans les divers établissements du trust : le président de l'*American tobacco company* disait un jour que là
était l'avantage principal de la fusion (1). L'achat des brevets a lieu sur grande échelle ; on n'épargne pas les millions lorsqu'il s'agit de renouveler l'outillage et l'on n'attend
pas l'usure des machines en activité pour les remplacer par
d'autres plus perfectionnées ; on ne lésine pas sur les traitements, ce qui permet de s'assurer le concours des plus
puissantes intelligences (2). Aucun scrupule n'arrête les dirigeants dans la voie des économies à réaliser. Ils suppriment
les usines devenues inutiles et ne laissent en activité que les
mieux outillées et les mieux situées : le trust du whisky
ferme 68 distilleries sur 80 sans avoir égard au chômage
qui en résulte, ni même aux crises qui en sont la conséquence pour les localités où les établissements fermés
étaient installés. Ils opèrent des réductions énormes dans
le nombre des représentants de commerce. Dès 1892, on
évaluait à 35.000 le chiffre de ces suppressions ; en outre
les émoluments de 25.000 voyageurs avaient été réduits.

(1) SELIGMAN, *Op. cit.*, p. 341. Il est intéressant de remarquer que
certains trusts stimulent le progrès en faisant dresser par les différentes usines des tableaux détaillés du coût de production. L'administration centrale compare ces tableaux et fait connaître quelle est
l'usine qui a obtenu le record de l'économie. Les directeurs trouvent
ainsi l'occasion de se faire valoir en vue de leur promotion à des
grades supérieurs. (de LEENER, *op. cit.*, p. 28.)

(2) Ici aussi, la puissance financière du trust joue un rôle décisif.
C'est ainsi que depuis sa fondation, la *Steel Corporation* a dépensé
cinq cent millions de dollars en extensions et perfectionnements
techniques. (TAFEL, *op. cit.*, p. 41.)

Enfin le trust use et abuse de sa puissance pour faire baisser les prix des matières premières. C'est ainsi que la Corporation de l'acier qui possède la plus grande partie des fours à coke et des mines de fer des Etats-Unis dicte véritablement les prix du minerai ou du coke dont il a besoin pour compléter sa production. De même, le trust du tabac a fait baisser le prix payé aux planteurs de Virginie, malgré que ceux-ci en 1900, aient réduit de 30, 40 et même 50 0/0 l'importance de leurs cultures (1).

Ces résultats sont, au total, très intéressants et si, de ci de là, on accuse les trusts d'entraver le progrès technique et d'acheter même certains brevets à seule fin d'empêcher leurs concurrents de s'en servir, il ne paraît pas douteux que, dans l'ensemble, ces accusations ne sont nullement fondées. Faut-il en conclure que ces vastes entreprises obéiront indéfiniment à ces tendances progressives ? Il serait téméraire de l'affirmer. Rien n'assure que si le monopole du trust réussit à se consolider et que les indépendants finissent par se lasser d'une lutte toujours vaine et fertile en mécomptes, les efforts productivistes ne se ralentiront pas. N'oublions pas que la nécessité de faire face à des charges énormes entretient chez les magnats des trusts une activité constante et des préoccupations salutaires. Avec la sécurité complète, il y aurait lieu de craindre le relâchement. On peut appréhender aussi qu'une génération nouvelle — elle succède petit à petit à celle des fondateurs — ne se montre ou moins apte ou moins ardente. D'une manière générale, la soif de l'or peut se calmer insensiblement en cette Amérique dont l'enrichissement est si rapide. Si bien que rien ne garantit que le trust ne finira pas, comme tant de mono-

----

(1) Il est à noter qu'en régime de concurrence, les économies de ce genre qui entraînent certaines souffrances, telles que pertes d'emploi, etc., ont pour compensation une baisse corrélative des prix de vente. Le trust, au contraire, s'en réserve le profit exclusif.

poles du passé, par s'enliser en une routine facile et d'ailleurs suffisamment lucrative.

V

Mais lui laissera-t-on le temps d'en arriver là ? On peut se le demander, car le *trust*, comme le syndicat, mais pour d'autres raisons, n'est pas exempt d'une certaine précarité.

Nous avons vu qu'il puise une grande partie de sa force dans les influences politiques qu'il a su se ménager. Mais c'est de ce côté aussi qu'il est vulnérable. Son avenir pourrait bien se jouer ailleurs que sur le marché. Sans doute il n'a guère à s'inquiéter des manœuvres de quelques députés qui présentent, dit-on, des projets menaçant son existence ou sa liberté dans l'unique dessein de se faire acheter par lui. On assure que le trust passe ordinairement par les exigences de ces misérables, ce qui du reste, ne le ruine pas.

Mais le trust a des adversaires politiques d'une parfaite probité et beaucoup plus redoutables pour lui. Dès l'origine, il a eu maille à partir avec le législateur. Plus récemment les présidents Roosevelt, Taft et Wilson l'ont combattu avec une énergie croissante.

Le coup le plus rude qui lui ait été porté est l'abaissement des droits de douane. On ne peut s'étonner que d'une chose : c'est qu'un gouvernement peu sympathique aux trusts ait tardé si longtemps à leur retirer l'appui qu'il leur accordait par le tarif Dingley et même qu'il n'ait pas pris des mesures plus radicales concernant la libre entrée des produits de provenance étrangère propres à concurrencer les articles trustés.

Le fait est que c'est à la législation directe que les adversaires des trusts ont surtout eu recours : c'est du reste la mé-

thode favorite, en tout pays, des législateurs qui croient
à la vertu souveraine des ordres et des interdictions et ne
s'avisent guère des moyens scientifiques consistant à supprimer les causes pour détruire les effets.

Toute l'histoire des trusts est émaillée d'attaques de ce
genre qu'ils ont réussi jusqu'à présent à déjouer par des subterfuges divers et particulièrement par des changements de
forme juridique.

Au début, et la *Standard oil C°* en avait donné l'exemple,
ils consistaient en un syndicat de gérants d'affaires ou pour
mieux dire d'hommes de confiance, de curateurs *(board of
trustees)* : c'est même de là qu'est venu le nom de trust
qu'ils ont conservé par la suite à travers leurs avatars successifs (1). Les actionnaires des diverses compagnies à fusionner remettaient leurs titres au *Board of Trustees* qui
leur délivrait en échange des certificats *(trust certificates)*
sauvegardant tous leurs droits, hormis celui de voter dans
les assemblées générales. Les *trustees* obtenaient donc une
délégation de pouvoirs absolue quant à la gestion et deve-
naient les maîtres des entreprises ainsi associées. Cette combinaison reçut le nom de *voting trust.*

C'est à cette forme de fusion que s'en prit le *Sherman
anti-trust act* de 1890. Cette loi déclarait illégale tout contrat sous forme de trust ou autre, toute « conspiration »
pour restreindre le commerce entre les différents États (de
l'Union Américaine) ou avec les pays étrangers et punissait
ceux qui établiraient ou qui tenteraient, isolément ou à
plusieurs, d'établir un monopole du commerce entre les
États ou avec les pays étrangers. En vertu de cette loi, un

---

(1) Le terme « trust » est emprunté au langage juridique. Les ju-
risconsultes anglais nomment ainsi un contrat en vertu duquel une
personne détient pour le compte d'une autre une propriété quelconque
et l'administre. Le détenteur est appelé *trustee.* Ce contrat n'a pas
d'équivalent exact en droit romain ou français.

arrêt de la Cour de New-York décida que les directeurs d'une société par actions n'avaient point le droit
de se décharger de leurs fonctions entre les mains de
trustees.

Pour parer à ce coup, les trusts — qui conservèrent leur
nom, devenu populaire, bien qu'il ne se justifiât plus — ima-
ginèrent trois combinaisons nouvelles : 1° la *consolidation,*
c'est-à-dire la fusion radicale et avouée des compagnies associées. Ainsi la *National glass company* est une corporation unique issue de la fusion de dix-neuf fabriques ; 2° la
prise en location des installations de sociétés rivales ; 3° le
maintien d'entreprises distinctes en apparence, mais où la
majorité des actions est dans les mêmes mains. Pour réaliser cette dernière combinaison, l'on commence par former un syndicat ayant pour objet l'acquisition de la majorité des actions dans les différents établissements à fusionner.
En raison de sa fonction spéciale, ce syndicat détenteur de
titres est appelé *holding trust.* La création de pareils organismes n'est pas possible sur tout le territ̄ ire des Etats-
Unis. Elle ne peut avoir lieu que dans l'Etat de New Jersey
en vertu d'une loi de 1889 revisée en 1893 à l'instigation
des grands capitalistes américains. Il suffit qu'une compagnie établisse un simple bureau dans une ville de cet
Etat pour être censée y avoir son siège social. Ainsi toute
difficulté est levée. Le *holding trust* offre cet avantage que,
grâce à lui, les opérations d'ensemble peuvent mieux se dissimuler. Toutefois le mystère n'a pas tardé à être percé à
jour !

C'est à partir de 1907, sous la présidence de Th. Roosevelt, que la lutte contre les trusts fut vigoureusement entreprise par le Gouvernement qui s'efforça de faire appliquer la clause dite d'équité de l'*Anti-trust law* en vertu de
laquelle la justice commence par imposer la dissolution du
trust et même par négocier avec les dirigeants du *trust* et

ne leur inflige de pénalités qu'au cas de désobéissance à ses ordres.

C'est en vertu de cette disposition qu'en 1911 le Trust du Tabac a été morcelé en 14 organisations nouvelles. Les transferts d'usines ou d'installations de l'une à l'autre de celles-ci leur sont interdits et il est également défendu de confier les titres de ces sociétés à des *trustees* investis du droit de vote. Il n'est pas permis non plus à ces sociétés d'avoir les mêmes bureaux et les mêmes employés, de détenir des titres d'autres compagnies, de faire des affaires au nom de compagnies dépendantes, de ne' vendre une marque de tabac qu'à la condition que l'acheteur prenne aussi d'autres marques, etc. Pendant cinq ans aucun membre de la direction ou de l'administration (officer or director) de l'une de ces nouvelles sociétés ne peut remplir de fonctions analogues auprès de l'une des autres. Elles ne peuvent avoir des agents communs de vente ou d'achat, elles ne doivent pas se prêter mutuellement d'aide financière et pendant trois ans les plus grands détenteurs d'actions se voient refuser le droit d'augmenter par des achats le nombre de titres qu'ils possèdent. Toutes ces conditions ont été acceptées par les parties (1).

Au cours de la même année fut également prononcée la dissolution du trust du pétrole. Mais le danger subsistait d'ententes secrètes entre les sociétés issues des trusts dissous. Aussi a-t-on institué, en 1914, une *Commission fédérale du commerce* chargée du contrôle des corporations engagées dans le commerce entre les Etats (à l'exception des banques et entreprises de transport soumises à [d'autres organes de surveillance). Cette commission à des pouvoirs très étendus ; elle fait des enquêtes, publie un rapport annuel et poursuit en justice les trusts coupables de violation des lois qui les

(1) Edmond VILLEY, *art. cité*, p. 415-417.

réglementent. En outre une loi de la même année, le *Clayton Act*, a interdit les prix préférentiels en tant qu'ils tendent à restreindre la concurrence ; elle a également prohibé l'achat d'actions d'une compagnie par une autre et la fusion sous la forme détournée du *holding trust*. La première de ces défenses a toutefois été atténuée par le *Webb Act* du 10 avril 1918 qui autorise la constitution d'associations ou la conclusion d'accords — lisez la formation de trusts — en vue du commerce d'exportation, à condition qu'il n'en résulte pas une restriction du commerce d'exportation des *indépendants* américains (1). En dépit de la réserve qu'il a soin de faire, le *Webb act* ouvre évidemment une brèche dans le régime légal hostile aux trusts.

Au surplus, pour prononcer sur l'efficacité de celui-ci, il convient d'attendre les résultats de l'expérience entreprise, périence d'autant plus intéressante qu'elle implique une intervention assez inattendue du pouvoir judiciaire dans l'organisation industrielle. Il est vrai que la création de la *Federal Trade Commission*, imitée d'un organisme analogue existant en matière de chemins de fer, ramène l'action de l'Etat dans des voies plus normales et plus éprouvées. Mais les magnats des trusts n'ont pas épuisé tous les moyens de se soustraire à l'étreinte de l'autorité. Le duel peut se prolonger. Nous assistons à une phase nouvelle de cette lutte de la Démocratie et du Capitalisme que l'Antiquité a connue, que l'époque actuelle voit renaître dans des proportions agrandies et dont aucune loi scientifique ne permet assurément de préjuger l'issue.

(1) Ch. RIST, *L'exportation américaine et les lois sur les trusts* (*Revue d'économie politique*, 1919, p. 78-82.)

CHAPITRE XIII

L'INTÉGRATION ET LA PARTICIPATION

I

Les entreprises industrielles réussissent parfois à se soustraire à l'action de la concurrence, sans s'unir plus ou moins étroitement à leurs concurrentes, ni d'ailleurs les éliminer, mais en pratiquant des extensions d'autre nature. Tout au moins atteignent-elles ce résultat dans une mesure assez large pour s'assurer par là un minimum très stable de bénéfices. Tel est le calcul qui a présidé à la genèse et aux progrès de l'intégration industrielle et de son succédané la participation. Les avantages obtenus grâce à ce nouveau mode de concentration ne sont pas uniquement dus, il est vrai, à la création d'un marché en grande partie fermé, mais encore à la possibilité que l'intégration et même la participation offraient de réaliser des économies sur coût de production. Dans l'espèce, celles-ci néanmoins ont été l'effet bien plus souvent que la cause.

En un sens, l'intégration pourrait être envisagée comme un retour au passé et une réaction contre le morcellement excessif d'une industrie déterminée en entreprises indépendantes. Du moins dans certaines branches. Ailleurs, en effet, elle est une innovation ; elle rompt avec un immémorial parallélisme de la division du travail et de la division en entreprises distinctes.

L'essence de l'intégration est l'extension d'une entreprise déterminée sur plusieurs phases successives de l'élaboration d'un même produit. Ainsi une filature de laine peut créer ou s'annexer un tissage, une teinturerie, des ateliers d'apprêt et en sens inverse un peignage ou des ateliers de cardage. De même, la métallurgie peut s'étendre du côté de la production des matières premières et auxiliaires grâce à l'acquisition de minières et de charbonnages ou, au contraire, dans le sens de l'élaboration ultérieure des métaux par la création ou l'absorption d'aciéries, de laminoirs, de fonderies, d'ateliers de construction mécanique.

La participation industrielle est une opération à forme financière, mais dont le but essentiel est généralement le même que l'intégration(1) avec cette réserve qu'elle ne permet pas toujours de l'atteindre aussi complètement. Elle consiste à prendre des actions d'une affaire nouvelle — ou même ancienne — et à obtenir ainsi une influence généralement décisive sur la direction de cette affaire.

L'intégration n'est pas née d'hier. Il y a, notamment en Belgique, de vieilles entreprises dans la métallurgie (la Société Cockerill) et l'industrie lainière verviétoise. Mais ce mode de concentration industrielle a pris, en ces derniers temps, un développement rapide autant que considérable. De pure exception qu'il était, il est devenu l'un des types de l'organisation économique nouvelle.

Les entreprises de cette catégorie diffèrent d'importance. A la rigueur, une filature de peigné unie à un peignage ou qui crée un atelier de bonneterie est déjà une exploitation intégrée. Mais cette dénomination est appliquée de préférence à de très puissantes compagnies ayant un capital

(1) Elle peut cependant être une modalité de la « trustification ». Il arrive aussi que la participation n'ait d'autre objet que l'utilisation de concours techniques, ce qui paraît avoir été le cas lors de la création d'entreprises belges dans le Midi de la Russie.

d'une ou plusieurs centaines de millions, qui représentent effectivement quelque chose de tout à fait neuf dans le monde et dont l'existence et le fonctionnement soulèvent un ensemble de problèmes insoupçonnés jusqu'à une époque récente par la science comme par la pratique. Les Américains les ont pittoresquement nommés *mammouths*. Ce sont ces monstres auxquels on songe surtout quand on parle d'intégration aussi bien que de trusts. Nous savons déjà du reste que certains d'entre eux, comme la *Corporation de l'Acier des Etats-Unis*, rentrent à la fois dans ces deux catégories. En fait, cependant, les économistes auraient tort de réserver toute leur curiosité aux colosses, et de négliger la multitude des combinaisons « intégralistes » qui sont aujourd'hui la monnaie courante de la grande industrie (1).

Des remarques analogues paraissent s'imposer concernant les participations. Il semble toutefois qu'elles soient plutôt le fait des très grandes entreprises qui recourent hardiment à cette combinaison pour créer d'énormes « groupes » comme la Thomson Houston ou qui s'en servent pour étendre leur influence bien au delà de leur cercle propre d'activité, comme font de puissantes sociétés électriques lorsqu'elles créent des compagnies de tramways ou d'éclairage auxquelles elles demeurent intéressées.

II

L'essor récent de l'intégration et de la participation concorde trop étroitement avec celui des autres modes de concentration industrielle pour qu'il ne faille pas voir dans ce

(1) C'est ce qu'a très bien compris PASSAMA dans son intéressant volume intitulé : *L'intégration du travail. Formes nouvelles de concentration industrielle.* (Paris, Larose et Tenin, 1910.)

développement simultané autre chose qu'une simple coïnci-
dence (1). A n'en pas douter, il est la résultante des causes
générales que nous avons déjà signalées. Mais comment
leur action s'est-elle exercée de manière à produire le phénomène très particulier que nous étudions pour le moment ?

Pour s'en rendre compte, il faut distinguer les extensions
« remontantes » des extensions « descendantes », c'est-à-
dire les annexions des phases antérieures ou postérieures
de la production.

Quel intérêt une entreprise peut-elle avoir à produire elle-
même les matières premières ou fauxiliaires qu'elle transforme ou du moins à s'intéresser à cette production ? C'est
que de nos jours aucune loi, aucun statut corporatif ne lui
garantit la régularité ou la qualité de ses approvisionnements, et ne fixe les prix auxquels elle serait assurée de les
obtenir. Tout est livré à la concurrence et, en fait de matières brutes, cette concurrence est souvent internationale.
Tel est le cas des cotons, laines, cuivres, charbons, etc.

Un fait typique montre la quasi-nécessité des intégrations
les plus hardies. Au début du xxᵉ siècle le rapide développement de l'industrie cotonnière américaine a fait craindre
aux établissements européens une disette de matière première. Les Etats-Unis sont le principal producteur de coton
brut. S'ils en absorbaient quelque jour la plus grande quantité, il ne resterait aux usines anglaises, françaises, belges,
allemandes qu'à fermer leurs portes ou du moins à se disputer avec acharnement les cotons coloniaux, ceux de

____

(1) C'est ainsi que l'intégration a, comme les autres modes de concentration, fait de grands progrès durant la guerre, notamment dans
l'industrie anglaise. Les relations s'établissent entre la métallurgie,
la banque, l'armement maritime grâce aux « interlocking directo-
rates », c'est-à-dire à la communauté des administrateurs, sur le
type du *holding trust* américain. Cf. *Notz* art. cit., p. 18.

l'Inde et de l'Egypte notamment. Sous l'empire de cette préoccupation, les filateurs de l'Ancien Continent se sont intéressés au développement des plantations. C'est ainsi que l'on signalait avant la guerre l'acquisition par un syndicat anglo-allemand d'immenses territoires favorables à la culture du coton dans le Texas (1).

On sait d'autre part quelle importance vitale présente pour bien des entreprises le maintien scrupuleux de la qualité de leurs produits, base de leur réputation et par suite de leur prospérité. Elles ont en conséquence un très grand intérêt à s'affranchir des fournisseurs de matières premières qui peuvent pécher par négligence. De là, dans l'industrie lainière et aussi, bien que dans un moindre degré, dans l'industrie cotonnière, des intégrations remontantes ayant pour objet d'assurer à l'entreprise intégrante le contrôle de toutes les opérations préliminaires, par exemple le mélange du coton brut (2).

Mais c'est surtout contre les hausses spéculatives soudaines et extravagantes du prix des matières premières dans les périodes de suractivité ou les renchérissements systématiques et persistants effectués par les syndicats que l'intégration s'impose impérieusement comme remède. Le coût de ces matières est un élément décisif des frais proportionnels de l'exploitation. Le fait qu'il est à la merci soit des spéculateurs qui lui impriment des variations désordonnées soit des syndicats de producteurs qui l'élèvent d'une manière durable à un niveau excessif compromet gravement la

____

(1) PASSAMA, *Op. cit.*, p. 85-86. Voy. chez cet auteur beaucoup d'autres exemples analogues.

(2) CHAPMAN, *Lancashire cotton industry*. Manchester, 1904, p. 166. DE ROUSIERS (*la question ouvrière en Angleterre*, déjà cité, p. 340) signale de même que MM. Platt d'Oldham, constructeurs de machines textiles, se sont faits fondeurs pour être plus sûrs de la matière première destinée à la construction de leurs métiers.

bonne marche des affaires. Le seul moyen de stabiliser à un taux modéré cet élément du prix de revient, c'est de produire soi-même les matières brutes que l'on met en œuvre. De là la chasse aux |gisements miniers à laquelle se livrent les grands établissements métallurgiques. Les charbonnages ne sont pas moins recherchés par les industriels (1). Par contre, les entreprises qui n'ont pu ni voulu entrer dans la voie de l'intégration succombent|au cours de ces périodes de hausse exagérée des matières premières ou voient du moins leur prospérité fortement compromise.

III

Les grandes entreprises d'aujourd'hui ne s'étendent pas seulement du côté de l'industrie extractive, elles se préoccupent souvent aussi de mettre la main sur les industries de finissage, parfois même sur le commerce de détail.

Cette politique d'extension « descendante » ne saurait étonner, si l'on songe que le principal souci d'un vaste établissement doit être d'assurer l'écoulement continu de sa production. Or le marché est irrégulier. Il est sujet à des resserrements brusques comme à de longues dépressions. Les prix des produits subissent des variations corrélatives qui sont parfois profondes et peuvent entraîner pour les producteurs de fort lourdes pertes.

Que faire alors sinon essayer de se tailler une part sensiblement fixe dans ces débouchés d'importance changeante ? Or, on a remarqué que prix et chiffres de vente varient d'autant moins que l'on se rapproche davantage du consommateur. Dépasser le stade du demi-produit, c'est donc parvenir en des régions plus calmes où la demande à des prix rému-

(1) Cf. HEYMANN, *Die gemischten Werke im deutschen Grosseisengewerbe*, Stuttgard, Cotta, 1904.

nérateurs est moins variable, parce que non spéculative.

Arriver enfin jusqu'au client définitif, comme font certaines brasseries en exploitant des débits de boisson, c'est exclure littéralement la concurrence. Dans ces débits, en effet, on ne vend d'autres bières que celles que l'on fabrique soi-même. Le même résultat peut être obtenu par l'assujettissement du détaillant, soit que la brasserie le commandite, soit qu'elle le menace de boycottage au cas où il débiterait les produits des concurrents. Plus de la moitié des marchands de vin de Paris sont commandités par des distillateurs auxquels ils donnent en nantissement leur fonds de commerce : on les nomme des *attachés* (1). Le *factor system* instauré par certains trusts américains n'est autre chose qu'une intégration de ce genre réalisée non par annexion, mais par protectorat ou mieux encore « influence » financière (2).

Le type le plus frappant d'une industrie intégrant ou se rattachant les entreprises en rapport direct avec le public, c'est la construction de machines et appareils électriques. Les préférences des grands établissements vont aux participations. Mais il faut bien s'entendre : ces participations ne sont pas occasionnelles ; c'est la société constructrice qui crée des entreprises de tramways ou d'éclairage, directement ou par l'intermédiaire d'une filiale, et conserve une part du capital des affaires ainsi créées (ou ce qui revient au même la fait conserver par sa filiale au capital de laquelle elle est, à son tour, intéressée). Sous les complications apparentes et parfois extrêmes des combinaisons juridiques et financières se dissimule une solide mainmise sur les entreprises consommatrices d'appareils électriques. De

____

(1) Moride, *Les maisons à succursales multiples en France et à l'étranger.* (Paris, Alcan, 1913), p. 43-44.

(2) Voir plus haut, p. 240.

cette façon s'établit un marché réservé sur lequel on peut compter quel que soit l'état des prix. La faveur des « groupes » et des « communautés d'intérêts » qui ne sont qu'un développement plus souple du principe de l'intégration, s'explique essentiellement par le souci de se mettre, au moins pour une partie de sa production, à l'abri de toute concurrence.

IV

L'intégration est donc avant tout une forme ingénieuse d'assurance des producteurs soit contre la rareté et la cherté des matières premières soit contre les difficultés d'écoulement des produits. Elle est aussi un moyen de réduire le coût de production. C'est surtout dans les périodes de mévente, lorsqu'il faut absolument diminuer les frais, que s'effectuent des intégrations de ce genre. Elles ont parfois pour objectif la suppression des intermédiaires commerciaux et des « commissions parasitaires ».

L'intégration est l'occasion d'importantes améliorations de la technique et par suite de grosses économies. Du nombre est l'utilisation comme force motrice des gaz s'échappant des hauts fourneaux et qui n'ont été longtemps considérés que comme des déchets nuisibles. Aujourd'hui on s'en sert pour actionner toute une usine métallurgique c'est-à-dire un établissement intégré. Les entreprises non intégrées de cette branche se trouvent par suite dans une situation d'infériorité. Et l'on conçoit qu'en de telles conditions l'intégration s'impose. Mais la question reste de savoir si ce progrès n'a pas été d'abord la conséquence plutôt que la cause du phénomène qui nous intéresse. D'une façon générale bien des perfectionnements n'ont été possibles — et n'ont peut-être même été conçus — que parce qu'existaient des entreprises complexes (1). La disposition décrite plus haut du lavoir et du peignage d'une filature de laine dans une grande fabrique belge résulte à n'en pas douter d'une intégration existante. Que plus tard des usines indépendantes aient associé leurs destinées pour appliquer, lorsque c'était possible, les perfectionnements expérimentés ailleurs, le fait, s'il est exact, est purement imitatif. Il n'en est pas moins vrai — et la constatation est précieuse du point de vue pratique — que l'intégration, comme telle, suggère des inventions techniques et des améliorations de toute sorte dans l'aménagement des usines.

V

Quoi qu'il en soit, au point où l'évolution industrielle en est arrivée, l'intégration apparaît nettement comme une application de la loi du coût décroissant. Sous certaines réserves pourtant. En effet, pour que soient viables les vastes établissements créés sous l'empire de cette concep-

(1) Il ne faudrait pourtant pas donner à cette observation une portée trop absolue. On peut admettre que l'intégration, en métallurgie, ait eu souvent pour origine le désir d'éviter les manutentions inutiles. « Les hauts fourneaux vont être établis dans le voisinage des mines de minerai de fer et, dans la mesure du possible, des mines de houille. Auprès de ces hauts fourneaux on installera des aciéries ; auprès des aciéries des lamineries ; auprès de ces lamineries des fabriques. La distance qui séparera le haut fourneau de l'aciérie, l'aciérie de la laminerie, sera aussi faible que possible. Et de la sorte, ces produits lourds que sont le minerai, la fonte, les produits laminés subiront le minimum de manutention ». (LESCURE, *Aspects récents de la concentration industrielle : l'intégration dans la métallurgie. Revue économique internationale*, 1909, vol. 3, p. 260). Il faut remarquer seulement que ces avantages ne se présentent que dans le cas où l'intégration procède non par voie de fusion d'entreprises existantes, mais sous forme de constructions nouvelles : on peut alors rassembler en un même lieu toutes les usines successives.

tion, ce ne serait pas assez de la stabilisation du prix des fournitures et de la régularisation de l'écoulement des produits. Si par sa nature même, cet agencement comportait une aggravation sérieuse des frais de production, les entreprises intégrées seraient condamnées tôt ou tard à disparaître. Mais il n'en est rien.

L'intégration, cependant, a ses limites. Elles ne sont pas les mêmes pour toutes les industries à raison des conditions particulières où elles se trouvent. Un exemple le montrera. « Les industriels qui mettent en œuvre le papier ne peuvent d'ordinaire le fabriquer eux-mêmes parce qu'ils en emploient tout à la fois une trop petite quantité et une trop grande variété : ainsi en est-il notamment des coucheurs et des imprimeurs. « Mais la Banque de France fabrique le papier de ses billets et de grands journaux comme le *Daily Mail* et le *Daily Telegraph* font de même. La teinturerie est souvent indépendante du tissage de taille moyenne, parce que celui-ci ne pourrait occuper celle-là d'une façon continue ; de même le tissage de lin qui met en œuvre une grande variété de fils n'a pas d'intérêt à s'annexer une filature (1). »

En un mot, l'intégration n'est avantageuse que si les deux entreprises successives se correspondent pleinement et, en quelque sorte, s'emboîtent. Une entreprise n'a intérêt à en intégrer une autre que si elle peut en absorber régulièrement la production, du moins en majeure partie (intégration remontante), ou si elle peut y trouver l'écoulement de la majeure partie de sa production propre (intégration descendante).

(1) Passama, *Op. cit.*, p. 81, 86-87 et 92. L'auteur note (p. 95) que la participation est encore avantageuse alors que l'intégration ne l'est plus. Ainsi le tissage de soie qui emploie des fils variables en poids et qualités peut s'intéresser aux filatures, mais non les annexer. « Souvent même l'on ne peut employer que des substituts de notre procédé notamment l'assujettissement par le crédit ».

Les limites de l'intégration ne se déplacent pas seulement avec les conditions techniques et commerciales des entreprises ; elles varient aussi avec la valeur des dirigeants, ou pour mieux dire, du haut personnel. L'insuffisance des aptitudes de commandement, d'organisation et de contrôle se traduit à bref délai par l'aggravation des frais d'exploitation et la décadence industrielle et financière.

VI

On a appelé intégration horizontale un phénomène, d'ailleurs fréquent et même assez banal, auquel conviendrait mieux le nom de production diversifiée. Une usine métallurgique peut être outillée pour produire indifféremment des rails, des poutrelles, des profilés, etc. Suivant l'état du marché, elle fabriquera davantage ceux d'entre ces articles qui sont le plus recherchés. La demande se restreignant par la suite, elle reportera la majeure partie de son activité dans une autre direction. Le souci de s'assurer contre la stagnation de la vente d'un produit déterminé semble donc favoriser la diversification de la production au détriment de la spécialisation. Mais il ne faut point exagérer les avantages d'un système et sous-évaluer ceux du système inverse. En fait beaucoup de grands établissements ont trouvé dans la spécialisation à outrance une source de profits considérables. La spécialisation semble devoir rester avantageuse pour peu que l'article produit réponde à une demande ample et constante. Tel est le cas dans la fabrication des chaussures. Ajoutons que la diversification de la fabrication n'est un facteur de concentration que si elle comporte l'adjonction de nouveaux ateliers, de nouveaux départements producteurs. Comme exemple on peut citer la Société Cockerill de Seraing qui, à l'intégration verticale, joint une intégration horizontale très développée. Cependant il peut arriver qu'un industriel puisse, grâce à de simples modifications d'outillage, changer l'objet de sa production et s'adapter ainsi, avec une relative aisance, aux caprices du marché. Seulement en ce cas, il n'y a pas multiplicité constante de la production, mais changement d'objets de celle-ci. On en trouverait maint exemple dans la petite construction mécanique.

CHAPITRE XIV

L'INDUSTRIE A DOMICILE

I

Il y a plusieurs siècles, s'est répandu en Europe occidentale un type d'organisation industrielle qui conserve aujourd'hui encore une réelle importance en diverses parties
du monde : c'est l'industrie à domicile. Elle consiste dans
a production industrielle en atelier individuel ou familial
par des salariés pour le compte d'un entrepreneur principalement commercial (1).

(1) Plus d'un auteur étend la notion de l'industrie à domicile au
travail exécuté dans l'atelier d'un intermédiaire, l'essentiel étant que
la production *n'ait pas lieu* en un atelier appartenant à l'entrepreneur. Mais il est évident que le travail chez l'intermédiaire est déjà
un phénomène de transition : c'est de la concentration secondaire.
Tout ce qu'il faut accorder, mais c'est bien peu de chose, c'est que le
travail s'exécute parfois en plein air (bergers brodeurs) ou en un atelier où les ouvriers louent des métiers (certains tisserands verviétois ;
reforeurs et polisseurs dans l'armurerie liégeoise.)

L'industrie à domicile est comparable à la petite industrie par son mode de production, à la grande par l'importance habituelle de ses débouchés et l'organisation de la vente de ses produits.

La production est essentiellement décentralisée et disséminée. Elle s'effectue chez les ouvriers, en un grand nombre de logements particuliers. Par-ci par-là l'ouvrier à domicile emploie un ou plusieurs auxiliaires, qui sont d'habitude les membres mêmes de sa famille : femme, enfants, vieillards.

Le mode de production est généralement arriéré ; il est presque toujours purement manuel. Ce n'est qu'à une époque toute récente, que l'on voit apparaître çà et là des applications de la force motrice au travail en chambre. L'un des plus caractéristiques exemples de l'industrie dont nous parlons est le tressage de la paille. La tresseuse de la vallée du Geer n'a, en fait de matériel de travail, que les instruments destinés à fendre la paille, un cylindre ou un moulin pour l'adoucir, un bac en zinc ou une feuille en toile cirée pour mettre les « stous » (fétus de paille préparés pour le tressage), enfin une toise pour mesurer son ouvrage (1). Les armuriers liégeois n'ont généralement qu'une petite forge ; les finisseurs ne disposent même que de quelques outils. Les tisserands n'ont qu'un métier à bras ; les couturières une machine à coudre. Bref technique peu développée, absence presque complète d'outillage mécanique. Par suite, le capital n'offre chez le producteur qu'une minime importance. Chez l'entrepreneur, il se réduit d'ordinaire à de simples installations commerciales, à des locaux, souvent loués, pour la réception et l'emmagasinage des produits. Dans ces conditions il n'est pas surprenant que l'orga-

____

(1) M. Ansiaux, *Le tressage de la paille dans la vallée du Geer.* (Dans l'enquête de l'Office du travail sur « les industries à domicile en Belgique. ») Vol. II, Bruxelles, 1900, p. 47.

nisation industrielle soit rudimentaire. L'ouvrier à domicile travaille à sa guise, quand et comme il lui plait. Liberté à vrai dire plus théorique que pratique, car la nécessité le talonne et ses gains souvent dérisoires ne lui permettent guère de flâner au gré de ses caprices ! Néanmoins l'entrepreneur n'exerce pas sur lui l'autorité qu'il possède dans la production en fabrique. Le contremaître fait défaut. Dans l'industrie armurière liégeoise, détail typique, le fabricant se sert de « coureurs » qui se rendent auprès des ouvriers en chambre et les pressent d'achever leur tâche, mais sans pouvoir les commander. Fréquemment, du reste, entre l'entrepreneur et les ouvriers s'interposent les sous-entrepreneurs, intermédiaires indispensables lorsque les ouvriers sont nombreux ou dispersés. Ces intermédiaires se bornent à répartir les commandes et ne peuvent guère être considérés comme des auxiliaires techniques, sauf lorsque le travail s'exécute dans leurs petits ateliers. La surveillance qualitative du travail échappe aussi plus ou moins à l'entrepreneur. Il arrive souvent qu'il se borne à acheter le produit fini ; — telle est même la forme primitive de l'industrie à domicile — alors il n'a d'autre ressource que de refuser les articles qui ne lui agréent point. Ainsi en est-il de toute une série d'industries allemandes fabriquant des crayons d'ardoise, des instruments de musique, des joujoux, des articles de vannerie, cordonnerie, etc. L'ouvrier produit suivant son initiative propre, d'après ses plans personnels et à ses risques et périls (1). Ce cas est toutefois rare. Plus fréquemment l'entrepreneur fournit les modèles, donne des instructions sur le travail à exécuter. Souvent aussi, mais

---

(1) Alfred WEBER, *Die Entwicklungs grundlagen der grosstädtischen Frauenhaus industrie* (Schriften des Vereins für Socialpolitik, LXXXV, 1889) p. XIII-LX. De même en Belgique, « l'ancienne organisation industrie le faisait du petit tisserand isolé le maître absolu de la fabrication ». Il en a été ainsi jusque vers le milieu du XIXe siècle, époque

non toujours, il procure à l'ouvrier les matières qu'il doit mettre en œuvre. Partout où le travail est divisé, comme dans l'armurerie, c'est naturellement le patron qui remet aux ouvriers successifs les pièces élaborées par ceux qui les précèdent dans l'ordre des opérations. Enfin, mais ceci est déjà une déformation beaucoup plus profonde, une partie plus ou moins grande de la fabrication est « mécanisée » : canons d'acier dans l'armurerie, peignage, filature et apprêts dans l'industrie textile. Il y a toute une série de degrés entre la production exclusive en atelier de famille et celle qui a lieu en fabrique.

Si la technique industrielle est généralement rudimentaire et le capital fixe minime dans l'industrie à domicile, en revanche la technique commerciale y est tout à fait moderne et le capital circulant y prend maintes fois de grandes proportions. Sans doute ce serait une exagération de prétendre que, sous ce rapport, l'industrie à domicile est toujours de la grande industrie ; l'enquête de l'Office du Travail belge a relevé des exemples du contraire, notamment dans la cordonnerie et la coutellerie. Pourtant, il est vrai que la plupart du temps les produits familiaux |s'exportent au loin ; c'est ainsi que les clous fabriqués à domicile dans le Hainaut se vendent jusqu'au Chili et dans l'Inde anglaise et que les toiles de Flandre fabriquées au métier à bras ont *les mêmes débouchés* que les produits mécaniques similaires. Par où l'on voit toute la différence qui sépare l'industrie à domicile du métier d'artisan dont la clientèle est directe — sans intermédiaire — et purement locale.

Cela étant, le capital circulant de l'entreprise qui fait

où a été reconnue la nécessité d'une direction pour assurer la vente. (E. Dubois. *L'industrie du tissage du lin dans les Flandres*, dans l'enquête officielle sur les industries à domicile en Belgique). Vol. II, p. 67 et suiv. Cf. Sombart art. *Verlagssystem* dans le Handwörterbuch der Staatswissenschaften, p. 286.

fabriquer à domicile peut atteindre un chiffre relativement élevé. Sans doute, il y a de petites maisons d'exportation n'ayant qu'un fonds de roulement médiocre ; en revanche il existe de grosses firmes organisées sous forme de sociétés ayant un capital circulant comparable à celui des grands établissements industriels.

Il arrive assez souvent, notamment dans la confection et la lingerie, que l'entrepreneur n'est autre qu'un grand magasin de détail. Il est vrai que d'habitude entre le magasin et l'ouvrier s'interpose un sous-entrepreneur (telles sont les « entrepreneuses » des grands magasins du Louvre) ; mais ce dernier ne joue qu'un rôle subalterne. Dans la production à domicile pour le grand magasin, le capital circulant de l'industrie se confond avec celui du magasin ; il y a là une véritable intégration : l'entrepreneur commercial de l'industrie à domicile ne fait qu'un avec le grand commerçant au détail.

En résumé, l'industrie à domicile nous offre le spectacle vraiment paradoxal d'une organisation industrielle arriérée, lâche et imparfaite accouplée à une organisation commerciale stricte et toute moderne.

II

Pour s'expliquer cet alliage hétérogène, il faut d'abord jeter un coup d'œil sur ses origines. Il est vrai que l'industrie à domicile n'est pas née partout et toujours dans les mêmes conditions. Parfois elle est issue du métier d'artisan, parfois, succédant directement à la production ménagère nationale ou étrangère, elle s'est formée en quelque sorte spontanément et par l'embauchage de main-d'œuvre inoccupée.

Au xvie siècle, en Europe occidentale et même dès le xiiie siècle et peut-être le xiie en Flandre (1), l'industrie à domicile sort du métier, « médiatise » l'artisan et greffe sur la vieille corporation un organisme souple et moderne. Dans le principe cette transformation paraît résulter surtout de la renommée qui s'attache à certains produits, d'ailleurs aisément exportables, fabriqués en une localité déterminée. Les gants grenoblois, au xviiie siècle, les armes liégeoises et bien plus anciennement encore les cuivres dinantais ou les draps flamands et brabançons semblent avoir dû à une réputation méritée d'avoir franchi l'étroite enceinte du marché urbain et de s'être répandus au loin (2). Le marchand, qui entreprend la vente sur un rayon étendu des produits locaux, peut venir du dedans comme en Flandre ou du dehors comme à Grenoble. Que la production reste enfermée dans les cadres corporatifs traditionnels, c'est chose toute naturelle au Moyen Age et même sous l'ancien régime. D'autre part, l'intérêt de la ville n'explique que trop la liberté complète laissée à ces marchands capitalistes, leur affranchissement de toute limitation concernant l'introduction des marchandises, les associations qu'ils forment entre eux et les prix qu'ils exigent des acheteurs (3).

Dans le second cas, essentiellement moderne celui-ci, on pourrait même dire contemporain, la liberté de l'entrepreneur commercial ne fait pas question puisqu'elle est de droit ; mais on s'explique moins bien à première vue le mode de production qu'il adopte, étant donné qu'une organisation supérieure serait parfaitement licite : c'est donc du côté de la *technique* et du *prix de revient* qu'il faudra chercher le mot de l'énigme. Il va sans dire qu'un problème identique se pose pour les industries à domicile

(1) PIRENNE, *op. cit.*, p. 114-125.
(2) BLANCHARD, *Grenoble*, Paris, Colin, 1911, p. 112-113.
(3) PIRENNE, *Loc. cit.*, p. 125.

nées sous l'ancien régime et qui ont survécu à son effondre-
ment.

III

En tant qu'elle est issue du métier, l'industrie à domicile
doit donc son existence à l'ouverture de débouchés extérieurs à la localité où elle a son siège. Mais ne va-t-elle pas
évoluer vers le type de la fabrique ? Il n'en peut être ainsi
qu'à deux conditions : que le marché s'étende et que les
procédés de production se transforment. Aussi longtemps
que les débouchés demeurent restreints, que la fabrication
en grande série est impossible, la concentration du travail
en atelier patronal ne présente pas assez d'avantage pour
s'imposer. Sous l'ancien régime, l'esprit traditionnaliste
empêchait, du reste, des changements d'organisation
n'offrant point d'évidente supériorité.

D'autre part le progrès technique n'est pas la prompte et
infaillible conséquence de l'élargissement des débouchés.
Certains économistes ont voulu accréditer cette thèse que le
progrès technique n'aurait d'autre cause que l'extension du
marché, l'accroissement de la demande des produits. Elle est
assurément trop radicale. Il ne faut pas escompter un résultat
certain là où ne se manifeste qu'une tendance. Les inventions
ne répondent pas toujours à l'appel du besoin. Admettre le
contraire, ce serait nier le génie des inventeurs et méconn-
naître le rôle des individualités exceptionnelles, dont
l'apparition est d'autant plus fortuite que sont plus complexes les êtres qui constituent une société.

S'il en était ainsi d'ailleurs, l'industrie à domicile serait
forcément, dans un grand nombre de cas, chose toute
éphémère. Sitôt le marché élargi, la technique emboîterait
le pas et bientôt se rétablirait l'harmonie entre la transfor-

mation du marché et celle de la production. Pareille hypothèse ne s'accorde pas avec les faits. Le développement
commercial de la draperie flamande et de la dinanderie vers
la fin du Moyen Age n'a point suscité, à cette époque, de
production mécanique. La généralisation de l'industrie à
domicile, au temps de la Renaissance, n'a pas davantage
rénové les procédés techniques de la fabrication. Il est vrai
qu'une division du travail plus prononcée que dans l'ancien
métier s'est peu à peu établie. Mais ce n'est que beaucoup
plus tard que les inventions ont été faites qui devaient bou-
leverser les méthodes de production.

IV

Nous voici cependant à une époque de progrès technique
intense. Les inventions se multiplient. Il y a même des
méthodes sinon pour les imaginer, du moins pour les
adapter. Il ne faut plus de génie pour appliquer les procédés mécaniques à une branche d'industrie où ils n'avaient
pas encore été introduits. Dans de telles conditions, sans
précédent dans l'histoire économique, l'industrie à domicile n'aurait-elle pas dû disparaître ?

En fait, elle a subi des pertes considérables, mais a réalisé
d'autre part des conquêtes nouvelles. Dans l'industrie textile
où elle était particulièrement développée, elle a perdu les
premières phases de la fabrication : la filature complètement,
le tissage presque complètement ; mais elle a évolué vers le
finissage : confection, lingerie, bonneterie, etc. D'une manière générale, elle a été refoulée des branches primaires
où s'élaborent par grandes masses des demi-produits uniformes, ou n'offrant qu'un petit nombre de types, et elle
s'est emparée, au détriment de la production ménagère, de
tout un ensemble de fabrications d'articles finis ou encore a

plus ou moins conservé, dans ce domaine du finissage, ce qu'elle possédait de longue date (1).

Les pertes s'expliquent plus aisément que les conquêtes et surtout la résistance. A n'en pas douter, le déclin de la production manuelle et disséminée, partout où il se manifeste, a pour agent principal le progrès de la technique et de l'organisation du travail.

A elle seule, la concentration en atelier tend déjà à

(1) Nous ne possédons pas de renseignements statistiques remontant assez haut pour retracer avec précision les mouvements de l'industrie à domicile depuis l'apparition de sa concurrente, l'industrie de fabrique. Il n'est possible de mesurer les fluctuations de ses effectifs ouvriers que depuis une trentaine d'années et encore dans quelques pays seulement.

En Allemagne, d'après les déclarations des ouvriers, probablement inférieures à la réalité, mais plus comparables d'un recensement à l'autre que celles des patrons, le nombre des ouvriers à domicile aurait fléchi de 3,8 0/0 de 1882 à 1895 et de 14,9 0/0 de 1882 à 1907. Mais il est difficile de dire si les recensements successifs présentent le même degré d'insuffisance, c'est-à-dire le même coefficient d'erreur. Ce qui semble résulter de ces recensements, c'est qu'en Allemagne, l'industrie à domicile aurait atteint son maximum vers la fin du xixe siècle.

En France, au contraire, la comparaison des recensements de 1901 et 1906 accuse une sensible augmentation. Le nombre des travailleurs en chambre passe de 632.338 en 1901 à 790.000 en 1906. Toutefois, MÉNY (*La lutte contre le sweating system*, Paris, 1910, p. 21 et 36) soutient, sur la foi de multiples enquêtes privées, que le nombre de ces ouvriers s'élève à 1.500.000 dont 250.000 dans le département de la Seine. S'il en est ainsi, il n'est plus possible d'apprécier l'orientation — croissante ou décroissante — de l'industrie à domicile française.

C'est une *augmentation* appréciable qui se constate en Belgique : 1896, 118.620 ouvriers à domicile ; 1910, 144.709. Les renseignements fournis par la statistique anglaise sont manifestement incomplets : les *totaux* sont particulièrement inutilisables.

L'examen des chiffres par groupes d'industrie est plus intéressant ; il nous révèle à la fois les reculs et les progrès. Les recensements belges de 1896 et 1910 fournissent à cet égard des données comparables et qui peuvent être regardés comme typiques. Voir tableau, p. 271.

Augmentation ou diminution : ±	Industries	Nombre d'ouvriers à domicile	
		1896	1910
—	Polissage du marbre	530	53
—	Chaînes et articles en fer forgé. .	195	137
—	Clous	488	227
—	Armes à feu et pièces détachées .	6.668	4.496
—	Couteaux.	238	55
.....	Teillage du lin	(non compris dans le recensement de 1896).	3.793
—	Tissage du jute	242	149
+	Bobinage, époulage des fils de coton.	122	248
—	Tissage du coton.	3.472	3.145
—	Filage, dévidage, retorderie, bobinage et époulage du lin . . .	585	177
—	Tissage du lin.	10.770	2.421
—	Collage de chaînes à tisser, époulage, bobinage de fils de laine .	288	180
—	Tissage de la laine	7.723	1.132
—	Bonneterie, tricotage à la machine, au métier ou à la main. . .	2.651	2.362
+	Broderie à la main sur tulle. . .	1.652	2.217
+	Cordes en fibres végétales . . .	1.258	1.476
+	Ouvrages au crochet	25	248
+	Fabrication des dentelles. . . .	47.490	74.939
—	Passementerie.	237	129
—	Confection de sacs en toile . . .	437	400
—	Fabrication de tissus d'ameublement	459	72
+	Nettoyage d'étoffes	267	390
+	Broderie sur lingerie	304	1.197
+	Confection des chemises	550	2.213
+	Confection de lingerie.	1.322	3.520
.....	Vêtements pour enfants	(non spécifiés en 1896)	312
+	Vêtements pour femmes	3.047	3.897
+	Vêtements pour hommes	7.174	8.498
+	Casquettes	366	408
—	Tressage de la paille pᴿ chapeaux.	2.639	1.232
+	Confection de cols et cravates . .	211	339
+	Articles de modes	160	261
+	Fabrication de chaussons en lisière, espadrilles	0	690
+	Confection de corsets et jupons. .	176	518
+	Repassage du linge	0	167
+	Fabrication de sabots	429	775
—	Fabrication de chaises.	891	683
+	Ébénisterie fine et ordinaire. . .	947	1.044
+	Fabrication des brosses	290	1.363
+	Vannerie.	591	878
+	Préparation de poils pour la chapellerie	90	1.974
+	Ganterie.	3.917	4.716
—	Fabrication de chaussures . . .	8.415	7.151
+	Fabrication de cigares et cigarettes.	445	601
+	Taille des diamants.	0	532

Il ne faut naturellement pas exagérer l'influence de petits mouvements numériques tels que ceux qui se manifestent dans le bobinage et l'époulage des fils de coton, le nettoyage d'étoffes, la confection des casquettes, etc. Il est à remarquer d'autre part qu'en 1896, l'industrie dentellière flamande passait pour être en forte décadence. De grands efforts ont été faits depuis pour la relever notamment par la Reine des Belges, ils paraissent avoir été couronnés de succès.

accroître le rendement du travail sous le triple rapport de la quantité, de la qualité et de la régularité. C'est que le travail en commun est supérieur au travail isolé et dispersé par la discipline, le contrôle et l'émulation (1). En outre, comme l'a bien montré Aftalion, la division du travail peut être poussée beaucoup plus loin lorsque les ouvriers travaillent côte à côte que dans le cas de dissémination. L'industrie à domicile est incompatible avec le sectionnement de la tâche en opérations très brèves ; on ne peut songer au transport quotidien à de nombreux domiciles, plus ou moins éloignés les uns des autres, de centaines de pièces ne devant rester qu'un temps très court entre les mains de chaque ouvrier (2).

Si grands qu'ils soient, les avantages de la concentration ne sont pourtant pas toujours décisifs. C'est que l'industrie à domicile rachète son infériorité technique par l'extrême modicité de ses charges. Elle n'a point de capital fixe à rémunérer et à amortir. De là un double avantage : en temps normal, le prix de revient se limite au coût de la matière et de la main-d'œuvre ; en temps de dépression, la production peut être suspendue sans entraîner d'autre perte que celle dont en tout état de cause le mauvais état des affaires frappe l'entrepreneur.

Ce qui fait décidément pencher la balance en faveur de la

______

(1) Cf. Ansiaux, *Que faut-il faire de nos industries à domicile?* Travaux de l'Institut de Sociologie Solvay. Bruxelles, 1904, p. 26 34. L'irrégularité du travail peut se traduire par de la lenteur ou encore par un défaut d'uniformité des produits. Voy Aftalion, *Le développement de la fabrique et le travail à domicile dans les industries de l'habillement.* Paris, 1906, p. 171-173. Plaintes nombreuses au sujet du manque de ponctualité des ouvrières à domicile |dans la lingerie française : Voy l'enquête de l'Office du Travail : *le travail à domicile dans l'industrie de la lingerie,* Paris. Imprimerie nationale, 1911, vol. V, p. 38 et suiv.

(2) Aftalion, *Op. cit.,* p. 184-188.

fabrique, c'est l'emploi des procédés mécaniques. Sans doute, la production centralisée et mécanique apparaît, à ses débuts, environnée de très gros risques. C'est une spéculation exigeant des capitaux relativement considérables. Les esprits timorés la tiennent pour hasardeuse : de fait elle est parfois bien près d'échouer. Mais graduellement fléchit le prix de revient du produit usiné, si bien que le travail manuel à domicile se voit placé dans des conditions de plus en plus désavantageuses et finalement désespérées (1).

Le recul de l'industrie à domicile se comprend donc sans peine. Mais comment se fait-il qu'elle gagne de nouvelles branches de fabrication, tandis qu'elle en abandonne de plus anciennes, tel un brasier s'allume et grandit d'un côté qui s'éteint par degrés de l'autre ?

En fait ces gains se réalisent aux dépens de la production ménagère et des petits métiers nationaux ou étrangers. La confection locale des vêtements cède de plus en plus la place à l'industrie exportatrice. De même, les consommateurs confectionnent de moins en moins eux-mêmes les objets de lingerie dont ils ont besoin : le grand magasin approvisionné par le travail en chambre les leur fournit à des conditions de bon marché qui découragent toute production autonome. Ou bien c'est le petit métier local, celui de cordonnier par exemple, qui est supplanté par les produits provenant de l'un ou l'autre centre du travail à domicile.

Mais ces constatations ne résolvent que le problème de la

____

(1) L'histoire de la lutte du filage à la main et du filage à la mécanique retracée d'une manière si intéressante par L. VARLEZ en ce qui concerne l'industrie linière belge est un exemple typique de ce qui est dit au texte. (Voy. *Les salaires dans l'industrie gantoise*. Vol. II, *Industrie de la filature du lin*. Bruxelles, 1904, p. xxx à L.) Il y en a d'autres, plus récents, notamment dans la chaussure, la bonneterie, etc.

conquête. Elles n'en expliquent pas la durée. Or, c'est là
le point essentiel à élucider.

V

Parmi les articles de finissage qui forment aujourd'hui
le domaine par excellence de l'industrie à domicile, il faut
distinguer deux catégories : celle des produits de luxe, de
mode et de fantaisie et celle des articles communs.

Pour ce qui est de la première catégorie, elle paraît bien
constituer un domaine interdit à l'intrusion du machinisme
et partant de la fabrique. C'est que par ses caprices de composition l'article de luxe, de mode ou de fantaisie semble
réfractaire au procédé mécanique nécessairement uniforme.
On peut même dire que le produit fait à la main est assez
souvent l'objet d'une demande spéciale émanant de clients
connaisseurs et riches ou du moins dans l'aisance qui
repoussent le produit fait à la machine comme dépourvu
d'élégance ou mal ajusté à la personne du consommateur.
Le fait est courant dans l'industrie dentellière, la chaussure,
la lingerie et les autres industries de l'habillement. Chose
plus étonnante, il ne l'est pas moins dans l'armurerie. Le
chasseur européen réclame un fusil fait sur commande,
individualisé et par suite impossible à fabriquer mécaniquement. Mais ce sont surtout les articles de luxe féminin tels
que dentelles, lingerie fine, etc., qui semblent devoir longtemps encore demeurer le monopole du travail manuel. Il
en serait autrement si la répartition des richesses se modi-
fiait dans l'avenir en un sens beaucoup plus égalitaire : dès
à présent on remarque déjà que le demi-luxe, qui est du
ressort de la production mécanisée, a pris un essor considérable et qui paraît devoir grandir. D'autre part, la perfection croissante et le coût décroissant du travail méca-

nique accentuent la disproportion qui se dessine entre les deux modes rivaux de production (1). Il est possible qu'à la longue, la fabrication à la machine finisse par l'emporter en offrant au client un article uniforme sans doute, mais bien plus parfait et beaucoup moins coûteux. C'est ce qui a eu lieu aux Etats-Unis pour les armes de chasse. Pour peu que le salaire de l'ouvrier en chambre se relève à la suite d'un besoin général de main-d'œuvre, la même solution ne s'imposera-t-elle pas quelque jour dans le Vieux Monde ?

D'un autre côté, la fabrique a réussi, de diverses manières, à assouplir ses procédés et à s'adapter dans une large mesure tant à la variété des besoins individuels qu'à la fréquence des changements de mode : « Grâce à un système savant et compliqué de « tailles », de « patrons », de « formes », de « pointures », grâce à une échelle habilement graduée des longueurs combinées avec les largeurs, on a pu fabriquer d'avance les articles ajustés de manière qu'ils s'adaptent de moins en moins grossièrement à la variété des conformations, concilier la confection par séries et la nécessité de l'article ajusté, moulant étroitement le corps (2). Les caprices de la mode ne rebutent pas non plus l'usine moderne. C'est ainsi que les fabriques de chaussures mécaniques, contraintes de suivre la mode décrétée par les

____

(1) Il est à remarquer que le développement graduel de la technique n'a pas eu lieu seulement suivant les phases successives de plus en plus complexes d'une même fabrication, comme nous le constations tout à l'heure, mais encore en partant de l'article ordinaire pour aboutir au produit de luxe. Sous ce dernier rapport, les difficultés ont été surmontées en plus d'une branche d'industrie : il y a une vingtaine d'années déjà, deux enquêteurs belges, DUBOIS et VERHAEGEN, signalaient l'invention de machines perfectionnées pour le tissage de la batiste et la confection des dentelles les plus larges et les plus fines. Enquête belge citée, Vol. II, p. 78 et vol. IV, p. 275-276.

(2) AFTALION, *Op. cit.*, p. 20.

grands chausseurs qui n'ont recours qu'au travail manuel, réussissent à vivre et à prospérer malgré l'impossibilité de produire sur stock et en dépit de la morte-saison qui en est la conséquence.

VI

Entamée dans le domaine du luxe et de la mode qui, à première vue, se prête si mal à la technique nouvelle, comment l'industrie à domicile peut-elle soutenir le choc de celle-ci lorsqu'il s'agit de la production en masse de marchandises uniformes ? N'est-ce pas ici que triomphe la machine ? Et pourtant il est de fait que l'industrie à domicile conquiert dans la fabrication des articles courants d'habillement des positions nouvelles, dont quelques-unes même sont enlevées à la fabrique (1).

Voici comment s'explique cet état de choses si paradoxal en apparence. C'est que les entrepreneurs de l'industrie à domicile qui ne peuvent ou ne veulent développer leur capital fixe et entrer dans la voie de la fabrication mécanique font une résistance opiniâtre et recourent à tous les moyens, sans en excepter les pires, pour échapper au sort qui les menace. Leur expédient habituel est la baisse des salaires. Baisse parfois effroyable. Les salaires des femmes surtout sont réduits à l'extrême et ces misérables gains s'accompagnent de journées de travail d'une excessive longueur

(1) Ce dernier cas est toutefois exceptionnel et peut tenir à l'intervention de la législation du travail applicable aux seuls ateliers patronaux où elle limite la durée du travail, l'emploi des enfants et des adolescents et auxquels elle prescrit des mesures assez onéreuses d'hygiène. Il se produit alors des régressions, d'ailleurs bien fâcheuses à divers égards, vers le travail en chambre. Mais il ne faut pas en exagérer l'importance.

dans des taudis malsains et fétides et sont parfois encore
indirectement abaissés grâce au paiement en marchandises
à des prix surfaits. Ce régime a été appelé *sweating system*
ou système de sueur. Qu'on n'imagine pas, d'après son
nom, qu'il soit spécifiquement anglo-saxon : il sévit sans
distinction dans toutes les grandes villes, spécialement
dans les énormes agglomérations dont la population compte
un million d'habitants ou davantage. Aujourd'hui il s'étend
même aux régions rurales éloignées des grands centres (1).
C'est que tant ici que là se rencontrent beaucoup d'ouvriers
et surtout d'ouvrières disposés à travailler, mais qui seraient
dans l'impossibilité d'aller à l'atelier ou ne consentiraient
point à s'y rendre. Les ménagères et particulièrement les
femmes mariées, qui doivent rester au logis, les vieillards et
les enfants auxquels l'âge ou même la loi interdit de franchir le seuil de l'atelier, les paysannes qui habitent trop à
l'écart rentrent dans la première catégorie. A la seconde
appartiennent des femmes ou filles d'employés et, en général,
de petites bourgeoises soucieuses d'augmenter, en faisant
de la lingerie, les ressources d'un budget bien maigre, mais
qui regarderaient la fréquentation de l'atelier comme une
déchéance (2). Parfois leurs maris participent plus ou moins

_____

(1) GEMAEHLING, (*Op. cit.*, p. 263-267), parle même de « l'exode rural
des industries à domicile » (notamment dans le Berry, la Sologne, la
Flandre, le Centre, les Vosges). C'est qu'à la campagne le coût de la
vie est moins élevé et qu'en outre, on peut plus aisément peser par
là sur les ouvriers des centres urbains. Cf. le rapport déjà cité de
l'Office du Travail de France, p. 37.

(2) La statistique démontre que dans l'industrie à domicile, le travail féminin gagne en importance relative sinon toujours absolue.
Ainsi en est-il du moins en Allemagne et en Belgique. En Allemagne,
il y avait dans les industries textiles 36 0/0 de femmes en 1882,
59.2 0/0 en 1907 ; dans l'industrie du papier 40 0/0 de femmes en
1882, 54.8 0/0 en 1907 ; dans l'industrie des produits alimentaires
80 0/0 en 1882, 62.6 0/0 en 1907, etc. Léger recul cependant dans
quelques autres branches. En Belgique, le nombre des ouvrières à

secrètement au travail. Ainsi, dans une localité du département de la Sarthe, où toutes les femmes de gendarme font
de la lingerie, les gendarmes aident au travail en cousant
les boutons (1). Dans les grandes capitales, on voit aussi
des immigrés travailler en chambre parce qu'il leur répugne
de se mêler aux ouvriers d'une autre langue et d'une autre
religion. De même encore armuriers, gantiers, rubanniers,
se jugent d'un rang supérieur à celui des ouvriers d'usine
ou des houilleurs dont les salaires sont cependant plus
élevés que les leurs.

La main-d'œuvre disponible pour le travail en chambre
est donc abondante et les sous-entrepreneurs fouillent à
l'envi les villes et les campagnes pour la découvrir.
Garde-barrières, bergers, gardeuses de bestiaux sont indistinctement embrigadés dans le personnel disséminé de cette
industrie et se contentent de salaires dérisoires. Grâce à
quoi la concurrence de l'usine outillée mécaniquement peut
être tenue en échec (2).

VII

Il arrive cependant que, dans sa lutte contre la fabrication mécanique et centralisée, l'industrie à domicile subisse

domicile s'élevait à 76.930 en 1896, il atteint 111.984 en 1910. Proportionnellement au total des travailleurs en chambre, la main-
d'œuvre féminine passe en ce pays de 64,9 0/0 en 1896 à 77,4 0/0 en
1910. Ces données sont très significatives.

(1) *Rapp. cit.*, p. 45.

(2) Cependant il ne faut pas aller trop loin et dès aujourd'hui il
est certain que la fabrique prédomine dans la bonneterie française
et qu'en Angleterre et aux Etats-Unis, le travail en chambre dans la
bonneterie est chose presque négligeable. En Belgique, par contre, la
situation est un peu différente ; la bonneterie à domicile y reste assez
importante, bien que le nombre de ses ouvriers diminue.

une déformation profonde et emprunte à sa redoutable
rivale soit l'un soit l'autre de ses caractères essentiels : ou
bien se créent de petits ateliers dirigés par des sous-entrepreneurs, mais où le travail reste manuel ; ou encore le
travail continue à s'exécuter à domicile, mais à l'aide d'un
petit outillage mù par une force motrice telle que l'électricité, le pétrole, le gaz, etc. D'une part, c'est de la concentration sans machinisme, de l'autre c'est du machinisme sans concentration. Mais dans le premier cas, la concentration est minuscule et n'a pas lieu chez l'entrepreneur
même, dans le second il ne s'agit que de machinisme en
miniature.

Le premier cas est le plus fréquent (1). On aura soin de
remarquer à cet égard que souvent le sous-entrepreneur
est à peu près au niveau économique et social des ouvriers
qu'il emploie et que notamment il ne gagne guère davantage. Ne pouvant à lui seul faire la besogne qu'il a reçue,
un simple « tâcheron » commence par s'adjoindre un aide ;
petit à petit il recrute une équipe qui travaille auprès de
lui, en chambre : car c'est à peine si l'on peut nommer
« atelier » le local exigu et malsain où peinent côte à côte
le sous-entrepreneur et ses ouvriers. Parfois, le « contractor » réussit à étendre quelque peu ses affaires et à
s'affranchir personnellement du labeur ; alors peut-être
devient-il en une certaine mesure exploiteur. En dehors
de là, il ne l'est guère et c'est si vrai qu'à Londres plus
d'un sous-entrepreneur travaille une partie de l'année
aux ordres d'un confrère ; il est alternativement *sweater*

____

(1) Dans la pratique on désigne souvent sous le nom d'entrepreneur ou d'entrepreneuse l'intermédiaire que nous appelons ici
sous-entrepreneur. On les nomme aussi sous-entrepreneurs, déposi-
taires ou, dans l'armurerie liégeoise, recoupeurs. Les Anglais se
servent du terme « contractor ».

et *sweatee* (celui qui fait suer et celui qui sue). L'exploitation des ouvriers et ouvrières n'en est pas moins réelle et même atroce, mais elle résulte du « système » bien plus que des individus qui l'appliquent. Et ce qui est certain, c'est qu'elle n'est point atténuée par l'ébauche de concentration que représente le travail en commun de l'équipe de la sous-entreprise. Rien d'étonnant à cela puisque plus divisé et mieux surveillé, le travail n'en reste pas moins purement manuel et qu'il est accompli d'ordinaire par des ouvriers de rebut ou tout au moins sans formation professionnelle et de productivité fort inférieure, comme sont ces juifs russes et polonais immigrés à Londres et New-York où ils végètent dans une misère sordide et débilitante. L'industrie s'engage ainsi dans une impasse et aboutit au camelotage (1). Si, dans de telles conditions, elle réussit momentanément à se maintenir encore, c'est que ses produits se vendent à des prix dérisoires et s'adressent à une clientèle dont le pouvoir d'achat est extrêmement faible et qui ne peut songer à faire l'acquisition d'un article plus solide et plus durable, mais plus coûteux.

Il semble toutefois que la situation de celle-ci se modifie insensiblement : s'il en était ainsi, l'amélioration de la condition du consommateur entraînerait infailliblement celle de la condition du producteur et porterait une décision atteinte à la forme domiciliaire de la production du linge et des vêtements. Mais il y a plus : l'industrie soumise au *sweating system* est en maint endroit minée par la base par suite de la défection de la main-d'œuvre. Sitôt que s'offre une occupa-

----

(1) Il y a cependant des produits de luxe comme la dentelle qui sont l'œuvre d'ouvrières à domicile extrêmement mal rémunérées. Mais on remarque que les dentellières, si pauvrement rétribuées, préfèrent confectionner l'article ordinaire que le produit de luxe qui demande plus de temps et de soins.

tion plus rémunératrice, l'ouvrier, s'il est encore assez jeune et assez souple, se dérobe à ce douloureux mode d'existence. Reste-t-il fidèle à l'atelier de famille, il n'hésite pas à abandonner un travail particulièrement mal rémunéré pour un autre qui l'est un peu mieux, la dentelle pour la couture des gants par exemple (1).

Il suffit souvent de l'établissement d'une usine dans une région où fleurissait la production décentralisée pour en tarir les sources. L'agriculture même peut disputer victorieusement les travailleurs à l'industrie à domicile (2). Et l'on peut se demander si la guerre mondiale, qui a cruellement raréfié la main-d'œuvre, n'aura pas pour conséquence de provoquer la régression de la fabrication manuelle ou du moins de lui ôter toute chance de recrutement parmi les jeunes, sollicités par les hauts salaires des usines, des mines et des grands travaux de reconstruction.

Que vaut l'autre échappatoire, c'est-à-dire l'installation de la machine mue par la force motrice transportée au domicile de l'ouvrier ? Un certain nombre d'applications ont été faites de ce minuscule machinisme et il y a quelque vingt ans, des économistes amateurs s'étaient engoués d'une combinaison qu'ils jugeaient propre à déconcentrer l'industrie, à frapper à mort socialisme et syndicalisme et à ramener la « paix sociale » au sens conservateur très spécial qu'ils prêtaient à ce terme. Est-il besoin de dire qu'ils n'ont récolté que des désillusions ? Tout au plus la concentration de certaines industries à domicile a-t-elle été enrayée grâce à ce procédé nouveau. Dans le département de l'Aube, le petit moteur à pétrole a déterminé une réaction en faveur du travail en chambre dans la bonneterie ;

(1) Enquête de l'Office du Travail en Belgique. Vol. IV, p. 270 suiv. A Grenoble, la ganterie tend de même à évincer la lingerie (Enq. française, p. 49).

(2) Enq. française, p. 38 et 40.

mais cette réaction est peu importante et limitée aux articles communs (1). Dans l'horlogerie suisse, la rubannerie stéphanoise et le tissage de soie lyonnais, l'expérience a été moins probante encore : le transport de la force motrice électrique aux ateliers familiaux est sans doute « capable, dans certaines circonstances, d'atténuer les effets douloureux d'inévitables transformations industrielles ; on ne peut voir en lui l'instrument de libération de la production décentralisée ». Ainsi se prononcent deux enquêteurs à qui souriait pourtant pareille méthode de régénération de l'industrie à domicile, mais que l'évidence des faits a convaincus de son inefficacité foncière (2). En ce qui concerne toutefois la rubannerie, un jugement un peu plus favorable serait de mise, la transformation des métiers à bras en métiers mécaniques s'y étant montrée particulièrement facile et peu coûteuse (3). Toutefois si le travail à domicile s'y maintient, c'est pour une raison déjà signalée et qui explique aussi sa persistance dans des branches n'utilisant pas jusqu'aujourd'hui de force motrice : les caprices incessants de la mode.

D'une manière générale, l'industrie à domicile ne peut donc chercher son salut dans l'emploi du petit outillage mécanique. Pourquoi en est-il ainsi ? D'abord parce que d'ordinaire la force motrice, débitée en petites quantités,

(1) AFTALION, *Op. cit.*, p. 208.
(2) JULIN et DUBOIS, *Les moteurs électriques dans les industries à domicile*. Bruxelles, 1902, p. 276-280.
) En revanche, la mécanisation des métiers à bras a entraîné une s e de désavantages tels que la surproduction, le camelotage, la b se des salaires, la dissociation définitive du travail agricole et du travail industriel, l'emploi grandissant de la main-d'œuvre féminine. Cf. G. MARTIN, *Le tissage du ruban à domicile dans les campagnes du Velay* (Paris, Tenin, 1913), p. 131-152. Certains industriels bruxellois sont favorables à la transmission de la force motrice à domicile afin de conserver leurs bonnes ouvrières qui abandonnent l'atelier lorsqu'elles se marient, ce qu'elles font généralement de bonne heure en Belgique.

revient plus cher que lorsqu'on l'achète ou la produit en grand. Ensuite et surtout parce que la coordination des tâches, le contrôle strict et la régularité de la production ne peuvent être obtenus sans concentration du travail. Comme le dit Aftalion, c'est l'*union* du machinisme et de la concentration qui consacre la supériorité de la fabrique sur l'atelier de famille même dans les branches où la nature de la production se prête à l'emploi du petit moteur.

En résumé, si l'on veut porter, sur les destinées de l'industrie à domicile, un jugement d'ensemble faisant abstraction des situations particulières, il ne paraît pas téméraire d'affirmer que son champ d'activité se restreindra graduellement, encore qu'il puisse d'autre part se développer, du moins pour un temps, parmi des populations de civilisation moins avancée telles que les nations asiatiques. Et puis, il faut toujours compter avec l'imprévu...

CHAPITRE XV

I

Tous les observateurs ont été frappés de la divergence profonde qui s'accuse entre l'évolution des entreprises industrielles, commerciales ou financières et celle des entreprises agricoles. Tandis que chez les premières le phénomène de la concentration s'affirme avec une indiscutable netteté, les secondes ne trahissent rien de semblable et l'on voit subsister côte à côte, dans la mise en valeur du sol, des types d'exploitation tout à fait opposés. Ainsi, la petite et même la très petite entreprise voisine avec la moyenne et la grande et ne semble pas sur le point de disparaître. Bien plus : aux Etats-Unis, les fermes géantes diminuent en nombre et tendent à céder la place à des exploitations plus mesurées.

On s'expliquerait malaisément une orientation aussi particulière si l'on n'avait soin de remarquer que cette particularité n'est pas la seule qui distingue l'organisation économique de la culture. Celle-ci offre tout un ensemble de caractères propres qu'il faut savoir démêler si on veut la comprendre et la juger sainement.

Et d'abord les entreprises agricoles sont généralement complexes en ce sens qu'il est rare qu'elles s'adonnent d'une manière exclusive et prolongée à une même production. Le

cas ne se présente guère que pour les exploitations et arbo-
ricoles et arbustives comme les plantations d'oliviers, de
caféiers, de cotonniers, d'arbres à thé, de vignes, etc. (1).
Partout ailleurs la production rurale est diversifiée soit au
cours d'une seule et même période : it au cours de périodes
successives. L'union de la culture proprement dite et de
l'élève du bétail, d'une part, l'alternance des cultures et
notamment des céréales et des plantes-racines d'autre part,
sont devenues la règle dans les vieux pays de la zone tempérée. Et s'il en est ainsi, c'est surtout parce que cette complexité de l'exploitation du sol est l'une des conditions de
ses progrès. Le bétail apporte à la culture la force de traction, l'engrais et un des éléments de l'alimentation des
ouvriers ; l'alternance a pour effet d'épargner la fumure et
de permettre au sol de réparer ses pertes sans faire subir à
la production le temps d'arrêt triennal de la jachère (2) (3).

Dans le même ordre d'idées, il est à remarquer que
l'exploitation rurale peut toujours changer d'objet alors que

(1) Et encore des cultures secondaires, associées à la culture principale et formant une sorte de sous-production ne sont-elles pas exclues en ce cas.

(2) La complexité des entreprises qui mettent le sol en valeur a-t-
elle augmenté au cours des temps ? Les avis sont partagés à cet
égard. Il faut remarquer qu'en un sens elles se sont simplifiées
puisque, de plus en plus, elles se sont débarrassées des travaux industriels (production ménagère et industrie à domicile) qui formaient
jadis une branche importante de l'économie rurale. Il n'en reste
plus aujourd'hui que des vestiges comme la sculpture du bois dans
certaines régions écartées. Il est vrai, d'autre part, que se sont dé-
veloppées les industries agricoles telles que laiterie, fromagerie, dis-
tillerie. Mais elles tendent à former des entreprises tout à fait distinctes, parfois même dominatrices, comme la sucrerie.

(3) Un cas extrême d'alternance est fourni par les cultures dérobées,
partout du moins où elles ont pour objet une autre plante que la
première culture de l'année. Lorsqu'elles ont le même objet, comme
l'alfa en Algérie, les cultures dérobées deviennent de la spécialisation
intensive.

souvent une usine ou un chantier ne le peuvent pas : fréquentes sont les transformations de terres à blé en herbages, ou en cultures betteravières, de plantations de mûriers en vignobles, etc. Un haut fourneau, des fours à coke, une brasserie, une verrerie, un moulin sont tout à fait rebelles à pareilles métamorphoses.

Mais de la complexité et de la variabilité incontestables des entreprises agricoles, il serait erroné de conclure qu'elles sent incapables de spécialisation. Un coup d'œil jeté sur l'économie rurale de la Belgique suffit à montrer combien la spécialisation y est prononcée. On élève des chevaux de trait dans les Polders ; dans la région sablonneuse des Flandres, on engraisse des lapins domestiques et l'on en vend des quantités considérables, même à l'étranger ; la région limoneuse et sablo-limoneuse est, par excellence, celle où se cultivent la betterave à sucre, le lin, le houblon, la chicorée à café ; dans le canton de Leuze prospère la culture toute spéciale des plantes médicinales ; plus de 700 établissements occupant plus de 1.200 hectares se consacrent, dans les environs de Gand, à l'horticulture ; dans les provinces d'Anvers et de Brabant se cultivent tout particulièrement les pommes de terre hâtives, les asperges, les petits pois et autres légumes destinés aux fabriques de conserves ; on rencontre en Campine une variété spéciale d'avoine, l'évie ; le pays de Herve est renommé pour sa production de beurre, de fromage et de fruits ; le long de la Semois et dans quelques autres régions bien délimitées du pays abondent les plantations de tabac, (1) ; dans les environs de Bruxelles (Hoeylaert, Overyssche, la Hulpe) s'est développée la très caractéristique et rémunératrice production du raisin en serre ; l'engraissage du poulet de Bruxelles est localisé dans la région de Malines et de

(1) Cf. *l'agriculture belge* dans *Etudes sur la Belgique*, Bruxelles, 1913.

Merchtem en Brabant. Citons encore l'élevage du porc et la culture de l'avoine dans le Luxembourg ainsi que les cultures fruitières dans la région de Virton. On ferait des constatations analogues en toute autre contrée. C'est ainsi qu'aux Etats-Unis et en Angleterre la production du lait se spécialise de trois manières différentes. Les races et les méthodes d'élevages varient suivant que le fermier produit du lait pour le vendre frais ou en vue de la fabrication du beurre ou de celle du fromage.

Si remarquable qu'elle soit, cette spécialisation ne doit pas être assimilée à celle que réalise l'industrie. Elle n'est pas incompatible avec une certaine complexité : ainsi l'élève du bétail coexiste avec la production fruitière. Elle ne paraît tout à fait rigoureuse que dans l'exploitation en serre chaude, comme en horticulture.

D'un autre côté, la spécialisation peut cesser d'être rémunératrice, ce qui a été le cas dans le passé pour le colza ou la garance. En ce cas se retrouve la plasticité de l'exploitation agricole toujours susceptible de changer d'objet.

Un autre trait essentiel propre aux entreprises agricoles, c'est le fait fréquent du divorce entre la propriété et l'exploitation de la terre. Sans doute dans la petite industrie et surtout dans le commerce, il arrive que l'entrepreneur ne soit point propriétaire des locaux où est fixé le siège de son exploitation. Mais il est très rare que la grande entreprise ne possède pas ses installations. En agriculture, au contraire, les grandes fermes louées ne constituent nullement une exception. Au reste, la différence principale n'est pas là : elle tient à ce que le travail agricole modifie, transforme même le fonds productif, tandis que le locataire d'un bâtiment industriel et commercial n'y apporte habituellement que des changements de peu d'importance et qu'il est aisé de faire disparaître à l'expiration du bail. En d'autres termes, les améliorations agricoles s'incorporent au sol et en accroissent les propriétés productives : rien de semblable n'existe dans les entreprises transformatrices ou distributrices. Cela étant, l'affermage se présente avec des caractères tout à fait particuliers, entraîne des conséquences *sui generis* qui retentissent nécessairement sur toute l'organisation de la production culturale. D'un autre côté encore la très grande propriété ne comporte qu'assez rarement la très grande culture : les vastes domaines sont bien souvent morcelés en fermes plus ou moins nombreuses.

Enfin, il est possible de multiplier indéfiniment les entreprises d'industrie et de commerce en ce sens du moins que pratiquement l'espace ne leur manque jamais. Au contraire, la limitation est le propre des exploitations rurales. Un entrepreneur agricole ne peut étendre son exploitation ni comme il veut ni aussi loin qu'il veut ; il se heurte à des voisins qui peuvent se montrer absolument réfractaires à toute tentative d'annexion. Il ne dépend pas de lui non plus de donner à cette exploitation la forme qui conviendrait le mieux ; bien souvent il doit s'accommoder d'un territoire capricieusement délimité et en tirer le meilleur parti possible. En outre, la création de nouvelles entreprises est difficile dans les vieux pays où tout le sol fertile est approprié et exploité. Il n'y a vraiment de disponible que des terrains arides, marécageux, pierreux, d'une trop grande altitude, très mal situés, en un mot d'une qualité tout à fait inférieure. Il faut alors des travaux considérables et onéreux pour leur faire subir les transformations qui les rendent utilisables. En industrie, il en va tout autrement.

II

Cela dit, cherchons à préciser les raisons de la persistance et même des progrès de la petite entreprise en agriculture.

Ce fait, on l'attribue assez souvent à l'absence de division du travail dans les exploitations rurales, à l'utilisation relativement restreinte des machines dans la production animale et végétale, enfin à l'infériorité du rendement du travail dans les grandes exploitations comparativement aux petites.

Sans dénier tout fondement à ces explications, on doit bien reconnaître qu'elles sont insuffisantes et donnent l'impression erronée que c'est à une indiscutable supériorité économique que la petite culture devrait de se maintenir et de gagner en extension. S'il en est ainsi dans certains cas — même assez nombreux — on se trompe gravement en généralisant cette explication.

L'argument habituellement invoqué pour expliquer les succès de la petite culture (1) consiste à faire ressortir le zèle qu'apporte le propriétaire à tirer de son bien le maximum de rendement sous l'empire de son intérêt personnel : *res sua agitur*. Arthur Young, adversaire pourtant de la petite propriété, comparait le droit de propriété à une baguette magique transformant le sable en or. Mais outre que cet argument perd toute sa force quand l'on considère le fermier non-propriétaire, on peut dire qu'il ne prouve qu'une chose : c'est que le petit cultivateur-propriétaire travaille avec acharnement (2). Il faut même remarquer que la limite raisonnable est maintes fois dépassée. Le petit cultivateur s'exténue lui et les siens, sans en

(1) Les économistes du xixᵉ siècle, dissertaient à perte de vue sur les mérites respectifs de la grande et de la petite culture. Cette discussion était académique plutôt que scientifique. La Science doit expliquer les faits avant de les apprécier et de distribuer des encouragements ou des blâmes. Cette controverse a-t-elle du moins favorisé le progrès pratique ? Ce n'est guère probable.

(2) « Nous avons vu, écrit de Foville, des enclos qu'on rebêchait la nuit au clair de la lune, après les avoir béchés tout le jour ». *Le Morcellement* (Paris, 1885, p. 43).

excepter les enfants. Ce travail excessif est souvent imposé par les nécessités vitales, considération qui ne témoigne pas précisément en faveur de la capacité de concurrence du petit entrepreneur agricole. Et lors même qu'il n'en est pas ainsi, l'extrême ardeur qu'il apporte à la tâche n'implique nullement qu'il exploite avec intelligence et dans un esprit progressif; il n'en résulte pas davantage que les capitaux dont il dispose suffisent à mettre la terre en pleine valeur ni que les dimensions exiguës du champ qu'il cultive sont les plus favorables au rendement de la culture.

Cette question ne peut être élucidée que par l'observation et la comparaison des modes d'exploitation respectifs de la grande et de la petite entreprise.

Les domaines ruraux importants (de plus de cent hectares, par exemple) peuvent être mis en valeur de façon bien différente. Les grands seigneurs de jadis se préoccupaient peu de leur rendement et se contentaient d'un taux très médiocre de revenus, tant était considérable, en définitive, la somme de ceux-ci. A cette exploitation que nous appellerons « seigneuriale » ou « rentière » s'oppose de plus en plus aujourd'hui, dans les pays de civilisation avancée et soumis à la concurrence internationale, une conception pratique tout autre qui aboutit à ce que l'on peut nommer la « grande culture d'affaires ». Celle-ci vise intensément à grossir sans cesse les profits et elle recourt systématiquement aux méthodes perfectionnées en honneur à notre époque dans la mesure où elles sont applicables au travail des champs. La grande culture contemporaine dans les pays les plus exposés à la concurrence du dehors s'est donc distinguée par la hardiesse de ses initiatives et de ses essais (1) alors que l'esprit de routine, d'obstination bornée

(1) Léonce de LAVERGNE dans son *Economie rurale de la France* dont la première édition a paru en 1860, cite maint exemple de cette activité progressive des grands propriétaires exploitants de notre

et même de défiance vis-à-vis des innovations domine le
petit entrepreneur agricole, comme il dominait naguère le
petit entrepreneur industriel et en particulier l'artisan
rempli de dédain pour les inventions mécaniques.

L'emploi des machines se généralise du reste plus aisément dans les grandes exploitations, parce qu'il y est plus
avantageux. Kautsky constatait, il y a un quart de siècle,
qu'en Allemagne, l'énorme majorité des exploitations agricoles est si petite, qu'elle ne peut même tirer tout le profit
possible d'une charrue à attelage, à plus forte raison des
machines (1). La même supériorité de l'entreprise importante s'affirme sous le rapport du capital disponible pour
les travaux d'amélioration (irrigation, drainage, sélection
du bétail, etc.), des facilités du crédit et des conditions
commerciales d'achat et de vente (2). A ces divers égards
toutefois, l'association peut fournir aux petits exploitants
ce qui leur fait défaut. L'essor des syndicats agricoles en
France et, en différents pays, des caisses de prêts mutuels
témoigne de sa puissance. Mais précisément le syndicat
agricole est une forme de concentration ! Il prouve que sou-

époque. Il se manifeste même une réelle émulation parmi eux ; quelques-uns se passionnent pour les grands travaux et les expériences
quelque coûteuses qu'elles soient. C'est un Belge, Crombez, qui, à
partir de 1847, défricha les landes de la Brenne en Brie (cf. p. 354,
385 et *passim*).

(1) *Op. cit.*, p. 143. Tous les auteurs constatent que la grande
culture emploie beaucoup plus que la petite les machines agricoles.
Leroy-Beaulieu signale notamment l'usage de chemins de fer por-
tatifs dans plus d'un grand domaine. (*Op. cit.*, tome II, p. 4.)

La charrue à vapeur est inutilisable dans les petites fermes et les
moyennes. D'autre part la mise en valeur de certains sols exige de
gros capitaux, les terres argileuses par exemple (H. Passy cité par
Roscher, *Nationalökonomik des Ackerbaues*, Stuttgard, 1903, 13ᵉ édit.,
p. 228).

(2) Le petit cultivateur se laisse facilement tromper dans l'achat
des engrais (*Etudes sur la Belgique*, déjà cit., p. 25). Ce qui est plus
grave, il est souvent la proie des usuriers faute de jouir d'un crédit
suffisant.

vent la petite culture n'échappe à la ruine ou à la misère qu'en limitant son indépendance au profit d'un groupement d'une réelle importance. C'est, si l'on veut, de la concentration démocratique et à coup sûr moins serrée, mais c'est de la concentration quand même.

Ce serait toutefois une erreur de croire que la grande production culturale offrît à tous égards les mêmes avantages que la grande production industrielle. Une différence très nette s'établit notamment entre celle-ci et celle-là sous le rapport du rendement de la main-d'œuvre. Non seulement le travail qui s'exécute sur une vaste étendue cultivable est beaucoup plus difficile à surveiller que celui qui s'effectue dans une grande usine, chose grave quand l'on veut faire de l'exploitation intensive, mais il n'est pas possible de lui imprimer le même élan par l'emploi de méthodes de rémunération stimulantes : c'est qu'il est souvent impossible d'en mesurer exactement le résultat. La tâche manque parfois d'uniformité et le soin que l'on doit apporter à son exécution n'importe pas moins que le rendement quantitatif. A ce double égard l'infériorité de la grande culture vis-à-vis de la grande industrie est manifeste. Enfin le machinisme agricole, quelque développement qu'il ait pris, n'augmente pas dans une assez forte mesure le rendement par ouvrier employé pour permettre le paiement de salaires élevés. La grande culture a même à souffrir à ce point de vue de la concurrence de la grande industrie d'autant plus que cette dernière a une certaine tendance à se fixer dans les campagnes ou du moins à utiliser des ouvriers n'habitant point les centres populeux grâce au régime, qui se généralise, des abonnements ouvriers (1).

____

(1) Voy. surtout en ce qui concerne la Belgique, E. MAHAIM, *Les abonnements d'ouvriers sur les lignes de chemins de fer belges et leurs effets sociaux*. Bruxelles, 1910.

La qualité de l'ouvrier de ferme, particulièrement du domestique

La petite culture se défend mieux contre cette concurrence, étant donné l'attachement à l'indépendance des paysans propriétaires et même des petits fermiers.

Ce qui entrave d'autre part les progrès de la grande culture, c'est l'impossibilité déjà signalée où elle est presque toujours de constituer des exploitations rationnelles, bien arrondies, judicieusement constituées quant à la composition du sol et à la situation géographique, débarrassées de servitudes gênantes et convenablement aménagées. Au lieu de cela, l'exploitation comprendra souvent des parcelles disséminées, le corps de ferme ne sera pas au centre du domaine : de là d'incontestables déchets dans le rendement. A cet égard, il est hors de doute qu'un régime de nationalisation du sol, qui taillerait en plein drap, pourrait constituer des exploitations infiniment plus logiques que celles d'aujourd'hui : la question est naturellement de savoir si elles seraient bien gérées ; nous n'avons pas à l'examiner pour le moment. Sans aller aussi loin, il faut bien admettre que les nécessités de la culture pourraient amener dans l'avenir des mesures d'exception comportant des atteintes assez profondes au droit de propriété. Ce ne serait pas la première fois que le régime juridique de la terre serait bouleversé sous la pression des nécessités culturales (1). Il faut rappeler à cet égard, que dans le passé, la nécessité d'une culture progressive a déterminé des réformes profondes et surtout l'abolition de la culture forcée (*Flurzwang*). En vertu de cet antique système de contrainte,

à gages est aujourd'hui très inférieure. (V. B. Bouché, *Les ouvriers agricoles en Belgique*. Bruxelles, 1913, p. 62.) Souvent, on importe de la main-d'œuvre rurale provenant de pays moins avancés en civilisation.

(1) Pendant la guerre des mesures de contrainte, passagères à vrai dire, ont dû être prises pour assurer la production agricole. Cf. G. Renard, *Les répercussions économiques de la guerre actuelle sur la France.* (Paris, 1917.)

la terre arable était divisée dans chaque commune en plusieurs champs qui, chaque arnée, étaient respectivement
consacrés à une culture déterminée et uniforme. Tous les
cultivateurs de la commune avaient une parcelle non clô-
turée dans chacun de ces champs ; ils n'avaient point la liberté de s'adonner à la production de leur choix et devaient
se plier à la règle traditionnelle. Après la récolte comme
pendant la jachère triennale, les champs servaient de pâturage commun. Ce régime, qui a pu se justifier dans le
principe a fini par former une insupportable entrave pour
les agriculteurs et un obstacle absolu au progrès. Dès ce
moment, il était condamné à disparaître.

Quoi qu'il en soit, et bien qu'en certains pays, la législation ait déjà entrepris d'effectuer des remembrements ration-
nels par la voie de la contrainte, il n'est pas douteux qu'à
l'heure actuelle, l'essor de la grande entreprise est jusqu'à
un certain point entravé par l'impossibilité d'un développement logique et harmonieux ou pour mieux dire encore
par les caprices sans nombre de la géographie de la propriété.

III

Mais aucun des faits allégués jusqu'à présent ne nous livre
tout entier le secret de la persistance opiniâtre de la petite
exploitation rurale. Si elle pullule aujourd'hui encore dans
les pays civilisés, ce n'est pas seulement parce qu'elle
l'emporte par l'ardeur au travail, c'est encore parce que la
concurrence n'exerce point sur elle la même influence que
sur la petite entreprise industrielle, commerciale ou bancaire.

L'action en est d'abord assez largement neutralisée par
la circonstance que le petit cultivateur vit en partie des

fruits de sa terre, n'achète sur le marché que ce qu'il est incapable de produire lui-même et n'y met en vente que les excédents de sa production sur sa consommation. La spécialisation croissante des exploitations rurales ne laisse pas, il est vrai, d'amoindrir, mais sans l'annihiler, cette influence qui autrefois, immunisait à peu près complètement les producteurs des campagnes contre toute compétition, d'autant qu'alors ils unissaient le travail industriel au travail agricole.

Mais il y a plus : la concurrence de la grande entreprise n'est guère aussi extensible en agriculture qu'en industrie. Ici, les grands établissements dont les prix de revient sont nettement inférieurs à ceux de leurs compétiteurs de taille modeste peuvent s'étendre très vite, accroître leur production en conséquence, surproduire même et à la suite d'une campagne énergique et presque foudroyante rester seuls maîtres du marché. En agriculture, l'extension de la production n'est possible que moyennant des acquisitions de terrain coûteuses, lentes et, et comme nous le disions tout à l'heure, souvent incommodes, c'est-à-dire de nature à élever le prix de revient.

Il est vrai que depuis près d'un demi-siècle est entrée en lice la concurrence américaine. Dans le Nouveau Monde, il a été possible de constituer de toutes pièces d'immenses exploitations produisant le blé par grandes masses et à prix réduit ; grâce à l'abaissement énorme des frais de transport, elles ont pu venir faire aux entreprises européennes, grandes et petites d'ailleurs, la plus redoutable des concurrences.

En dépit de la crise intense et persistante qu'elle a provoquée, cette concurrence n'a pourtant pas été mortelle. Et c'est ici qu'apparaît l'un des traits par où l'exploitation du sol s'oppose à l'industrie : c'est l'élasticité des frais de production. Elasticité qui, sans doute, n'est pas immédiate, ce qui explique les périodes de malaise, et n'est assurément pas indéfinie, mais qui est bien plus prononcée que dans ces usines transformatrices où l'outillage joue un rôle prépondérant.

S'il en est ainsi, c'est que la baisse des prix des produits agricoles retentit tôt ou tard sur la valeur vénale et locative de la terre. Le fermage notamment subit — plus ou moins rapidement suivant la durée des baux — le contre-coup du fléchissement des cours des céréales. C'est que le propriétaire du sol préférera toujours le donner en location que de le laisser en jachère : la terre revient perpétuellement sur le marché, tandis que l'outillage industriel, une fois usé, n'est reconstitué que si les acheteurs des produits consentent à payer le prix de la reconstitution.

Ce qui accentue encore la différence de l'industrie et de l'agriculture quant à l'élasticité des frais de production, c'est le fait que le propriétaire de biens ruraux qu'il n'exploite pas lui-même est souvent incompétent et passif et ne cherche point à réagir contre la dépréciation du capital foncier provoquée par la baisse de valeur de ses produits. Il est un *rentier de la terre,* bien plus qu'un entrepreneur. Ceci n'est pas vrai seulement du grand propriétaire, mais encore du petit. Il arrive que quelques hectares de prairie ou de terre de labour font partie d'une fortune bourgeoise à côté de fonds d'État et d'actions ou d'obligations de diverses compagnies (1). Le tout est géré dans un même esprit de routine, de timidité, de faible compétence. Dans ces conditions le propriétaire, subit les situations défavorables, accepte la réduction des fermages, sans se mettre en quête d'autres combinaisons plus lucratives telles que la substitution de la grande culture progressive à la petite

(1) Même cas pour les terres appartenant aux établissements publics tels que les bureaux de bienfaisance et qui semblent bien être gérées d'une façon très conservatrice. La location d'une pièce de terre sera mise, par exemple, régulièrement en adjudication.

culture traditionnelle. Il y a là une sorte d'atrophie para-
sitaire accompagnée d'incapacité relative de résistance.

Là où se pratique le métayage, c'est-à-dire le partage du
produit brut entre le propriétaire et le fermier, la réduction
de la part du propriétaire est naturellement automatique et
immédiate.

Quand on a bien saisi la différence fondamentale entre les
entreprises agricoles et industrielles qui vient d'être indiquée, on s'explique aisément plus d'une anomalie apparente. C'est ainsi que très fréquemment ont été constatés
les inconvénients, du point de vue des améliorations fon-
cières, du bail à ferme à échéance relativement courte. Le
fermier n'a aucun intérêt à conférer au sol des améliorations permanentes. Elles lui coûtent du travail et du capital
et il n'en a pas le plein bénéfice. A l'échéance du fermage,
la plus-value de la terre appartient de droit au propriétaire
qui, en renouvelant le bail, accroît ses exigences (1). En
conséquence, le régime des fermages de courte durée tend
à réduire la capacité productive du sol. En résulte-t-il que
ce genre de contrats va disparaître ? Pas nécessairement.
La première conséquence, c'est la diminution de valeur
locative des exploitations où il sévit : une terre moins fertile est moins recherchée. Le propriétaire subit cette dépréciation passivement, à moins qu'il n'ait assez de sagacité
ou d'instruction pour en démêler la cause.

L'élasticité du coût de production n'agit pas moins dans
le cas du faire-valoir direct. Si même il tenait une comptabilité, chose exceptionnelle, le cultivateur-propriétaire, en cas
de concurrence renforcée et de baisse des prix des produits,

(1) Cette injustice est telle et elle est tellement préjudiciable au
progrès de la culture comme au bien-être des paysans, que la législation agraire irlandaise a établi le *farmer's right* ou droit du fermier
sortant de réclamer une indemnité proportionnelle à la bonification
de la terre réalisée par lui pendant la durée du bail.

ne pourrait constater qu'une chose, c'est la réduction de l'intérêt du capital incorporé dans sa terre. Va-t-il cesser d'exploiter ? Non, aussi longtemps du moins qu'il peut continuer à pourvoir, par son travail, à ses besoins vitaux.

Ici s'offre quelque analogie avec la situation de l'artisan ou de l'ouvrier en chambre employant un outillage démodé. Mais l'analogie s'évanouit le jour où il faut remplacer cet outillage. Le fabricant d'instruments de travail ne consentira point à les vendre à perte — au moins à la longue — tandis que le sol échappe à l'usure et ne doit pas être remplacé (1).

La survivance de la petite entreprise culturale, lorsqu'elle est menacée, n'est pas uniquement due à l'élasticité du prix de son outil essentiel, la terre mais encore à celle de la rémunération du travail. Il importe de remarquer en effet que le petit entrepreneur-cultivateur se plie aux conditions les plus dures avant de renoncer à la lutte. Ne sait-il pas que s'il échoue dans ses efforts, il est voué à la prolétarisation, soit rurale, soit urbaine ? Perspective peu souriante. Le travail de manœuvre de ferme mal payé, mal logé, peinant dur et traité rudement répugne de plus en plus aux ruraux.

Le nombre de ces journaliers ne cesse de diminuer tant en France qu'en Belgique. C'est que le salariat ferme l'horizon du paysan et lui ôte toute chance d'acheter peu à peu de la terre au prix d'économies tenaces, souvent bien médiocres sans cesse répétées. Or acquérir le sol, c'est le véritable idéal pratique des gens des campagnes. Il ne faut rien moins que la grande crise pour amener fermier ou petit cultivateur-propriétaire à renoncer à la lutte et à s'abandonner définitivement à la mauvaise fortune (2).

(1) Il est vrai toutefois qu'il doit être entretenu.
(2) Cf. de FOVILLE, *Op. cit.*, p. 69-70.

Il serait donc erroné d'admettre que tout le poids des difficultés que subit parfois l'agriculture retombe sur la propriété foncière et la déprécie. Le petit entrepreneur en accepte une large part en son désir de conserver coûte que coûte son indépendance (1).

Mais il arrive que cette indépendance même ne subsiste plus qu'en apparence et que l'exploitant la sacrifie sans s'en rendre bien compte. Il en est ainsi lorsque planteur de coton ou cultivateur de betteraves, il s'engage à fournir régulièrement les produits de sa terre à un exportateur ou à un industriel. Les sucreries s'assurent fréquemment par semblables contrats faits pour plusieurs années leur approvisionnement en matières premières. Le paysan devient alors, comme l'a bien montré Brouilhet (2), le subordonné du fabricant ; le champ est annexé à l'usine : c'est un mode de concentration.

C'est surtout l'usure agraire, l'hypothèque même qui déterminent des phénomènes de dépendance plus ou moins profonde. L'usurier soutient son débiteur dans la mesure nécessaire à une profitable exploitation, il ne l'exécute que lorsque décidément l'affaire cesse d'être fructueuse. Fermier ou propriétaire, le cultivateur n'est plus qu'un esclave ; lui aussi devient la proie du *sweating system*. C'est à ce prix que dans un certain nombre de cas, la petite culture parvient à se maintenir. Apparence trompeuse que les statisticiens accréditent et qui tend à fausser les conclusions des économistes.

(1) Cela est si vrai qu'en l'absence de crise, le prix de la terre *au détail*, si l'on peut ainsi parler, tend à hausser d'une façon anormale parce qu'elle est un instrument indispensable de l'exercice du métier d'agriculteur et que de cet instrument l'offre n'est rien moins qu'abondante. Telle est, à n'en pas douter, la véritable cause de cet *amour de la terre* qui est matière à développements plus ou moins spécieux pour les psychologues.

(2) *Op. cit.*, p. 247.

Ajoutons encore — car on ne saurait trop insister — que la toute petite culture vit souvent dans des conditions vraiment artificielles et ne procure à ceux qui s'y livrent qu'une rémunération très insuffisante non seulement du point de vue absolu, parce que l'exploitation est minuscule, mais encore du point de vue relatif, parce que le taux de rémunération est dérisoire. C'est que le cultivateur « parcellaire » est généralement un ouvrier industriel qui ne demande à son potager qu'un revenu supplémentaire, un salaire d'appoint. Dans ces conditions le prix de revient se réduit d'une façon tout à fait exceptionnelle : l'exploitation parcellaire vit, mais ne « paye » guère, sauf en cas de cherté anormale des produits de la culture maraîchère.

Enfin, dans cette analyse des causes du maintien de la petite culture, on ne saurait passer sous silence les mesures protectrices prises en beaucoup de pays par le Gouvernement sous l'empire de mobiles d'ordre politique et social (1). Sans doute ces mesures n'ont pas pour objectif de favoriser uniquement ou même principalement la petite culture, mais elles ont pour effet certain, sinon de la débarrasser de la concurrence de la grande culture étrangère, du moins d'en atténuer sérieusement la violence. Et comme la grande culture intérieure n'est guère extensible, nous le savons, la petite entreprise trouve dans ces mesures un appui réellement efficace. Le protectionnisme n'a point la même vertu conservatrice en ce qui concerne la petite industrie, car s'il paralyse l'action de la concurrence étrangère, il fortifie la

(1) La population paysanne est l'appui des gouvernements conservateurs et le réservoir des grandes armées résistantes à la fatigue, peu nerveuses, dociles au commandement ; ce qui ne veut pas dire évidemment que le soldat d'origine urbaine ne présente pas, et même à un plus haut degré, d'autres qualités militaires telles que l'initiative, l'intelligence alerte, l'exaltation patriotique.

grande industrie intérieure et lui aplanit les voies du monopole.

Cet exposé rapide des causes — indépendantes de la concurrence — qui tendent à maintenir la petite culture serait incomplet si l'on ne rappelait ici l'action constante exercée par la loi civile et les mœurs qui reconstituent la petite propriété au fur et à mesure des pertes qu'elle éprouve. Le partage égal vient sans cesse compenser la mortalité des petits domaines. Cependant il dépèce parfois à l'excès les héritages, rend toute exploitation rationnelle impossible et accule les propriétaires à la vente. Ce qui est une façon que ne prévoyait pas la législateur, de favoriser la grande propriété et peut-être la grande culture.

IV

Dans l'étude de la concentration des entreprises agricoles, nous n'avons tenu compte jusqu'ici que de l'étendue des exploitations. Mais il est un autre aspect de la question que l'on ne peut négliger : c'est le degré d'intensité de la culture.

A cet égard, il n'est pas exagéré de dire qu'une ferme de dimensions moyennes se rapproche de la grande entreprise dès que son capital atteint une certaine importance. Ainsi la faible étendue territoriale de l'exploitation agricole ne suffit point à fixer son caractère et ses tendances : encore faut-il considérer quel est son objet et quelle est sa technique. Cela est si vrai qu'elle peut passer de la catégorie des petites entreprises dans celle des grandes pour peu qu'elle subisse une transformation interne. Songez à la substitution de l'élevage au simple pâturage, à l'introduction des cultures industrielles ou pour choisir un cas très spécial, à l'établissement de serres à raisin sur un ou deux hectares de prairie.

Ne faut-il pas conclure de là que tous les progrès accomplis dans le sens de l'intensification sont autant de pas en avant dans la voie de la concentration, si l'on prend ce terme dans son acception la plus large? Tout au moins viennent-ils compenser, dans une certaine mesure, l'action techniquement régressive du morcellement.

Il y a lieu de remarquer que la concentration ainsi entendue dérive de la hausse des prix, c'est-à-dire de l'intensité de la demande. On ne peut obvier au rendement décroissant, nous le savons déjà, que par la rénovation des méthodes de culture. C'est donc l'importance grandissante du marché qui, en dernière analyse, commande au progrès technique et développe en conséquence, l'importance capitalistique des entreprises. Et ici nous voyons apparaître tout de même un certain parallélisme entre l'évolution organique de l'agriculture et celle de l'industrie, du commerce et des transports.

CHAPITRE XVI

LES ENTREPRISES COMMERCIALES

I

Dans le monde économique contemporain, les entreprises commerciales occupent une place des plus importantes, encore que par-ci par-là un certain recul se manifeste à la suite des transformations de l'organisation industrielle.

Pour rendre raison de l'existence et du rôle des entreprises qui vont être étudiées dans ce chapitre, il faudrait refaire ici toute l'histoire du commerce. Plus d'un traité d'économie politique élude cette difficulté en énumérant les *avantages* du commerce pour la société et les *services* rendus à leurs semblables par ceux qui s'y livrent. Il y a quelque finalisme dans cette explication. Elle omet de rappeler que l'intermédiaire a souvent été une manière d'inventeur, il apporte des produits inconnus et suscite des besoins nouveaux : c'est souvent ainsi qu'il se rend nécessaire. De telles initiatives peuvent d'ailleurs être utiles ou nuisibles, au sens objectif de ces termes : la traite des noirs, le trafic de l'alcool et de l'opium n'ont pas précisément fait avancer la civilisation ! Plus d'une branche de commerce est tout au moins *indifférente* à cet égard. Quel avantage *social* représente l'importation des plumes d'autruche ou des pierres précieuses ? Il est vrai que l'économie politique ne considère l'utilité que du point de vue subjectif. Mais alors il faut avoir soin de ne pas l'identifier avec le progrès, et c'est cette distinction fondamentale que négligent de faire de trop ardents panégyristes du commerce.

Les réserves qui viennent d'être faites sont d'autant plus fondées que certains intermédiaires se sont créé une situation puissante, parfois un monopole de fait en usant et en mésusant de la force économique dont ils disposaient. De telles constatations doivent nous mettre en garde contre l'optimisme qui aveugle certains économistes et non des moindres.

Cela dit, la situation des intermédiaires commerciaux nous apparaît clairement comme la simple résultante d'une évolution historique. De cette évolution l'influence de la technique des transports est l'un des facteurs les plus considérables et aussi les plus évidents (1). Plus celle-ci s'est perfectionnée, plus a grandi la possibilité de mettre en vente des marchandises étrangères à un prix inférieur aux produits similaires de l'intérieur, plus aussi s'est développée la faculté d'apporter sur le marché national des denrées exotiques. Et il n'y a pas à considérer exclusivement ni même principalement le commerce lointain. Ne suffit-il pas de la création d'une simple route pour qu'un homme entreprenant puisse tirer à bon marché des campagnes maint produit dont la ville est friande et qu'elle devait jusque-là payer à gros prix aux producteurs de ses environs immédiats ? Bien d'autres progrès encore comme la sécurité de la mer et des grands chemins ou le développement de l'assurance ont favorisé l'essor des entreprises commerciales.

Ces constatations suffisent aussi à montrer que l'on ne pourrait supprimer d'un trait de plume les intermédiaires.

(1) Les privilèges dans l'ancien régime et depuis lors la liberté du commerce ont assurément eu leur part d'influence en tant que *condition* de ce développement.

Quelque lourde que puisse être la dîme qu'ils prélèvent sur la consommation, celle-ci restera forcément sous leur dépendance, aussi longtemps que d'autres mécanismes plus économiques n'auront pas été imaginés ou du moins généralisés pour remplir la fonction distributrice qu'ils ont créée et peu à peu développée dans des proportions singulièrement vastes. En un mot, c'est chose vaine et quelque peu puérile d'exalter ou de dénigrer les commerçants, de les représenter soit comme les bienfaiteurs de l'humanité, soit comme bandits et pillards. Le fait est que le monde économique est *adapté* à l'existence des intermédiaires ; s'ils disparaissent un jour, ce sera en vertu d'une évolution nouvelle dont il semble qu'il y ait quelques prodromes (1).

II

Depuis le régime que l'on a nommé *économie urbaine* jusqu'à celui de l'*économie mondiale* qui est le nôtre, l'évolution progressive des entreprises commerciales a été considérable et complexe. Ce n'est pas ici le lieu d'en marquer toutes les étapes et moins encore tous les incidents. Nous nous bornerons à faire ressortir trois changements essentiels : généralisation du commerce ; division et spécialisation des entreprises ; concentration.

L'économie urbaine est par essence un régime d'échange direct (2). Les produits passent directement des mains des artisans de la ville ou des cultivateurs du « plat pays » entre

----

(1) Il faut citer à cet égard, l'essor des syndicats industriels et des sociétés coopératives de consommation.

(2) L'économie urbaine n'est sans doute point la phase initiale du développement économique. En remontant par delà on trouve l'économie autonome et l'économie communiste où le commerce n'est pas seulement exceptionnel, mais encore intermittent. Nous parlons naturellement ici d'une façon tout à fait générale. Et nous reviendrons sur ces problèmes de genèse économique dans l'étude des échanges.

celles des consommateurs. Les uns et les autres se rencontrent au marché. Sans doute le commerce n'est pas inconnu. Mais il est exceptionnel. Son rôle reste longtemps confiné dans des bornes étroites. Il s'élargit ensuite peu à peu et le nombre va grandissant des denrées que le consommateur s'habitue à lui demander. Insensiblement il impose son entremise dans un nombre croissant de branches de production. Aujourd'hui, c'est l'achat direct au producteur qui est devenu l'exception. La transformation opérée est donc radicale. Le commerce s'est généralisé.

En se développant, les entreprises commerciales se sont divisées et spécialisées. Le négociant d'autrefois associait dans une même pacotille les marchandises les plus disparates. Aujourd'hui la spécialisation est parfois poussée à outrance. Ainsi, tel commerçant compétent en fait de cuirs connaît imparfaitement un article aussi voisin que les peaux destinées à la ganterie.

Une division radicale s'est en outre établie entre deux phases successives de commerce : le gros et le détail. Le *grossiste* achète aux producteurs et vend soit à d'autres producteurs soit aux *détaillants* qui revendent aux consommateurs. Entre les uns et les autres s'insèrent parfois d'autres intermédiaires qui font le *demi-gros*. Ici s'accusent des situations spéciales dont l'analyse approfondie nous entraînerait trop loin et qui s'expliquent, d'une manière générale, par la complexité grandissante et le volume croissant du trafic.

III

Il y a lieu de s'arrêter davantage à un autre trait particulièrement prononcé actuellement : la concentration commerciale. Celle-ci constitue une réaction intéressante, comme en industrie, contre le développement de la spécialisation en tant que créatrice d'entreprises distinctes.

La spécialisation n'est cependant pas incompatible avec la concentration entendue dans le sens de création de grandes entreprises. Il existe aujourd'hui de par le monde un grand nombre d'importantes maisons de gros dont toute l'activité pivote, si l'on peut ainsi dire, sur un article unique, café, laine, caoutchouc, etc.

On peut même affirmer que le commerce de gros a passé historiquement par une première phase de concentration non spécialisée pour entrer ensuite en une période — où il se trouve encore aujourd'hui — de concentration spécialisée.

Les princes-marchands de jadis « approvisionnaient le marché en biens de toutes espèces, chargés sur leurs propres navires, payés de leurs capitaux personnels. Leur compétence était quasi-universelle... Aujourd'hui, le tableau a changé. Suivant la marche générale, le commerce s'est spécialisé, soit quant aux produits sur lesquels il porte, soit quant aux fonctions qu'exercent ceux qui s'y livrent... Chaque produit, peut-on dire, a ses spécialistes — quand les différentes qualités d'un même produit n'y donnent pas naissance à autant de représentants. L'acheteur de filés de coton ne s'occupe ni de cotons en laine ni de tissus ; le négociant en tissus lisses ne fait souvent ni les tissus croisés, ni les tissus blanchis, teints ou imprimés. Le négociant en vins se cantonne dans les crûs d'une certaine provenance et le négociant en blés ne traite ni les orges ni les maïs (1) ». Le demi-gros ne paraît pas s'être spécialisé au même point, surtout lorsqu'il alimente le négoce de détail dans les campagne, lequel est lui-même sensiblement moins spécialisé que dans les agglomérations.

____

(1) NOGARO et OUALID, *L'évolution du Commerce, du Crédit et des Transports depuis cent cinquante ans*, (Paris, 1914), p. 295-296.

IV

C'est dans le commerce de détail que la concentratiou se manifeste surtout comme une réaction fortement tranchée contre la spécialisation des entreprises. Elle se présente à nos yeux sous les formes aujourd'hui familières du grand magasin, du magasin à succursales multiples et de la grande coopérative de consommation.

Le grand magasin de détail est un type d'organisation commerciale tout à fait neuf, bien qu'il ait fait son apparition à Paris dès le règne de Napoléon I⁰ʳ avec la *Fille mal gardée,* le *Diable boiteux,* le *Masque de fer,* les *Deux Magôts* (1). Mais c'est seulement vers le milieu du xix⁰ siècle seulement qu'ils prennent définitivement leur essor. Le *Printemps* est fondé en 1845, le *Bon Marché* en 1852, le *Louvre* en 1855. A Londres, *Whiteley* et *Peter Robinson* sont un peu postérieurs à 1860. Dans toutes les grandes villes, ils se créent et augmentent en nombre par la suite.

Cette concentration caractéristique de la vente au détail a pour première condition l'urbanisme, c'est-à-dire la concentration de la population en agglomérations de plus en plus puissantes. Il va sans dire que la liberté du commerce ne lui était pas moins nécessaire. Ajoutons que la facilité des transports et des communications à l'intérieur des villes a singulièrement accéléré le phénomène : tramways, téléphones, automobiles, contribuent donc dans une mesure extrême à gonfler le chiffre d'affaires de ces palais du négoce. Ici comme toujours d'ailleurs, l'imitation n'a point laissé de précipiter l'évolution une fois commencée : les succès du Louvre et du Bon Marché ont suscité partout où

(1) D'Avenel, *Le mécanisme de la vie moderne,* Paris, 1902, vol. I, p. 11.

cela était possible des tentatives dont plus d'une a été heureuse.

Mais d'où procèdent ces succès mêmes dont seules les conditions viennent d'être indiquées ? Avant tout de l'abaissement du prix de revient, conséquence directe de la concentration et qui permet de faire au petit commerce de détail une concurrence souvent ruineuse. Les avantages de la grande entreprise comme telle se manifestent avec un relief tout particulier dans les grands magasins. Il est intéressant de les examiner de plus près.

A la tête de ces établissements se trouvent des directeurs gérants investis de multiples attributions : ils doivent présider à la vie entière de l'entreprise, tout contrôler, conseiller, suggérer, choisir. A leurs côtés est placé un Conseil d'administration — il vaudrait mieux dire : de gestion — composé des principaux chefs de service, des chefs de rayons les plus anciens et les mieux notés. Ce conseil exerce une influence considérable sur les destinées de l'affaire. C'est lui qui arrête la date des expositions, rédige les catalogues, nomme les employés, vérifie les marchandises nouvellement arrivées, fixe les chiffres de vente (1). Sous les ordres du directeur gérant se trouve placé d'abord le chef de rayon. Ce n'est point un simple fonctionnaire subalterne dépourvu d'initiative : loin de là. Chaque rayon forme comme une petite maison dans la grande et son chef est une sorte de patron. L'entreprise fortement centralisée pour la marche générale de ses services est divisée en compartiments autonomes — par groupes de marchandises — sous le double rapport de l'achat en gros et de la vente au détail. Des crédits lui sont alloués chaque mois proportionnellement à son mouvement d'affaires probable. Dans ces limites financières, le chef de rayon jouit d'une très grande

____

(1) André Saint-Martin, *Les Grands Magasins*, Paris, 1900, p. 72.

liberté d'action. « Acheteur unique, il est fréquemment absent : à Lyon, pour les soieries ; au Puy, à Calais ou en Belgique pour les dentelles ; à Grenoble, Chaumont ou Milan pour les gants : à Elbeuf ou Sedan pour les draps ; à Cambrai, Armentières ou dans les Vosges pour les toiles (1) ». Grande indépendance aussi, mais non absolue sans doute, dans la fixation des prix de vente. En un mot l'initiative n'est pas étouffée, la responsabilité est mise en jeu : l'action de la loi du coût décroissant est assurée par le fait même dans de vastes établissements.

L'organisation en grand et la spécialisation des services même accessoires est une autre et importante source de gestion économique. Ainsi en est-il de la *réception des marchandises*, du *contentieux*, de la *comptabilité*, du *chauffage*, de l'*éclairage*, de la cuisine même (2). Enfin certaines opérations de finissage et de préparation des marchandises se font à la machine : c'est ainsi qu'au Bon Marché, la chemiserie débitait, il y a une vingtaine d'années, 950.000 chemises par an dont 5 à 6 douzaines étaient coupées à la fois par une scie à ruban mue par l'électricité (3).

Non moins décisifs sont les avantages découlant de l'achat en grand et qui se fait généralement en fabrique dans des conditions de prix que ne peut obtenir le petit négoce. L'importance de ce facteur est capitale, le prix d'achat de la marchandise constituant, dans le commerce, l'un des principaux éléments du prix de revient.

Il en est un autre encore que le grand commerce de

(1) D'Avenel, *op. cit.*, p. 43-44.

(2) Saint-Martin rapporte qu'au Bon Marché, des appareils spéciaux permettent de faire 600 kgs. de pommes de terre à la fois. On y emploie sept marmites dont trois de 800 litres. Au Louvre, trois bassines de 800 litres servent à cuire 2.400 litres de potage. En outre les achats pour la cuisine se font en grand : au Louvre, 10 pièces de vin par jour, 1.400 kgs de pain, 1.200 de viande, etc.

(3) D'Avenel, *op. cit.*, p. 65.

détail réussit à réduire dans une forte proportion : ce sont les frais généraux. En apparence, pourtant, cette affirmation a toutes les allures d'un paradoxe. Ne semble-t-il pas, en effet, que les lourdes dépenses ne sont point précisément du côté de la boutique sombre et vieille, exiguë et mal-gracieuse ? Mais il ne faut pas oublier que le coût des somptueuses installations du grand magasin s'éparpille et s'émiette entre une foule de transactions et ne constitue pour chacune d'elles qu'une charge minime. C'est l'énormité du chiffre d'affaires surtout qui comprime si étonnamment le prix de revient du grand commerce de détail et assure son extraordinaire succès. Accroître sans cesse l'écoulement des marchandises, augmenter la vitesse du flot commercial, c'est donc l'infaillible moyen de provoquer la décroissance continue du coût d'exploitation ou tout au moins de le maintenir à un niveau si réduit qu'il défie véritablement la concurrence. Du même coup, l'entreprise centuple ses bénéfices. On conçoit dès lors que toutes ses forces soient tendues vers ce but suprême : multiplier les ventes.

Il est même permis de dire que le triomphe du grand magasin tient beaucoup moins à l'abaissement en quelque sorte arithmétique du prix de revient qu'à l'esprit nouveau qui anime ses organisateurs, au renouvellement si hardi et à la si complète modernisation des méthodes de vente. Le bouleversement est à peine moins radical que celui que dans l'industrie opère le machinisme. Le grand magasin jette bas toutes les vieilles traditions, toutes les routines, toutes les pratiques surannées et étriquées chères au petit commerce. A l'opiniâtre passivité de celui-ci, il oppose un jet constant d'initiatives, de nouveautés, d'attractions. Sans doute les procédés du grand magasin commencent petit à petit à se clicher. Mais ils demeurent vivants et populaires et l'entreprise qui les emploie est par excellence l'organe approprié aux goûts et aux besoins des grandes ruches humaines de notre temps.

Il serait trop long de décrire par le menu toutes ces méthodes de vente. Elles méritent cependant que l'on s'y arrête, car elles caractérisent une époque.

Qui ne connaît au moins par ouï-dire les « expositions » des grands magasins de Paris et de leurs imitateurs de province ou de l'étranger ? Leur principe, comme il est naturel, est essentiellement saisonnier. Nouveautés d'hiver dès octobre, de printemps en mars, d'été à partir d'avril et de mai. Et toujours deux séries : la première, la nouveauté dans toute sa fraîcheur, la mode dans tout son éclat et au prix fort ; la seconde, plus modeste, le solde, l'occasion, c'est-à-dire tous les invendus que l'on écoule avec des rabais importants, mais non ruineux parmi des acheteurs d'une moindre capacité d'achat. L'exposition est avant tout une attraction puissante, l'ouverture en est sensationnelle. Le désir d'acheter est surexcité par mille irrésistibles tentations dont la moindre n'est pas le luxe des étalages et des installations. Que nous sommes loin de la boutique rébarbative du temps passé !

Le grand magasin use d'autres procédés de séduction encore. Il répand à profusion ses catalogues ; il transporte à domicile et emploie à ce service voitures et automobiles qui lui font une réclame ambulante des plus efficaces ; il expédie sans frais les marchandises d'une certaine valeur ; il reprend même les articles qui ne plaisent pas au client ; enfin il simplifie et accélère les achats en concentrant en un seul lieu tout un ensemble de négoces divers. Le fait seul de l'*entrée libre* les facilite singulièrement d'ailleurs : il permet d'examiner et de passer outre, avantage apprécié des clients pressés, timides, ou ennemis du formalisme et ils sont légion dans les grandes villes. En un mot la grande entreprise de détail met l'acheteur à l'aise et l'enjôle de

mille manières. Sa supériorité psychologique est indis‑
cutable. .

Mais ses organisateurs n'ont pas épuisé tout leur talent
rénovateur dans l'art d'amorcer la clientèle. Non moins
neuve, hardie et judicieuse est leur méthode de rémunéra‑
tion du personnel chargé de la vente. On peut la résumer
d'un mot :'il faut travailler pour vivre. Certes, un minimum
d'existence est accordé à tout employé : mais ce minimum
est très réduit et permet tout au plus de végéter misérable‑
ment. L'employé veut-il gagner davantage ? Il doit vendre
et vendre beaucoup. La partie principale de son salaire est
une rétribution proportionnelle à son chiffre d'affaires. Du
coup il devient le collaborateur empressé de l'entreprise et
déploie toute sa virtuosité pour plaire aux acheteurs. Son
bien-être quotidien dépend directement de ses succès pro‑
fessionnels.

Enfin l'avancement du personnel n'est point gouverné
par la règle toute administrative de l'ancienneté. L'ancien‑
neté peut être un titre à certaines faveurs : c'est qu'elle
constitue une présomption d'honnêteté, d'exactitude, de
capacité moyenne. Mais c'est en exagérer la valeur que d'y
voir un titre à l'obtention de fonctions plus difficiles,
exigeant des aptitudes supérieures. Le grand magasin
adopte, au contraire, le principe de la sélection expérimen‑
tale. Elle n'est pas l'œuvre arbitraire de la Direction. C'est
la concurrence pratiquée chaque jour entre tous les em‑
ployés qui fait ressortir quel est le meilleur acheteur en
fabrique, quels sont parmi les vendeurs ceux qui apportent
l'addition la plus élevée, quels sont les caissiers qui com‑
mettent le moins d'erreurs, quels sont les employés à la
correspondance qui répondent au plus grand nombre de
lettres, etc. Aux plus capables, on ne tarde pas à confier les
emplois les plus difficiles et les plus rémunérateurs. On a
vu, au Bon Marché, tel petit employé partir du rang de

troisième vendeur, devenir chef de rayon, membre du Conseil d'administration (1).

Cet ensemble de mesures, l'énergie et l'esprit de suite avec lesquels la Direction des grands magasins les met en œuvre, la transformation des débouchés à laquelle elles correspondent expliquent surabondamment l'irrésistible succès des entreprises de vente au détail sur vaste échelle. Ce n'est point à de prétendues faveurs fiscales, fussent-elles involontaires, qu'il doit être attribué. Et si par pression électorale, le petit commerce amène les pouvoirs publics à surtaxer ses redoutables rivaux il arrivera tout au plus à réduire un peu leurs bénéfices, il ne réussira point à les frapper à mort.

<h2 style="text-align:center">V</h2>

Au reste, le grand commerce de détail modernisé prend d'autres formes encore que le grand magasin concentré et qui ne sont pas moins redoutables au petit négoce du type ancien. La plus importante est la multiplicité des succursales. Tenant compte du désir du client de trouver à proximité de son habitation divers articles d'usage courant et de faible valeur, certaines grandes entreprises se sont abstenues de centraliser la vente au cœur de la ville en un local unique, seulement elles ont ouvert dans tous les quartiers des magasins de dimensions petites ou moyennes, mais qui offrent tous les avantages du grand magasin sous le rapport de l'achat en gros ou même de la fabrication intégrée au commerce (2). En Belgique, les deux maisons Delhaize

____

(1) Saint-Martin, *op. cit*, p. 73.

(2) Il peut arriver aussi qu'il y ait coexistence d'un grand magasin central et de succursales multiples. Une forme intermédiaire entre concentration locale et dispersion des agences de vente est le transport régulier à domicile. Cf. Moride, *Les maisons à succursales mul-*

— tout à fait distinctes l'une de l'autre à vrai dire — sont le meilleur exemple de cette dissémination du débit combinée avec la concentration de l'achat et de la production et l'unité rigoureuse de l'organisation (fixation et uniformité des prix ; modes d'approvisionnement, nomination du personnel, etc.). Elles ne bornent pas leur activité à la seule ville de Bruxelles : leurs succursales sont dispersées dans toute la Belgique. La plus grande de ces deux maisons compte 800 succursales. Ces entreprises sont des plus prospères.

En France cette combinaison est très répandue. Plusieurs « magasins multiples » ont plus de 300 succursales (1). Les entreprises à succursales déguisées semblent aussi assez nombreuses (exemple la maison Potin), mais sont naturellement impossibles à dénombrer (2).

Aux causes de succès de ces *multiple shops* énumérées tout à l'heure, il faut ajouter leur souplesse d'organisation qui permet d'adapter chaque boutique à son milieu, riche, aisé, médiocre, populaire. Moride cite en exemple les *chaussures Raoul :* leur succursale de l'Avenue de l'Opéra est toute différente de celle de la rue de Rennes (3). Les « invendus » d'un magasin sont écoulés par l'autre ; si l'un d'eux ne réussit point, on le ferme : la prospérité de l'ensemble n'en est pas affectée. Seulement le système coûte assez cher : les dépenses de luxe qu'il comporte sont

tiples en France et à l'étranger (Paris, 1913, p. 63 et suiv.) C'est ainsi que, durant les mois d'été, les Galeries Lafayette ont un service d'automobiles qui fonctionne régulièrement entre Paris et Trouville. La laiterie Bolle de Berlin avait, en 1910, 274 voitures de vente et distribuait chaque jour en moyenne à 85.000 familles 130.000 litres de lait donnés par environ 22.000 vaches.

(1) Cf. Moride, *op. cit.*, p. 82-83.

(2) Dans un ordre d'idées voisin, il y a lieu de citer les restaurants multiples, tels qu'à Paris les *Bouillons Duval.*

(3) *Loc. cit.*, p. 183.

élevées. Les [maisons multiples se font entre elles une ardente concurrence ; mais on aperçoit des symptômes de fusion : serait-ce le début d'une trustification du commerce de détail ?

Quoi qu'il en soit, ces maisons portent aux détaillants indépendants des coups fort rudes et elles évitent peut-être plus facilement que les grands magasins les ripostes fiscales.

VI

Le petit commerce de détail a un autre ennemi encore dans la coopération de consommation. Ce n'est plus le capitalisme, cette fois, qui lui dispute le terrain. Ce sont les consommateurs et particulièrement les masses ouvrières qui, dans une certaine mesure, s'organisent en vue de supprimer les intermédiaires et de diminuer ainsi le coût de la vie.

La coopération [de consommation a eu de très humbles origines. En 1844, vingt-huit tisserands de flanelle de Rochdale, dans le Lancashire, fondèrent en cette ville la société, restée célèbre, des *Equitables Pionniers* : ce n'était qu'un petit magasin d'épiceries dont le capital s'élevait au chiffre dérisoire de 28 livres sterling (1). Mais il avait des visées ambitieuses qui se sont en partie réalisées : c'est de lui qu'est sorti le vaste mouvement coopératif qui, au prix d'immenses efforts, a réussi à recruter, dans les contrées les plus diverses, des masses imposantes d'affiliés et, ce qui nous intéresse spécialement ici, a créé un type nouveau et

(1) Sur l'histoire du mouvement coopératif, voy. par exemple HOLYOAKE, *The history of the Rochdale pioneers*, Londres, 1900. La coopération est l'un des rares résultats pratiques de cette énorme fermentation d'idées « sociales » qui caractérise la première moitié du XIXᵉ siècle.

doué d'une remarquable vitalité de grande entreprise distributive.

Sans doute il y a encore à l'heure actuelle, beaucoup de
petites coopératives indépendantes qui ne diffèrent du petit
commerce que par leur organisation interne mais qui,
comme lui ont une activité limitée à quelques articles ou
un chiffre d'affaires restreint et qui subissent les mêmes
difficultés de concurrence. En revanche, s'accuse une tendance croissante à la fédération des sociétés modestes et,
d'autre part, il s'est créé un certain nombre de puissantes
sociétés locales, fédérées ou non d'ailleurs, et dont plus
d'une a des succursales multiples. En Belgique, il faut citer
particulièrement le *Vooruit* de Gand, la *Maison du Peuple*
de Bruxelles, et le *Progrès* de Jolimont (Hainaut) qui ont
été fondées par le parti socialiste (1). En Angleterre, où les
coopératives sont nombreuses et souvent florissantes, il en
est un certain nombre qui sont de grandes entreprises. Il y
a lieu de citer tout particulièrement la *Civil Service supply
association* ou association de fourniture des fonctionnaires
civils et les *Army and Navy Stores* ou Magasins de l'Armée
et de la Marine qui sont deux grosses coopératives « bourgeoises » tout à fait en dehors du puissant mouvement
coopératif des classes ouvrières.

L'un des signes caractéristiques de la « concentration »
coopérative, est l'augmentation graduelle du nombre de
rayons. Tandis que les petites sociétés ne sont guère que
des épiceries ou des boulangeries, les grandes s'appliquent
à multiplier les variétés de marchandises dont elles approvisionnent leurs membres. Les deux grandes sociétés lon-
doniennes qui viennent d'être citées, détiennent un véritable record. On a dit d'elles, il y a longtemps déjà, qu'elles

______

(1) La *Maison du Peuple* de Bruxelles a un siège social important
et 33 succursales.

fournissent tout ce qu'il faut pour s'habiller, se nourrir, se marier, se faire soigner si l'on est malade et, si les soins ne réussissent pas, se faire enterrer. Certaines coopératives puissantes vont jusqu'à pratiquer l'assurance et le trafic des valeurs boursières. En Belgique, la pharmacie devient parfois une entreprise coopérative, chose qui est impossible en France, la loi exigeant que le pharmacien soit propriétaire de son officine (1). Il y a maintes différences de détail d'un pays à l'autre ; nous n'y insisterons pas. Notons seulement que les promoteurs du mouvement coopératif s'efforcent d'arriver à vendre tout ce dont leurs membres ont besoin, afin que ceux-ci n'aient plus aucun rapport avec les autres détaillants : question de principe ou, si l'on veut d'idéal, que nous ne touchons, dans ce chapitre, que pour mettre en lumière l'une des influences qui poussent à la « concentration » du commerce coopératif.

Cette concentration est puissamment accrue par la fédération des sociétés coopératives en vue de l'achat en commun. Il va sans dire que plus s'élève le chiffre des commandes faites aux producteurs, plus tend à se réduire le prix d'achat unitaire. Cette combinaison n'est pas sans offrir une certaine ressemblance avec l'entreprise à magasins multiples ; cependant cette dernière est un organisme unitaire ; l'autorité directrice commande aux magasins qui lui doivent obéissance. La fédération coopérative de gros, au contraire, est un organisme démocratique, elle est un émanation des divers magasins affiliés. Le gouvernement en est plus difficile, mais cette difficulté n'exclut pas le succès, comme le montre d'une façon frappante l'exemple des deux *Wholesales* (sociétés de gros) anglais et écossais.

Fondé en 1864, le *Wholesale* anglais a réussi à grouper autour de lui plus des deux tiers des sociétés coopératives

____

(1) NOGARO, *op. cit.*, II, p. 179.

anglaises et leur vend des marchandises pour 700 millions de francs environ en 1907 (1) et 1 milliard 643 millions en 1918 (2). Le *Wholesale* écossais, fondé à Glascow en 1868, réunit 300 sociétés et fait avec elles 200 millions de francs d'affaires en 1907 et plus de 484 millions en 1918.

La coopération de gros est organisée aussi, mais sur une échelle moindre à Bâle, Anvers, Paris, Hambourg (3). L'importance de ces entreprises dépend en premier lieu de l'importance même du mouvement coopératif dans les pays respectifs où elles sont établies, mais elle est aussi limitée par l'esprit d'indépendance plus ou moins prononcé ou, comme l'appelle Serwy, l'esprit *localiste* des dirigeants des sociétés de détail. Bien qu'en apparence il paraisse tout naturel que la fédération de celles-ci doive être une source d'économies sur prix de revient, en pratique des résistances, des défiances même contrarient l'entente ; des intérêts particuliers peuvent faire obstacle à l'affiliation, la négligence et le manque de pénétration enfin contribuent au même résultat.

Mais lorsqu'elle est solidement constituée comme dans les îles Britanniques, elle permet au mouvement coopératif de faire un pas immense en avant par l'intégration de diverses branches de production. Le *Wholesale* anglais

____

(1) V. Serwy signale qu'en 1907, le *Wholesale* anglais comptait 1582 sociétés coopératives ayant 2.434.085 membres, ce qui représente plus de 10 millions de consommateurs, (*La coopération de gros d'Angleterre*, Société coopérative Volksdrukkery, 1908, p. 20).

(2) La livre sterling étant prise à 25 fr. 22, c'est-à-dire au pair d'avant-guerre.

(3) L'Union suisse des Sociétés de consommation, qui est un organe de coopérative de gros, a pris des participations intéressantes dans une série d'entreprises qui ne sont pas toutes des coopératives de consommation : Union suisse des marchands de fromages, centrales des charbons pour chauffage, Société anonyme pour l'importation des salaisons, société avinchoise pour la mise en culture des marais, etc. (Voy. un article de Louis BERTRAND dans le *Peuple* (Bruxelles) du 7 août 1919.

possédait, en 1907, une quarantaine d'usines importantes travaillant uniquement pour les coopérateurs. Le principe suivi dans ces créations industrielles est de n'entreprendre la fabrication d'un article. quelconque que si le débouché en est assuré. Ainsi, le *Wholesale* n'avait pas encore de fabrique d'allumettes en 1907 parce que la quantité de boîtes d'allumettes vendues (150 millions) était insuffisante à son avis pour établir « une fabrique modèle, capable de riva-liser avec la concurrence (1) ». En revanche, les usines existantes sont de très grande taille. Telles la biscuiterie de Crumpsall, la fabrique de tabac et la minoterie de Man-chester, la savonnerie d'Irlam, l'imprimerie de Long-sight, etc. Il faut ajouter que le *Wholesale* possède deux navires chargés du transport des blés d'outremer et enfin des comptoirs d'achat à l'étranger et une exploitation d'arbres à thé à Ceylan (2). Ce n'est pas ici le lieu d'appré-cier l'importance du mouvement coopératif du point de vue « social » ; nous n'avons pour le moment d'autre objet que de montrer comment le groupement des consommateurs pour l'achat en commun a créé un type nouveau et puis-sant de concentration.

Il reste à rechercher le secret des succès, d'ailleurs iné-gaux, obtenus par les coopérateurs. Sans doute le principe est simple : s'associer pour acheter en gros et économiser le bénéfice prélevé par le détaillant ; grouper ensuite les coopératives de détail pour acheter en fabrique et s'appro-prier ainsi les profits du commerçant en gros (3) ; produire

(1) SERWY, *op. cit.*, p. 24. C'est à cette excellente brochure que sont empruntés en partie les renseignements qui suivent.

(2) Pendant la guerre, grande extension du côté agricole. En 1918, le *Wholesale* anglais possède 32.559 acres de terre ayant coûté plus de 1.200.000 liv. st. Des terrains et des bâtiments ont été acquis aussi en Afrique occidentale dans la Côte d'Or (voy. *Cooperative Con-gress*, 1919, p. 127).

(3) Et aussi des représentants de commerce, des commission-naires, etc.

soi-même enfin pour s'assurer les gains de fabrication. De cette façon les prix des denrées sont affranchis des profits successivement prélevés par les divers entrepreneurs : ils peuvent donc baisser considérablement. Or cette baisse est précisément l'attrait grâce auquel la masse des consommateurs pourrait être amenée à la coopération, et enrôler la masse est chose nécessaire pour que la coopération puisse s'élever graduellement de la petite à la grande et à la très grande entreprise.

Mais il y a une certaine distance entre la théorie et la pratique. Et il suffit de parcourir les écrits des spécialistes pour se rendre compte de toutes les difficultés semées sur la route des coopérateurs. Les unes sont d'ordre psychologique : le mouvement ne peut réussir que si ses adhérents ont foi en son succès et s'ils savent sacrifier au besoin le présent à l'avenir. Les résultats immédiats peuvent, en effet, être douteux ou fort médiocres. Il peut arriver que momentanément la coopérative naissante soit hors d'état d'abaisser ses prix de revient au-dessous de ceux des commerçants. Et si alors les coopérateurs se désintéressent, faute d'obtenir tout de suite des avantages palpables, s'ils font une partie de leurs achats chez les détaillants pour l'une ou l'autre raison (proximité plus grande, plus de choix, etc.), l'échec du magasin coopératif est certain. Pour l'éviter il faut donc chez les affiliés dévouement et persévérance. Et voilà qui explique que la coopération ait produit de plus vastes entreprises en Angleterre et en Écosse qu'en Europe continentale.

Ces conditions morales ne suffisent point à assurer la réussite. Un autre obstacle auquel plus d'une fois viennent se briser les bonnes volontés coopératives, c'est l'incompétence. Le négoce exige toute une technique que des préposés improvisés n'acquièrent pas en un jour. Il faut notamment savoir s'approvisionner au moment opportun, ce qui, pour certaines denrées, est chose fort délicate. D'un autre côté, il est des articles particulièrement difficiles à vendre au détail surtout parmi des consommateurs peu fortunés. C'est ce qui explique que la boucherie coopérative réussisse beaucoup moins que la boulangerie qui répond à une demande sensiblement uniforme.

Il importe aussi de savoir se faire payer par les acheteurs. Ici, il est vrai, les coopérateurs ont adopté une règle excellente : le paiement au comptant. Cette règle écarte certains clients, mais ce sont les moins désirables, ceux que n'anime point l'esprit de solidarité, si nécessaire — on vient de le voir — au succès durable et définitif. Dans la pratique, il arrive toutefois que le crédit réapparaisse, ce qui est fort naturel si l'on songe à l'exiguité des ressources des ouvriers affiliés. Serwy note que dans certaines sociétés belges, les crédits accordés excèdent le montant du capital versé, ce qui met en péril la stabilité de l'entreprise et l'oblige notamment à chercher des bailleurs de fonds et à se mettre jusqu'à un certain point dans leur dépendance (1). Lorsqu'il en est ainsi, un cas particulier de *subordination* du commerce à la finance n'est pas loin d'apparaître.

D'autres fautes *techniques* sont assez souvent commises par de petites coopératives et en contrarient l'essor : comptabilité absente ou mal tenue ; entreprises aventureuses et mal conçues ; extensions prématurées, etc. Pour éviter les erreurs de ce genre et beaucoup d'autres, les coopérateurs suisses ont établi à Bâle un magasin modèle où se fait dans la mesure du possible l'éducation des gérants.

On peut dire que la principale cause du succès des sociétés coopératives, de celles du moins qui ont été créées

(1) Compte rendu du Congrès de l'office coopératif, Jolimont La Louvière, 1912, p. 15.

au sein des masses ouvrières, a été le principe de répartition des bénéfices réalisés.

. Dans les coopératives que les socialistes appellent « bourgeoises » le bénéfice se partage asssez souvent encore proportionnellement au capital versé par chaque actionnaire. Or une telle société est fermée, aristocratique ou pour mieux dire encore capitaliste : sa prospérité éventuelle ne profitera qu'à un petit nombre de personnes, à celles qui en ont jeté les fondements. Il est évident que les ouvriers de la première heure se refuseront à admettre de nouveaux membres au partage des bénéfices. C'est l'application de la règle : qui assume les risques, recueille les profits.. Il se forme ainsi deux catégories de coopérateurs ; les uns, qui ont apporté le capital et se sont réservé le privilège de le grossir, encaissent les bénéfices ; les autres sont de simples acheteurs auxquels on peut accorder certains avantages sans doute afin de s'assurer de leur fidélité. C'est ainsi que les choses se passent à la *Civil Service Supply association* dont les parts se négocient bien au-dessus de leur valeur primitive. En somme c'est un grand magasin par actions.

Introduit dans les coopératives ouvrières, ce mode de répartition des bénéfices en eût empêché le développement. Il eût étouffé, dès le début, le souffle de solidarité qui anime tout le mouvement et lui a donné sa puissance. Et de fait le succès n'a commencé à se dessiner que le jour où les *Equitables Pionniers* de Rochdale ont adopté le principe démocratique de la ristourne des bénéfices aux consommateurs au prorata de leurs achats. Du même coup ils supprimaient le profit du capital. C'était la réforme fondamentale. Le capital ne percevant qu'un intérêt fixe, ses détenteurs n'ont aucun avantage, en *tant que capitalistes*, à limiter le nombre des associés. Qu'il y ait dix, vingt, cent ou mille membres, ils ne toucheront ni plus ni moins que

les 3 ou 4 0/0 stipulés d'avance. Mais en qualité de consommateurs participant aux bénéfices au contraire, ils
doivent se réjouir de la multiplication des coopérateurs,
c'est-à-dire des acheteurs. Plus le magasin sera achalandé,
plus grossiront les bénéfices et plus s'élèveront les dividendes distribués aux consommateurs. Ainsi les premiers
adhérents, loin de souffrir de l'affiliation de nouveaux
membres n'ont qu'à s'en féliciter, puisqu'elle a pour conséquence des prix plus bas pour tous. D'autre part et surtout l'attraction de la ristourne a pour conséquence de
grossir rapidement le nombre des consommateurs associés
pour peu qu'elle atteigne un certain niveau. La période des
débuts est donc la plus difficile : elle est souvent décisive.

Les résultats obtenus par la coopération rochdalienne
ont été tellement brillants que la plupart des sociétés nouvelles, fussent-elles purement bourgeoises, en ont adopté
le principe de répartition (1). Dans la pratique, l'application de ce principe peut donner lieu à certaines exagéra-
tions dangereuses. Les consommateurs, ainsi qu'il est
naturel, exercent une pression sur la Direction en vue d'obtenir une forte ristourne et même, comme dans mainte
société belge, prétendent toucher une ristourne fixe de
10 à 15 0/0 (2). Si la Direction cède, la solidité de l'entreprise est plus ou moins compromise, la constitution des réserves devient plus d'une fois un problème insoluble et le
mécanisme est faussé puisque normalement la société ne
doit restituer à ses membres, en fin d'exercice, que le trop-
perçu. Quoi qu'il en soit, c'est la réunion des conditions

______

(1) C'est par le nombre de ses adhérents que s'affirme tout particulièrement — et c'est logique — le triomphe de la coopération rochdalienne distribuant ses bénéfices aux consommateurs. En 1918 il y
avait dans les Iles britanniques 3.846.531 coopérateurs inscrits dans
1.364 sociétés de consommation.

(2) Compte rendu du Congrès de Jolimont, déjà cité, p. 60.

morales et matérielles qui viennent d'être mentionnées qui a assuré le développement de la grande entreprise coopérative de détail et en a rendu possible la forte poussée dans le sens de l'intégration du commerce de gros et de l'industrie.

Est-il possible de se faire une idée des chances d'avenir d'un mouvement qui vise nettement d'ailleurs à rénover toute l'organisation économique? Les coopérateurs sont animés des plus vives espérances. Il semble pourtant que si l'on examine froidement les choses, il faille en rabattre en une certaine mesure. Non sans doute que l'on doive attribuer une grande importance aux mesures légales qui ont été adoptées contre les coopératives à l'instigation de leurs adversaires, les petits commerçants. L'aggravation des charges fiscales qui pèsent sur elles peut certes ralentir quelque peu leur essor : mais le législateur, en notre ère démocratique, n'oserait les accabler et se contentera tout au plus de les frapper un peu plus que par le passé. L'interdiction faite aux coopératives de vendre au public ne saurait beaucoup leur nuire : on peut se demander, au contraire, si elle ne favorisera point l'affiliation, celle-ci étant désormais le seul moyen d'avoir accès aux magasins des sociétés. Du côté de la compression légale, directe ou indirecte, la concentration coopérative n'a donc pas de sérieux péril à redouter.

Elle doit craindre bien davantage la concurrence du grand magasin et du magasin à succursales multiples dont l'organisation est admirablement agencée, où la spécialisation professionnelle est poussée très loin et que leurs gros capitaux mettent à même de lutter dans des conditions particulièrement avantageuses. Il faut ajouter que la grande entreprise capitaliste de vente au détail ne s'embarrasse point de préoccupations idéalistes : elle cherche à séduire le consommateur, non à l'élever. Plus austère, la coopérative a moins de prise sur les clients sensibles aux attraits du luxe.

Mais c'est surtout dans le domaine de l'intégration industrielle — où le *coopéralisme,* suivant le terme imaginé par son éloquent apôtre Charles Gide (1), manifeste les ambitions les plus hardies — que l'on doit faire le plus de réserves quant aux probabilités de réalisation de ses espérances. Il est vrai que les sociétés de gros ont réussi à établir un certain nombre d'établissements industriels prospères, seulement il est à remarquer que les fabriques ainsi créées travaillent dans un domaine unique et assez restreint somme toute : celui du finissage des produits alimentaires et des articles d'habillement et de ménage. Elles fabriquent de la farine, du pain, du chocolat, des confitures, des biscuits, du savon, des chaussures, des vêtements, du linge, des tapisseries, articles qui peuvent être mis immédiatement en consommation à peu près tous et qui répondent aux besoins de grandes masses humaines. Mais, à côté de cela, combien de branches d'industrie leur sont restées étrangères ! On peut dire que la coopération de consommation, par l'intermédiaire de ses sociétés de gros, ne s'est attaquée jusqu'ici à *aucun* des grands problèmes de la production moderne. Elle n'a touché ni à la métallurgie, ni aux charbonnages, ni aux industries mécaniques, ni aux chantiers maritimes, ni à la fabrication des fils, des tissus, du verre, du ciment, des glaces, du sucre, des produits chimiques, etc. Dans ces conditions, est-il possible dès à présent de se prononcer affirmativement sur les chances de succès intégral du *coopéralisme?* Nous ne le pensons pas. S'il entre quelque jour dans cette sphère nouvelle, il y rencontrera des difficultés gigantesques de lutte et d'organisation : énormité des capitaux nécessaires ;

(1) Ch. Gide a traité fréquemment la question qui nous occupe. V. notamment : *La Coopération,* Paris, 1906.

hostilité redoutable de la haute finance ; danger du coulage et de l'affaiblissement de la foi coopérative ; nécessité d'une direction très compétente et fortement rémunérée ; bien d'autres peut être que nous n'apercevons pas encore. Enfin il faudrait que la coopération devînt universelle pour qu'elle pût englober l'énorme production qui se fait de nos jours en vue de l'exportation. Tout cela nous paraît du domaine du rêve, encore qu'à l'époque moderne bien des métamorphoses se sont accomplies qui semblent tenir du miracle.

VII

En dépit de la redoutable concurrence des grands magasins, des magasins à succursales multiples et des sociétés coopératives de consommation, les petits détaillants n'ont pas été complètement éliminés, tant s'en faut. Ils pullulent, au contraire, comme on peut s'en convaincre en parcourant les rues les plus importantes d'une ville quelconque. Il y a quelque illusion toutefois dans cette constatation superficielle qui confond avec les petits commerçants réellement et totalement indépendants ceux qui ont cessé de l'être au moins en partie (1) ainsi que les succursales déguisées ou non des grandes entreprises (2). Enfin parmi les détaillants indépendants, il n'y a pas que de petites entreprises ; loin de là : plus d'un magasin de détail représente une mise de fonds considérable ; tel est le cas de la bijouterie, qui est exercée, en règle, par des commerçants opulents.

(1) Certains négociants sont liés à une firme industrielle pour le débit de certains articles et restent libres dans la vente de certains autres.

(2) Tels sont les magasins appartenant à une fabrique de chocolat ou de papiers peints.

Tous ces décomptes faits, il reste encore un très grand nombre de petits détaillants dont il y a lieu d'expliquer la survivance. Mais ici il faut faire une distinction. C'est qu'il y a plusieurs façons de survivre. Parmi les détaillants, il en est beaucoup dont l'existence est véritablement misérable. Leur condition est bien inférieure à celle de la moyenne des employés de grands magasins et des ouvriers de métier. Toujours menacés par la faillite; ils vivent d'expédients et notamment du crédit que leur fait le commerce de gros ; leurs besoins essentiels : logement, vêtement, alimentation n'obtiennent souvent que d'insuffisantes satisfactions et encore doivent-ils, pour atteindre ce résultat plus que médiocre, relever sensiblement les prix, question sur laquelle nous reviendrons plus tard. L'extinction de cette catégorie pathologique de détaillants est fort lente à raison de la circonstance qu'elle reçoit sans cesse de nouveaux renforts venant combler les vides. C'est une occupation ne demandant ni grand travail, ni capitaux importants, ni hautes capacités. Elle est attirante parce qu'elle donne l'illusion de gains supérieurs aux appointements fixes (1). On croit y trouver l'indépendance avec la flânerie. Toutes ces raisons en assurent le recrutement dans des proportions dont l'expérience a cent fois démontré l'exagération. « Le commerce de détail, dit encore un auteur, est le grand réservoir qui absorbe toutes les existences qui ont échoué dans d'autres professions ou qui n'ont pas pu arriver suffisamment vite à l'indépendance (2). »

Il faut ajouter que diverses personnes se contentent d'y chercher un gain supplémentaire, insuffisant par lui-même à les faire vivre : des employés pensionnés, des demi-rentiers, des sous-entrepreneurs de l'industrie à domicile

(1) La chance est très souvent escomptée à un taux trop favorable.
(2) G. Grunzel, *System der Handelspolitik*, Leipzig, 1901, p. 59-60.

sont dans ce cas (1). Des veuves aussi y trouvent tant bien que mal à gagner leur vie, ce qu'elles ne pourraient faire autrement.

A cette classe de détaillants dont les uns sont misérables et toujours à la veille de voir déçus leurs humbles espoirs ou dont les autres se contentent de gains dérisoires parce qu'ils possèdent d'autres sources de revenus s'en oppose une toute différente qui nous offre le spectacle d'une réelle vitalité et où les exemples de prospérité ne sont même pas rares. Ce sont les *spécialistes*. C'est que la spécialisation a encore ses avantages pour la connaissance et le choix des marchandises (2). Elle constitue un sérieux élément de monopole. Le spécialiste gagne la confiance d'une clientèle plus clairsemée sans doute que celle des grands bazars, mais qui achète beaucoup et paie bien. Dans la boulangerie, par exemple, plus d'une boulanger d'autrefois a entrepris de fabriquer « du pain de luxe, du pain de fantaisie et de la pâtisserie (3) ». Dans certaines branches comme le commerce de l'opticien, n'existe pas la concurrence du grand magasin de nouveautés ou du bazar. D'un autre côté la proximité du client reste pour le détaillant un avantage sérieux pour les articles encombrants et pour ceux qui répondent à tous les besoins réguliers ou urgents (4).

Le magasin discret où l'on ne s'écrase point, où la clientèle n'est point mêlée et anonyme, a les préférences persistantes de beaucoup d'acheteurs aisés ou riches. Mais

----

(1) Ces gains supplémentaires sont tout à fait comparables aux salaires d'appoint qui eux aussi sont insuffisants à faire vivre ceux qui les reçoivent. Cette question spéciale sera examinée dans la théorie du salaire.

(2) Cf. BROUILHET, *op. cit.*, p. 430.

(3) Rapp. de Serwy dans le compte rendu déjà cité du Congrès de Jolimont, p. 49.

(4) C'est pour la même raison que le boutiquier de village vit dans des conditions qui paraissent sensiblement normales.

ici nous sortons de le sphère propre du petit négoce pour
entrer dans celle de la moyenne entreprise de détail, déjà
luxueuse, possédant d'importants approvisionnements,
disposant d'un capital circulant d'une réelle importance et
réalisant des bénéfices stables et sérieux. C'est un type intermédiaire entre la modeste boutique et la vaste entreprise,
c'est le « petit Palais » du commerce.

VIII

Une brève mention doit être enfin consacrée à une catégorie d'entreprises, petites, moyennes, parfois grandes, qui
viennent s'insérer entre grossistes et producteurs surtout
dans le commerce international. Ce sont les courtiers et
commissionnaires qui se rendent utiles, voire indispensables
en assumant une partie de la tâche consistant dans la mise
en mouvement des marchandises. Avec le gigantesque développement des opérations sur les grands articles de
commerce à notre époque, le courtier tend à devenir spéculateur pur, c'est-à-dire qu'il opère à la Bourse sur des
marchandises qu'il achète et revend sans en avoir pris
livraison ou qu'il vend sans les posséder, quitte à les ra-
cheter si l'acheteur entend se les faire livrer. Ces « entreprises spéculatives » jouent un rôle assez important — nous
ne disons pas nécessairement utile — dans l'organisation
économique contemporaine. Nous les étudierons de plus
près à propos de la théorie des prix. Disons seulement tout
de suite que les *trusts* tendent à les éliminer en régula-
risant les cours des grands articles de commerce.

Un mot encore de tous ces agents commerciaux indépendants (courtiers d'assurance, agents d'affaires, rabatteurs, « compradores » en Extrême Orient) qui gagnent
leur vie en servant d'intermédiaire entre producteurs et

commerçants ou entre producteurs et consommateurs. Les usages locaux expliquent souvent qu'ils puissent s'insérer avec avantage dans la chaîne économique ; mais souvent c'est à la routine seule qu'ils doivent de subsister. Et il semble que la concentration soit de nature à en réduire progressivement le nombre.

IX

Tout ce qui précède nous a montré que le commerce, non plus que l'industrie, n'est resté indemne du phénomène que nous avons appelé l'intégration. Et comme entre les entreprises qui transforment les matières premières et celles qui distribuent les marchandises, il n'y a point de barrières infranchissables, légales ou autres, il n'est pas étonnant de constater que, dans certains cas, les premières intègrent les secondes et que dans d'autres l'inverse se produit. Mais il est intéressant de rechercher sous l'empire de quelles causes et dans quelles limites ont lieu ces deux mouvements en sens opposés qui aboutissent d'ailleurs à des résultats identiques ou peu s'en faut.

L'intégration du commerce par l'industrie est surtout la conséquence de la création des syndicats et des trusts qui prennent en main la vente des produits fabriqués par les entreprises industrielles dont l'entente ou la fusion a créé le nouvel organisme. Cette question a déjà été soulevée dans de précédents chapitres ; il n'y a plus lieu d'y revenir longuement. Pénétrons-nous seulement de ce fait que c'est la suppression de la concurrence entre industriels qui les amène à assumer les fonctions commerciales. C'est que pareille extension représente dès lors une visible économie, surtout dans le domaine des échanges internationaux. Parfois l'intégration pousse jusqu'à la vente au détail ; nous en avons vu plus d'un exemple à propos des trusts. D'autre part le syndicat peut intégrer le commerce par l'achat direct aux producteurs des matières premières ou mi-ouvrées nécessaires à l'industrie au sein de laquelle il s'est formé. C'est le cas lorsque des imprimeurs s'associent pour acheter aux fabricants et non aux grossistes le papier dont ils ont besoin.

Faut-il conclure de la multiplication des *trusts* et syndicats que le commerce de gros est destiné à disparaître promptement ? Une telle affirmation serait excessive. Et dans les conditions actuelles des choses, il semble bien que dans un assez grand nombre de branches, le commerce de gros doive se maintenir pour les raisons que voici : très grande variété des articles ou, ce qui revient au même, multiplicité de qualités différentes ; crédit au fabricant ou au détaillant ; caractère international des transactions.

La très grande variété des articles ou des qualités a pour effet de décourager la fabrique spécialisée d'entrer en rapport avec le détail. Chaque négociant ne lui prendrait qu'une quantité minime de ses produits. D'où multiplication des écritures, des factures, visites trop nombreuses et peu rémunératrices des représentants de commerce. D'autre part le détaillant ne pourrait souvent trouver par lui-même tous les articles qu'il met en vente ; il ne saurait où s'adresser et la formation des assortiments deviendrait une tâche des plus ardues. On peut juger de l'importance du facteur : variété si l'on songe que dans la mercerie par exemple, à en croire un grossiste bruxellois, il n'y a pas moins de 22.000 articles différents, que la soie présente 800 nuances, etc. Situation analogue pour la parfumerie, la papeterie et aussi la lingerie ou les tissus où les changements de modes sont d'une extrême fréquence, etc. Les caprices de la demande créent en outre un risque que le détaillant ordinaire ne saurait assumer. Même en dehors de là, il n'a pas de capitaux suffisants pour pouvoir se constituer des assortiments importants. Loin qu'il en soit ainsi, il se trouve le plus souvent dans l'obligation de demander du crédit au commerçant en gros. Il arrive même que celui-ci ne soit plus qu'un bailleur de fonds. Tel était le cas du commerce du tabac en Belgique avant la guerre. Le fabricant vivait des avances du grossiste. On assure qu'il a réalisé de tels bénéfices durant la guerre que dorénavant il pourra entrer en relations directes avec le planteur et payer comptant.

Ailleurs, les deux causes précitées agissent de concert. Ainsi, le chausseur ne s'adresse pas directement à la tannerie parce qu'il a besoin d'un intermédiaire faisant des assortiments de toute espèce de qualités et pratiquant la vente à crédit.

Enfin, il est à peine besoin de faire observer que le petit détaillant ne saurait s'approvisionner à la source lorsque celle-ci est à l'étranger. De même, les produits belges destinés à être vendus au dehors doivent passer par l'intermédiaire des maisons d'exportation, à moins qu'elles n'émanent d'une industrie syndiquée. Mais nous savons que tel n'est généralement point le cas du finissage.

Ce qui peut arriver, c'est que la maison de gros constituant des approvisionnements soit battue en brèche par la *maison de collections* comme dans l'article : tissus ou par le commissionnaire. La *maison de collections* pratique le crédit, mais elle n'immobilise pas de capitaux sous forme de constitution de stocks. Elle achète en fabrique — au besoin par télégramme — au fur et à mesure des besoins de ses clients, les tailleurs.

X

Si l'industrie puissamment concentrée d'aujourd'hui tend à intégrer certaines branches importantes de commerce, en revanche le commerce s'annexe parfois des établissements industriels, soit qu'il les crée, soit qu'il les achète. Un des exemples les plus frappants est celui des fabriques érigées par les coopératives de gros anglaise et écossaise. L'emprise de ces *Wholesales* sur la production est caractéristique ; plus d'un théoricien y voit l'ébauche d'une socialisation de la production par les sociétés coopératives de consommation. Le commerce intègre parfois jusqu'à l'agriculture : c'est ainsi que la maison Potin de Paris possède et exploite des vignobles en Algérie. L'alliance du commerce et des transports est plus fréquente ; dans le passé surtout les grands négociants avaient leurs propres navires. Le *Wholesale* anglais possède sur l'Atlantique une flotille qu'il emploie à l'importation du blé qui sert à faire le pain des coopérateurs.

Mais le type par excellence de l'intégration par le commerce est l'industrie à domicile qui a été étudiée précédemment.

CHAPITRE XVII

I

La concentration des entreprises s'est manifestée dans l'exploitation des chemins de fer avec une énergie qui n'a été surpassée dans aucun domaine. Et s'il est vrai qu'il existe encore, de par le monde, de petites entreprises de transport par voie ferrée, elles sont une très rare exception et ne se rencontrent guère qu'en des pays attardés (1). En revanche, les grands réseaux unifiés ont acquis une importance comparable et parfois supérieure à celle des plus puissantes compagnies sidérurgiques et charbonnières et même des gigantesques établissements financiers de l'heure présente. Les chemins de fer de l'Etat prussien passent, non sans raison, pour la plus colossale entreprise européenne (2).

A cet égard, l'orientation économique des transports par rail est donc en complète harmonie avec l'évolution générale de la production industrielle. Elle doit néanmoins être étudiée à part parce que dans la majeure partie des con-

(1) Nous faisons abstraction, bien entendu, des chemins de fer secondaires, tramways vicinaux, etc., dont la fonction économique est toute différente.

(2) Elle va se développer encore par la fusion de tous les réseaux allemands en une seule exploitation.

trées du globe, la concentration s'est réalisée ici d'une façon toute spéciale. L'intervention de l'Etat a joué un rôle souvent décisif et cela sous deux formes nettement distinctes : la *concession* et la *régie* (1). Dans nombre de cas, on a vu l'Etat accorder à une compagnie privée le monopole de la construction et de l'exploitation des voies — durant une période habituellement très longue — sur tout ou partie du territoire national. Ainsi en est-il en France où existent cinq grandes compagnies à côté du réseau de l'Etat, en Espagne et en de nombreux pays d'outremer. Ces derniers ont eu recours au régime de concession soit à raison des résultats fâcheux du régime de concurrence libre expérimenté ailleurs soit, et plus encore, par suite de l'insuffisance des capitaux nationaux et de la nécessité de faire appel à la finance et à l'épargne des pays d'ancienne richesse. Historiquement le monopole privé octroyé par l'Etat s'explique aussi par le désir des gouvernements de stimuler la création des voies, là où le capital reculait devant les risques. Souvent même son concours n'a été obtenu qu'au prix de sacrifices pour le Trésor (subventions, concessions de terres libres) ou de l'obligation de celui-ci d'assumer les aléas en promettant aux capitaux engagés un minimum de rémunération (garanties d'intérêts ou de dividendes en diverses contrées, mais tout spécialement en France où elles existent encore) (2).

(1) Il est à remarquer qu'en diverses contrées existent d'autres régies que celles des chemins de fer. Elles ont été généralement établies pour des raisons fiscales. Mais il n'importe : leur création devait forcément entraîner la concentration totale de l'industrie placée sous ce régime. C'est ainsi que la fabrication du tabac en France offre à cet égard un contraste frappant avec l'industrie belge similaire, bien que cette dernière évolue aujourd'hui librement vers la concentration.

(2) Voy. l'exposé approfondi de cette question dans BOUCARD et JÈZE *Eléments de la Science des Finances*, Paris, Giard et Brière, 1902, tome II, p. 445 suiv.

La *régie* ou exploitation directe par l'Etat, qui supposait, surtout à l'origine, une grande confiance dans l'avenir des chemins de fer, a été organisée dès le principe par le Gouvernement belge pour une partie du réseau national (1). Ailleurs, elle a été introduite après coup à la suite de rachat. Ainsi en a-t-il été, entre 1870 et 1880, en Prusse et dans la plupart des autres Etats de l'Empire allemand, plus tard en Suisse et en Italie.

Aux régimes de concession et de régie s'oppose toutefois celui de la libre concurrence qui est resté jusqu'aujourd'hui le statut légal des réseaux anglais et américain. Chose remarquable, la concentration s'est effectuée pour ceux-ci comme pour les autres, non plus sans doute par l'intervention de la loi, mais sous la pression irrésistible des forces économiques. Ici l'analogie est frappante avec la concentration industrielle et financière telle qu'on l'a étudiée dans les trusts, les kartells et les « groupes » (2).

Il ne faudrait donc pas attacher une importance exagérée aux modes étatistes de la concentration dans l'industrie des transports par rail puisque cette concentration s'y effectue aussi en dehors de toute contrainte légale et même, comme aux Etats-Unis, contrairement aux vœux du législateur. Ce qu'il est essentiel de constater, c'est que la concentration des entreprises de chemins de fer a une double cause ; l'une que nous appellerons constante ou statique, l'autre qui est évolutive ou dynamique.

____

(1) Le Gouvernement belge a, par la suite, admis le régime de concession pour de nouvelles lignes. Mais plus tard, il a étendu le réseau national par des rachats (Grand Luxembourg, en 1869, Grand Central et autres lignes secondaires en 1897).

(2) Aux Pays-Bas, il existe deux compagnies concessionnaires entre lesquelles le Gouvernement s'est évertué à organiser la concurrence. Après une période de luttes, les deux compagnies ont conclu une entente.

Précisément parce qu'elle est constante, qu'elle agit d'une façon permanente, la première de ces causes est indépendante du mouvement général de concentration de notre époque. Elle n'a toutefois qu'une portée assez limitée. Elle se borne à ce fait que par sa nature, le chemin de fer ne prête guère à la concurrence : il constitue un type naturel de monopole. La raison en est simple : il est antiéconomique de construire plusieurs voies ferrées parallèles et concurrentes pour relier deux localités données. La concurrence se heurte aussi à un autre obstacle qui est grave : c'est qu'on ne peut poser de rails que sur des terrains expropriés, or l'expropriation doit évidemment se limiter à l'indispensable ; tel est le sentiment unanime des nations civilisées. Sans doute, dans l'enfance des chemins de fer et particulièrement dans un pays neuf comme les Etats-Unis où abondait la terre libre, la concurrence a pu s'établir en une certaine mesure ; mais *elle a très vite dégénéré en monopole*. Rien de simple en effet comme de fusionner des entreprises rivales lorsqu'elles ne sont que deux ou trois. Georges Stephenson lui-même a prévu que les choses se passeraient ainsi (1). Et de très bonne heure on a vu, en Angleterre, apparaître les ententes entre compétiteurs. Aux Etats-Unis des lignes nouvelles n'ont été bien souvent créées qu'en vue de se faire acheter par les anciennes (2). Cette concurrence-chantage est évidemment chose éphémère. Tout ce qu'il convient d'admettre, c'est que la concurrence était

(1) « Où la coalition est possible, disait-il, la concurrence est impossible ». Cf. Hadley, *Le transport par les chemins de fer*, trad., franç., Paris, 1887, p. 85. Hadley est même d'avis que la concurrence n'a pas été systématiquement essayée en Angleterre. Si elle s'est produite en fait pendant une courte période, « ce fut seulement parce que tant de spéculateurs désiraient construire des lignes et que le Parlement n'avait pas le courage moral de leur refuser des concessions ». (p. 218.)

(2) Edwin Pratt, *American railways*, New-York, 1903, p. 17

plus aisée dans la période des débuts où les frais d'installation se réduisaient à un minimum. Les difficultés ont grandi
avec le grossissement du capital fixe, la hausse du prix des
terrains, le coût croissant du matériel, la notion de plus en
plus claire qu'en ce domaine, concurrence veut dire gaspillage, enfin les résistances de l'opinion publique aux recours abusifs à l'expropriation. Bref tout un travail d'adaptation et d'organisation s'est accompli qui devait naturellement mettre un terme aux improvisations et aux fantaisies.

Ici nous touchons du reste à la seconde cause de concentration annoncée plus haut. L'évolution de l'exploitation des
chemins de fer vers la grande entreprise a reçu une impulsion
décisive et une allure accélérée du mouvement général qui
emportait la plupart des industries vers la concentration.
L'accroissement du volume des transactions et du mouvement des voyageurs, le développement de plus en plus
intense des relations commerciales entre régions de plus en
plus éloignées nécessitaient une transformation corrélative de
l'organisation des transports par rail. De là l'extension des
réseaux dans toutes les directions. Aux lignes purement
locales se substitueront graduellement des lignes régionales,
puis nationales faites de la soudure des premières. Ici du
reste le progrès technique intervient puissamment pour permettre à l'organisme de se développer, de gagner en puissance productive et de s'adapter sans trop de peine à un trafic qui grossit avec une rapidité étonnante. Ainsi, sous cette
double forme : unification juridique des petites exploitations
juxtaposées et intensification de la capacité de transport de
chaque kilomètre de voie, la concentration des chemins de
fer est bien un phénomène caractéristique et inévitable de
l'évolution économique contemporaine. Mais n'oublions pas
qu'il a été singulièrement facilité par le fait qu'une concurrence durable en ce domaine est à peu près impossible.

Une seule réserve doit être apportée à ce qui précède :

c'est qu'à défaut de concurrence directe se produit maintes fois en matière de transports par rail ce que nous avons appelé la concurrence approximative. Celle-ci se manifeste parfois très activement. Tel est le cas des tramways dans la banlieue des grandes villes. Un exemple frappant est celui de la concurrence des voies fluviales et des canaux en Hollande. La navigation maritime peut aussi concurrencer le chemin de fer, ainsi entre Marseille et Paris et plus encore dans les Iles britanniques ou en Australie pour les lignes côtières. Enfin le transport sur route par automobile n'est-il pas de nature à susciter plus tard une sérieuse compétition aux voies ferrées ? L'avenir, du reste, leur réserve peut-être de redoutables rivalités aujourd'hui insoupçonnées.

II.

Il est intéressant de corroborer les observations générales qui viennent d'être faites en examinant d'un peu plus près l'évolution du régime économique des chemins de fer en Grande Bretagne et aux Etats-Unis. La phase des débuts mérite surtout que l'on s'y arrête quelques instants. On imagine malaisément aujourd'hui combien étaient rudimentaires la technique et l'organisation administrative, au cours de cette première période. Aux Etats-Unis surtout. Les rails étaient en bois, sans traverses, et portaient un simple revêtement en fer destiné à les protéger contre l'usure. Comme mode de traction, on y essaya le cheval et même la voile avant de se décider définitivement pour la vapeur. Le mécanicien était chargé de toucher les prix du transport et le chauffeur s'occupait du bagage et des marchandises (1).

(1) Spearman, *The Strategy of great railroads*, New-York, 1904, p. 265. Cet auteur rappelle (p. 266) la mésaventure d'une compagnie qui n'ayant que deux locomotives fut contrainte, pour payer ses impôts, d'en vendre une à un concurrent détesté.

Longtemps les installations restèrent fort primitives. Les améliorations les plus indispensables étaient subordonnées à la réalisation de profits : ceux-ci se faisaient-ils trop attendre, c'était la faillite.

En Angleterre comme en Amérique, les chemins de fer ont été dans le principe de la petite ou moyenne industrie. Nombreuses sont alors les compagnies anglaises dont le réseau se réduit à quelques kilomètres. Si l'on voulait faire des rapprochements, c'est avec nos tramways ou nos vicinaux plutôt qu'avec nos voies ferrées actuelles qu'il faudrait les établir. Le capital engagé dans ces entreprises est modeste ; leurs titres sont matière à spéculation effrénée. Elles font une concurrence féroce aux voitures publiques afin de les supprimer au plus tôt. Ce résultat obtenu, elles relèvent les prix au grand dam du public et surtout des voyageurs pauvres. Ceux-ci sont convoyés dans des voitures ouvertes et les trains comprenant ces wagons de 3e classe sont d'allure très lente, s'arrêtent longtemps en route, partent ou arrivent à des heures indues : il s'agit de déterminer le public à ne se servir que des classes supérieures (1) ! Les tarifs sont d'ailleurs instables — trait qui s'est maintenu jusqu'aujourd'hui — ils sont l'objet de constantes manipulations destinées à extorquer des voyageurs le plus d'argent possible. Enfin, les compagnies se soucient peu des accidents : prendre des précautions pour assurer la vie humaine eût coûté trop cher vraiment.

Le Gouvernement avait songé dans le principe à organiser la concurrence en assimilant les voies ferrées aux grand' routes à péage (turnpike roads). Tout le monde aurait donc eu le droit d'utiliser moyennant paiement les voies ferrées en y faisant rouler ses propres trains. Il n'est pas

____

(1) V. une curieuse brochure intitulée *Railway reform*, parue en 1843 (Londres, Richardson), p. 15 et suiv.

besoin de dire que cette combinaison apparut bientôt impraticable !

La concurrence ne s'établit qu'imparfaitement entre lignes qui, sans être parallèles, avaient plusieurs points communs. Mais cette situation spéciale se produisit assez fréquemment étant donné la fièvre de construction qui s'empara de l'Angleterre et des Etats-Unis. A la fin de 1843, il y avait en Angleterre 71 lignes séparées ayant en moyenne moins de 48 kilomètres de long. En 1844, elles descendirent à une moyenne de 24 kilomètres ; de 1844 à 1847, on concessionna 637 lignes séparées avec une longueur totale de 15.000 kilomètres (1).

Le premier degré de concentration devait bientôt se réaliser par suite d'accords entre rivaux succédant à des luttes acharnées à coup de rabais sur les tarifs. Impuissants à s'exterminer, ils faisaient la paix sur le dos du public en unifiant et... en relevant leurs tarifs.

D'autre part, des fusions et des accords entre compagnies exploitant des lignes non pas concurrentes mais juxtaposées permirent par la suite de constituer des réseaux plus développés, notamment dans le sens de la longueur. C'est ainsi qu'en Angleterre, des « amalgamations » étendues se produisent ; un exemple remarquable de concentration est le *Great Western Railway* issu de la fusion de plus de cent petites compagnies (2). Aux Etats-Unis s'établissent d'abord les *trunk lines* qui réunissent Chicago, Saint-Louis et les grands lacs aux Etats riverains de l'Atlantique. Puis s'élaborent des combinaisons plus vastes que l'on nomme les *systems* et dont les pionniers sont les Vanderbilt, les Jay Gould, etc. Ces *systems* ne sont pas des fusions pures et

____

(1) HADLEY, *op. cit.*, p. 219.
(2) DAVIES, *The case for railway nationalisation*, (dans la collection : the nation's library), p. 15.

simples, la participation y joue un grand rôle sous forme de prise à bail, d'achat d'actions à la Bourse, de création de filiales interposées. Dans leur genèse, les manipulations financières ont donc une part très importante. L'art des fondateurs est spéculatif autant que technique. Quels que soient les procédés employés, la concentration se fait : c'est le résultat essentiel. Elle dépasse même le stade du *system*. Les grands réseaux ainsi constitués ayant des points de contact et des lignes concurrentes entreprennent d'abord des luttes de tarifs violentes. Celles-ci se terminent inévitablement par des arrangements qui prennent le nom de *pools*. Comme toutefois ces ententes ne sont point perpétuelles, la guerre se rallume de temps à autre, événement sensationnel qui passionne l'opinion américaine. Bientôt cependant les termes sont arrêtés d'un nouvel accord qui supprime pour un temps la concurrence.

En Angleterre, les conventions de partage de trafic se produisent à partir de 1855, elles sont durables ; et bien que la concurrence se manifeste encore aux « competitive points » c'est-à-dire dans les régions frontières de deux réseaux, on peut dire que, dans l'ensemble, elle a disparu, d'autant plus que les tribunaux reconnaissent la validité des conventions qui y mettent fin (1).

III

Depuis un quart de siècle environ, une tendance favorable à la nationalisation des chemins de fer s'est affirmée chez les principaux peuples vivant sous le régime des compagnies privées investies ou non de monopoles. Tel est le cas en Angleterre et aux Etats-Unis comme en France et,

(1) Cf. HADLEY, *op. cit.*, p. 210-211.

plus récemment en Espagne. Durant la guerre mondiale, les chemins de fer ont même été temporairement « étatisés » dans les deux premiers de ces pays.

Nous n'entreprendrons pas ici d'examiner tous les arguments développés par les partisans de la « reprise » ni les répliques des adversaires. Convaincus de la supériorité de l'exploitation en régie, nous convenons cependant que ses avantages sont plus ou moins prononcés suivant les pays et qu'il en est de même des défauts qu'elle présente. Le problème est essentiellement du ressort de la politique économique intérieure des divers Etats. Non plus que la libre concurrence la régie des chemins de fer ne doit être érigée en dogme.

La seule question de principe qu'il soit opportun d'éclaircir est celle de savoir si, comme on le soutient couramment, les chemins de fer *doivent* être nationalisés parce qu'ils constituent un service public. Il ne faut point hésiter à rejeter cette affirmation. Sans doute, les voies ferrées sont un service public en ce sens précis mais limité que l'administration civile et militaire les utilise largement et qu'en cas de guerre même, le railway devient un indispensable outil de la défense nationale. Mais en temps normal les voies ferrées sont utilisées par les particuliers bien plus que par l'Etat et ses agents. Au surplus quand on assimile cette exploitation à un service public, on songe surtout au fait qu'elle est une condition d'existence pour les nations civilisées qui y sont adaptées (grosses agglomérations, division internationale de la production, etc.). Qu'elle soit suspendue pendant quelques jours, c'est presqu'une catastrophe ! Pour peu qu'elle se prolonge, une grève de cheminots pourrait affamer les grands centres urbains. Faut-il cependant conclure de là que le chemin de fer est un service public ? Nous ne le pensons pas. Si l'on se prononçait pour l'affirmative, on devrait reconnaître le même caractère à l'alimentation, au vêtement, au logement. Or, en temps normal, la satisfaction de ces besoins est généralement abandonnée à l'industrie et au commerce privés. Ce n'est qu'en temps de crise, de pénurie extraordinaire que les pouvoirs publics interviennent afin de pourvoir à ces nécessités. C'est ainsi que pendant la guerre gouvernements et municipalités ont concouru au ravitaillement des populations. Le monopole des propriétaires d'immeubles aussi détermine souvent l'Etat ou les communes à prendre des mesures exceptionnelles pour assurer des logements à bon marché aux masses populaires ; encore une fois, c'est la rareté des habitations disponibles qui explique l'entrée en scène des autorités : le mal est criant, pressante la misère ; le gouvernement, les administrations urbaines doivent y aviser ; ils sont le recours suprême des victimes du monopole. N'en est-il pas de même en matière de chemins de fer ? L'explication — sinon la justification théorique — de l'intervention de l'Etat en ce domaine n'est-il pas au fond la nécessité de réprimer des abus qui, par leur portée générale et leur gravité, deviennent intolérables ? La tendance si forte à la nationalisation des voies ferrées, dans tous les pays où elle n'est pas encore chose faite, apparaît très naturelle si l'on songe qu'en fait ou en droit, il n'importe, le *chemin de fer constitue un monopole d'un service de première nécessité.* A notre époque démocratique surtout, pareil monopole est difficileme t supporté par les populations.

Mais ne peut-on se contenter de le contrôler, de le réglementer ? C'est par là que l'on a commencé en Angleterre et aux Etats-Unis ainsi que dans toutes les contrées où le monopole privé est de droit et a sa source dans une concession. La réglementation s'est même perfectionnée et aggravée avec le temps ; elle touche à tout : au développement du réseau, à la sécurité, aux tarifs des transports des

voyageurs et des marchandises, à l'égalité de traitement
des expéditeurs grands et petits, au nombre de trains, aux
salaires et aux pensions du personnel, etc. Néanmoins, elle
est loin de donner toute satisfaction : d'après les uns, les
compagnies excellent à tourner les dispositions qui les
gênent ; la poursuite du maximum de gain demeure l'âme
de l'exploitation en dépit de toutes les mesures que la loi
et l'administration prennent pour y faire prédominer le
souci des intérêts généraux (1). D'après les autres cette
réglementation constitue une charge de plus en plus acca-
blante pour les finances des compagnies : ainsi le système
de signalisation, qui leur a été imposé en Angleterre, serait
le plus coûteux du monde (2). D'un autre côté, les directeurs des compagnies se plaignent parfois eux-mêmes —
c'est le cas en Angleterre — du régime de pluralité des
entreprises comme de multiplicité et d'instabilité des
tarifs (3).

Quoi qu'il en soit, la lutte ne s'établit plus aujourd'hui
entre libre concurrence et monopole d'Etat, mais entre
monopole privé de plus en plus étroitement réglementé et
nationalisation radicale. Le triomphe définitif de cette dernière paraît assez probable. Faut-il y voir un symptôme
précurseur d'une nationalisation générale des entreprises
industrielles minières et même agricoles et commerciales,
c'est-à-dire du régime que les socialistes qualifient par

______

(1) Acworth dans *The state in relation to railways* (publication de
la *Royal Economic Society*, 1912) p. 7. D'une manière générale, le
procès du régime de réglementation a été fait par plus d'un auteur
notamment pour l'Angleterre par E. Davies dans son livre déjà cité:
the case for railway nationalisation et pour les Etats-Unis par Vrooman
(*American railway problems*). Pour la France, voy. l'intéressant ouvrage de Milhaud, *Le rachat des chemins de fer*.

(2) Tetley Stephenson dans *The State*, etc., déjà cité, p. 14 et suiv.

(3) V. une série de lettres reproduites par Davies, *op. cit.*, p. [233
à 247.

avance de Collectivisme ? En d'autres termes la suprême étape de la concentration est-elle la reprise par l'Etat et le chemin de fer ne fait-il que devancer, à cet égard, les autres branches d'activité économique ? Problème vaste et passionnant. Il convient, semble-t-il, de résoudre négativement la question spéciale du rôle de « pionnier » qui appartiendrait à la régie des voies ferrées. Et cela pour la raison indiquée tout à l'heure : c'est que le transport par rail est devenu un service de première nécessité. Ce caractère appartient sans doute à un certain nombre de branches de production et de transport, notamment aux charbonnages, à la sidérurgie, aux industries textiles, à la navigation. Mais il est absent chez beaucoup d'autres. D'ailleurs tant d'autres solutions sont possibles ! La réglementation peut être plus efficace pour les mines et les usines que pour les transports par rail ou bien la méthode américaine du fractionnement des trusts réussira peut-être à rétablir un degré suffisant de liberté et de concurrence. Ou encore le Capitalisme peut être le plus fort, et repousser, en fin de compte, les assauts démocratiques. Pour le moment, contentonsnous de constater que la nationalisation des chemins de fer ne saurait être saluée comme l'aurore d'une socialisation universelle des moyens de production dont il resterait d'ailleurs à démontrer la supériorité économique.

IV

Ne faut-il pas aller plus loin et n'y a-t-il lieu de se demander si la reprise des chemins de fer par l'Etat ne vient pas troubler le cours de l'évolution économique spontanée et compromettre, d'une façon irrémédiable peut-être, la marche vers le rendement maximum ? La concentration n'était-elle pas une étape décisive en ce sens et la nationalisation n'est-elle point, au contraire, un recul ? Si cela était vrai, la substitution de l'exploitation par l'Etat à la gestion par compagnies privées n'apparaîtrait-elle pas comme une régression bien caractérisée et fort inquiétante pour l'avenir ? Dans ces conditions le problème pratique, tel qu'il se pose surtout dans les pays où la reprise n'a pas encore eu lieu, revêtirait une importance qu'il est à peine besoin de faire ressortir.

Pour tenter de le résoudre, on ne peut s'appuyer que sur les résultats acquis jusqu'à présent. Plusieurs expériences ont été faites, quelques-unes pendant une période assez prolongée pour que l'on puisse en tirer des enseignements d'une réelle utilité. Toutefois, il faut apporter beaucoup de discernement dans le maniement des données qu'elles nous fournissent si l'on ne veut pas se tromper gravement dans ses jugements.

C'est ainsi qu'il serait erroné de mesurer la capacité ou l'incapacité de l'Etat transporteur aux bénéfices qu'il réalise. C'est que d'ordinaire l'Etat n'a point pour préoccupation de retirer le plus d'argent possible de l'exploitation des voies ferrées. A ce point de vue, la gestion des compagnies paraîtra toujours plus avantageuse ! Car elles visent exclusivement au gain maximum, tandis que la régie a pour buts essentiels : 1° d'abaisser les prix de transport des personnes et des choses afin de favoriser l'intérêt général (1) ; 2° d'améliorer le service sous tous les rapports.

Aussi n'y a-t-il rien de moins péremptoire que la comparaison des *coefficients d'exploitation*, c'est-à-dire du rapport des frais aux recettes dans l'un et l'autre mode de ges-

---

(1) Si même l'Etat exploitait dans un intérêt fiscal, encore aurait-il avantage à la modération des tarifs. Le bon marché des transports favorise, en effet, la prospérité nationale et celle-ci, à son tour, augmente le rendement des impôts directs et indirects. C'est une compensation qui échappe aux Compagnies privées.

tion. Le coefficient des régies est toujours plus élevé. Faut-il conclure de là à l'impéritie de l'Etat transporteur ou même simplement à la supériorité des entreprises privées ? L'affirmer, ce serait approuver toutes les lésineries et même tous les abus commis par certaines entreprises privées qui s'attachent à tirer de leur monopole des profits véritablement exorbitants et hors de proportion avec les services rendus. Il faudrait alors accorder son admiration aux compagnies qui à la veille de l'expiration de leurs concessions et même assez longtemps avant cette échéance, s'abstiennent systématiquement de toute dépense non absolument urgente d'entretien et de renouvellement (1). Et inversement la régie qui reprend leur succession, doit, à grands frais, remettre tout en état et ne réussit même point à éviter des accidents graves dus à la détérioration des installations, devrait être condamnée de ce chef comme souverainement incapable et exagérément dépensière. De telles articulations sont d'une mauvaise foi si patente qu'il n'y a vraiment pas lieu de s'y attarder.

D'un autre côté, il est assez fréquent que l'Etat exploite plus chèrement à raison de cette circonstance que d'ordinaire il paye mieux son personnel que les entreprises privées (du même pays). Le coût de la main-d'œuvre tend donc à être plus élevé sous la régie (2). Mais est-il permis de trancher cette question du taux des salaires du seul point de vue du prix de revient ? L'Etat contemporain ré-

____

(1) Des exemples frappants de ces pratiques abusives ont été fournis par les Compagnies italiennes dont le bail expirait en 1905 et la Compagnie française de l'Ouest rachetée par l'Etat.

(2) C'est ainsi qu'en Italie où la reprise a eu lieu en 1905, la moyenne annuelle des dépenses pour le personnel s'élevait pour les années 1902-03-04 à 143 millions de francs et atteignaient pour l'exercice 1910-11 243 millions de francs. (Voy. *Les résultats de l'exploitation des chemins de fer par l'Etat en Italie*, par F. Taiani (*Annales de la Régie directe*), 1913, n⁰ˢ 46-48, p. 117.)

pond délibérément par la négative. Se conformant en cela aux vœux de la démocratie, il ne considère pas que l'on puisse assimiler le travail à une marchandise et qu'il importe de payer les ouvriers le moins possible afin de réduire les charges financières du service. On objectera qu'une telle doctrine est aisée à appliquer parce que l'on est en possession d'un monopole, mais qu'elle est fort dangereuse en ce qu'elle suscite des espérances irréalisables parmi le personnel des autres entreprises du pays assujetties, elles, aux conditions rigoureuses de la concurrence. Mais si celle-ci est en voie de disparaître ? Nous retrouverons cette grave controverse en traitant de la théorie des salaires. Toujours est-il que l'on ne peut imputer ici une *faute* à l'Etat exploitant : il s'agit non d'incapacité mais de *politique* (1).

D'autre part encore, il arrive assez fréquemment que l'Etat se donne pour mission de transporter voyageurs et marchandises au prix de revient. La perception par l'Etat d'un bénéfice sur les transports est envisagé, en effet, par la science financière comme un impôt véritable et qui offre plusieurs défectuosités graves : il ralentit et gêne les échanges, nuit au développement économique et frappe à l'aveugle sans se proportionner aux facultés contributives de ceux sur qui, en définitive, il retombe. L'exploitation au prix de revient se préoccupe d'éviter ces gros inconvénients. Mais comme les dépenses et les recettes d'exploitation varient d'année en année, on ne peut établir qu'une équi-

_____

(1) Le jugement serait tout autre si l'augmentation du coût du travail provenait de la surabondance des employés et ouvriers embauchés par l'administration. En ce cas, il y aurait assurément *faute*. Seulement il conviendrait de préciser ce qu'il faut entendre par surabondance. Les compagnies ne peuvent fournir, à cet égard, une juste mesure ; car elles pèchent souvent par excès contraire : pénurie dangereuse de personnel et trop longues journées de travail, ce qui est de nature à multiplier les accidents.

valence moyenne. Il va sans dire que l'exploitation au prix de revient ne doit pas couvrir seulement les frais immédiats du service tels que le coût du combustible et les salaires du personnel, mais encore les arrérages et l'amortissement des emprunts contractés par l'Etat en vue de constituer et développer, au fur et à mesure des besoins, le capital de la régie. Le coefficient d'exploitation ne tenant pas compte du service financier, il faut donc qu'il reste sensiblement inférieur à 100 0/0, lors même que l'Etat s'interdit de réaliser des bénéfices (1).

Seulement il peut s'en rapprocher beaucoup plus que dans la gestion par compagnies, puisque la régie doit réduire ses recettes aussitôt qu'elle s'aperçoit de leur tendance à dépasser en moyenne le coût technique et financier de l'exploitation. Pratiquement, cela se ramène à la réduction des tarifs et aussi à l'accroissement, à tous égards, des avantages accordés aux consommateurs : vitesse, confort, nombre de trains, etc.

Cela étant la comparaison des coefficients d'exploitation n'est nullement probante. Le parallèle entre la régie et le monopole privé n'est donc légitime que si on le limite à l'organisation technique et administrative. Mais ainsi délimité, il sera réellement fécond. Seulement c'est à la condi-

_____

(1) Il peut arriver à vrai dire que les charges de tout genre de l'exploitation en régie en dépassent les produits. Et certains dépassements sont manifestement abusifs, comme les dépenses de luxe dans la construction des gares. En revanche, il y a doute en ce qui concerne les améliorations réellement utiles, mais qui coûtent plus qu'elles ne rapportent. Ne savons-nous pas que bien souvent, le Trésor a alloué des subventions aux compagnies pour les amener à exécuter des travaux d'intérêt général : lignes stratégiques, extension du réseau ou du service dans des régions peu peuplées et que l'on se préoccupe de développer, etc. ? Seulement il serait utile, en pareil cas, d'établir une distinction nette dans la comptabilité : on y verrait plus clair.

tion qu'il soit impartial : malheureusement, cette condition élémentaire n'est que bien rarement remplie tant par les adversaires que par les partisans de la nationalisation des chemins de fer.

Que reproche-t-on essentiellement à l'exploitation par l'Etat ? La routine administrative, l'intrusion des politiciens dans la gestion et par suite l'infériorité du rendement. Ces griefs ne sont pas dénués de tout fondement. Ils s'appliquent même dans une certaine mesure au réseau de l'Etat belge qui antérieurement à la guerre, était si souvent cité en exemple à raison des services multiples et incontestés qu'il rendait au public (billets de quinzaine, abonnements ouvriers, trains nombreux, multiplicité des gares et des haltes, confort, et surtout tarifs très réduits de transport tant pour les voyageurs que pour les marchandises). C'est ainsi qu'en Belgique, le recrutement du personnel ouvrier s'effectue exclusivement d'après des listes de candidats recommandés par le Ministre des chemins de fer ; ces listes sont dressées sur les suggestions d'amis politiques sans qu'il soit tenu suffisamment compte des aptitudes des postulants. Le service de l'exploitation, dont l'importance est fondamentale, recrute ses directeurs, non parmi les techniciens les plus capables, mais parmi les chefs de gare arrivés à la fin de leur carrière et qui ne possèdent que des connaissances tout empiriques. L'ancienneté est leur seul titre. La plupart des ingénieurs du chemin de fer de l'Etat belge travaillent trop peu. Il y a beaucoup trop de chefs de bureau et de chefs de division : ces emplois, pour la plupart inutiles, semblent avoir été créés pour disperser et noyer les responsabilités, alors qu'en Prusse, on a supprimé les contrôles et les visas, afin de laisser à chacun, fût-il fonctionnaire subalterne, sa part d'initiative et de responsabilité et que l'on y a interdit toute communication par écrit entre employés chaque fois que la communication orale est possible (1).

La conséquence de ces abus est d'amener un certain renchérissement de l'exploitation. Il est vrai que ce défaut doit être attribué en partie à la mauvaise politique financière que pratiquait le gouvernement avant la guerre. Il versait au budget des voies et moyens les recettes nettes du chemin de fer et, pour gonfler ces recettes le plus possible, il inscrivait au compte de construction (c'est-à-dire d'amélioration et d'extension) alimenté par l'emprunt des dépenses qui auraient dû figurer au compte d'entretien et être couvertes par les recettes courantes de l'exploitation (2). De là des bénéfices exagérés que l'Etat exploitant s'allouait à l'exemple de certaines compagnies de railways, qui distribuent à leurs actionnaires des dividendes fictifs prélevés non sur des revenus, mais sur des capitaux (3).

Mais, d'autre part, il n'est pas niable que l'incompétence de fonctionnaires mal recrutés se traduit par un surcroît de frais de gestion. Vanderrydt signale le fait que « de 1900 à 1910 la dépense de combustible par train-kilomètre a été en moyenne de 26,4 centimes à la compagnie du Nord (français) alors qu'elle s'est élevée à 33,2 centimes à l'Etat belge, bien que ce dernier transporte moins par train-kilomètre ». C'est que « la compagnie du Nord choisit mieux ses combustibles et les achète dans de meilleures

----

(1) Ce jugement sévère émane d'un partisan convaincu de l'exploitation par l'Etat, mais industrialisée et rendue autonome, H. VANDERRYDT, ingénieur du chemin de fer de l'Etat belge. Voy. sa très intéressante étude dans *L'autonomie des chemins de fer de l'Etat belge*, Lebègue, Paris et Bruxelles, 1919 (Travaux des Groupes d'études de la Reconstitution Nationale de l'Institut Solvay), p. 1-12.

(2) Un des subterfuges employés pour justifier ce procédé consistait à conserver matériellement de vieilles locomotives inutilisables et à considérer les remplaçantes comme de l'extension !

(3) Cf. HADLEY, *op. cit.*, p. 77-78 et 206.

conditions, qu'elle a des locomotives plus puissantes et les utilise à leur pleine puissance (ce qui n'est pas le cas de l'Etat belge) et que ses mécaniciens et chauffeurs sont intéressés à l'économie du combustible beaucoup plus que leurs collègues belges (1) ».

Il ne faudrait pourtant pas tirer de ces justes critiques des conclusions exagérées : nous avons dit tout à l'heure que les chemins de fer de l'Etat belge offrent, d'autre part, bien des avantages au public. Et surtout il y aurait absurdité et parti-pris à édifier sur ces constatations toute une théorie de l'impuissance de l'Etat à exploiter économiquement les voies ferrées.

Pour montrer l'inanité de cette théorie, il suffit de faire observer : 1° que les différents Etats du globe n'ont point la même capacité ou la même incapacité de gestion : les généralisations faussent donc le jugement ; 2° qu'en tout pays l'Etat peut perfectionner ses méthodes d'exploitation, s'affranchir dé la routine ou du désordre et faire preuve d'aptitudes dont précédemment on ne l'eût pas cru capable.

Le premier point est évident. Et sous ce rapport, il est difficile de ne pas reconnaître la supériorité d'organisation — avant la guerre — des chemins de fer prussiens dont la gestion financière peut être critiquée : ils étaient, en effet, la vache à lait du budget, mais dont le mécanisme technique et administratif était des plus remarquables. Cette constatation faite par tous les hommes compétents et de bonne foi ne sera naturellement pas réduite à néant par le fait que dans telle autre contrée, la régie fait preuve d'une certaine incurie ou que les fonctionnaires qui y sont attachés sont quelque peu accessibles à la corruption.

Certains auteurs écartent l'argument tiré des chemins de fer prussiens en faveur de l'exploitation de l'Etat en invo-

(1) *Op. cit.*, p. 7.

quant le peu d'importance que possédait le parlementa-
risme en un pays où l'administration, très bien organisée,
placée sous un gouvernement fort, parfaitement disciplinée
en un mot, avait de solides traditions que ne pouvait en-
tamer l'esprit de parti. Dans un pays démocratique, au
contraire, l'Etat est particulièrement incapable de gérer
une grande industrie comme les chemins de fer (1). Cette
critique aurait quelque poids s'il était démontré qu'après
avoir reconnu les imperfections de la régie, l'Etat démocratique était impuissant à les corriger. Or c'est le contraire
qui est vrai, comme en témoignent les expériences décisives faites en Australie. Ailleurs des tentatives intéressantes ont été faites dans le même sens notamment en
Suisse, en Italie et en France. Elles sont trop récentes encore pour que l'on puisse prononcer sur leur succès. Elles
n'en sont pas moins significatives (2). Sans méconnaître
les résistances à vaincre du côté des fonctionnaires, des politiciens et même des consommateurs qui n'apprécient que
les avantages directs d'une régie trop attentive à leurs désirs, on peut affirmer, en présence des faits et tendances
d'aujourd'hui que *l'exploitation par l'Etat est perfec-
tible* (3).

Qu'on veuille bien s'en aviser, du reste : les compagnies
privées ne sont pas arrivées du premier coup à pratiquer
toutes les règles de bonne gestion et de prudence économique que nous avons antérieurement étudiées (4). En An-

(1) RAPER, *Railway transportation*. New-York, 1912, p. 804.

(2) En Belgique avant la guerre, un projet de loi, trop timide
encore à notre gré, avait été élaboré par une Commission spéciale en
vue de corriger les imperfections de l'exploitation.

(3) L'écueil le plus grave paraît être la répugnance des parlementaires à renoncer à des prérogatives qu'ils considèrent à tort comme
inaliénables et qui sont assurément pour eux une source très importante d'influence politique.

(4) Voy. chapitre vii, p. 142-147.

gleterre et aux États-Unis, le rôle des réserves, des fonds
de prévision, des amortissements a été méconnue dans le
principe (1). Par la suite, ces entreprises, ou plutôt celles
qui leur ont succédé, se sont amendées. De même l'État
exploitant se forme par l'expérience : pourquoi ne pourrait-il assouplir et améliorer son organisation et tirer profit
même des critiques les plus mal intentionnées ?

Remarquez-le du reste : les enseignements de l'expérience ne sont pas exclusivement nationaux. Chaque contrée s'instruit par l'exemple des autres. Ici s'applique une
méthode comparative qui, judicieusement maniée, offre
une fécondité singulière. Il ne s'agit point de copier servi-
lement ce que fait le voisin, mais d'adapter avec intelligence. Ou encore, on se préoccupera d'éviter les fautes
commises ailleurs et les errements où persistent des régies
de plus ancienne date. A cet égard, on peut même parler
d'émulation internationale.

Pour préciser davantage, il importe de faire observer que
le plus grand progrès que dans l'état actuel des choses,
puisse réaliser la régie, c'est de conquérir l'indépendance industrielle et l'autonomie financière. C'est en ce sens qu'elle
a été récemment orientée en Suisse et en Italie (2). Mais c'est
surtout dans les divers États australiens que cette réforme a
été radicalement appliquée. Le succès en a été indiscutable.

Il est utile d'en retracer brièvement l'histoire (3). Les

(1) Spearman, *op. cit.*, p. 268.
(2) Ces deux pays pensent y réussir par l'institution d'un Conseil
d'administration investi d'attributions très étendues. Le Parlement
n'intervient plus que dans les questions fondamentales. En Suisse,
il autorise les emprunts, les acquisitions de lignes non encore reprises et les constructions nouvelles, il vote le budget et approuve les
comptes, établit les principes de la tarification et de la rémunération
du personnel, etc.
(3) Victor S. Clark, *Australian economic problems. 1 The railways*
(Quarterly journal of economics, 1907-08, vol. 22) p. 406-410.

premiers essais d'exploitation en régie furent loin d'être satisfaisants pour le public et pour le gouvernement. Le gaspillage était grand. Les lignes étaient construites pour des raisons politiques plutôt que commerciales. Les gares et haltes se multipliaient à l'excès. Les trains s'arrêtaient si fréquemment que les horaires étaient compliqués et les transports très lents. Des trains étaient organisés qui ne couvraient pas leurs frais. Le nombre des employés était exagéré. On prétendait même que les contrats de construction avaient été l'occasion de fraudes et que des rabais occultes étaient accordés à des expéditeurs favorisés.

Après la première période, plus ou moins chaotique, de l'organisation des chemins de fer par l'Etat dans les colonies de Victoria et de Nouvelle Galles du Sud, l'administration en fut confiée à des ministres responsables qui nommèrent des directeurs généraux chargés de la gestion. Sous ce régime, la construction prit un développement avantageux et le service acquit un réel degré d'efficacité. Mais bientôt grandirent les inconvénients d'ordre politique. Le favoritisme fit son apparition dans les divers départements ; des constructions de voies nouvelles, des nominations d'employés eurent lieu pour acquitter des dettes politiques ou obtenir un appui électoral. En 1897, un délégué à la convention fédérale pouvait dire : « les chemins de fer du passé semblent avoir été traités comme des machines d'Etat érigées en vue de buts politiques plutôt que comme des entreprises commerciales ».

C'est dans ces conditions que les gouvernements des colonies australiennes, loin d'en revenir à l'exploitation privée, se préoccupent de réformer la régie. La colonie de Victoria débute, en 1883, par la nomination de trois commissaires chargés de la construction, de l'entretien et de l'administration des chemins de fer. En 1887, l'Australie du Sud et en 1888 la Nouvelle Galles du Sud et le Queensland suivent le même exemple. L'Australie occidentale l'adopte à son tour en 1902. Par la suite, toutefois, plusieurs d'entre elles réduisent à un seul le nombre des commissaires. Désormais le ministre des chemins de fer n'a plus le droit de s'immiscer dans l'exploitation. La politique et l'administration des voies ferrées sont entièrement distinctes. Le ministre conserve un droit de veto dont il n'use que dans des circonstances très importantes. Les tarifs de faveur sont interdits. Les pouvoirs des commissaires sont très vastes. Ils s'étendent à la nomination et au renvoi des employés, à l'établissement des tarifs, à la réglementation du trafic et d'une façon générale, à toutes les matières qui sont du ressort des administrateurs et directeurs des compagnies américaines. Toutefois, les nominations des employés sont régies par une loi spéciale (civil service law). Cette loi établit aussi des règles pour l'avancement, mais suffisamment souples pour assurer le bon rendement du travail. Un comité parlementaire permanent est saisi des propositions des commissaires relatives à la création de lignes nouvelles ; il examine les devis et plans, apprécie leur utilité du point de vue du développement du pays et fait un rapport dont les conclusions sont généralement adoptées par le Parlement.

Les résultats de ce mode d'exploitation sont favorables et très appréciés. « Il y a si peu d'opposition à la propriété du Gouvernement que si quelqu'un proposait sérieusement d'en revenir au « contrôle » privé des railways, il serait considéré comme décidément excentrique ». L'auteur à qui nous empruntons ces observations, paraît surtout frappé de ce fait que les commissaires gouvernementaux indépendants en Australie exploitent les chemins de fer essentiellement de la même manière que le feraient en Amérique les directeurs généraux et les Conseils d'administration. « Il n'y a pas de raison pour qu'un système ne fût pas aussi

efficace que l'autre. » L'autorité n'est pas moindre d'un
côté que de l'autre ni l'indépendance du jugement. Le succès
ou l'échec dépend de la valeur de l'homme qui dirige. En
Australie, la position du « railway commissioner » est sûre
et bien rétribuée. Le traitement du commissaire ou du
commissaire principal (là où il y en a trois) est de 75.000 à
100.000 francs par an dans les plus grands Etats ; il n'est
nommé sans doute que pour un terme limité, mais il est
pratiquement certain d'être renommé aussi longtemps que
le réseau est bien administré. Enfin l'influence électorale
des employés, qui est certes fort importante, est annihilée
par le fait que le commissaire est indépendant de la politique. Dans les deux grèves réellement sérieuses survenues
depuis 1900, le public a vigoureusement pris parti pour le
Gouvernement contre les grévistes, tant est grand l'intérêt
que présente pour lui une bonne gestion du service des
chemins de fer (1).

On voit donc que l'exploitation étatiste des transports par
rail est susceptible de perfectionnements tels qu'elle soit
tout à fait à la hauteur de l'exploitation par des entreprises
privées réellement productives comme le sont aujourd'hui
les grandes compagnies américaines (2).

(1) *Art. cit.*, p. 448-449.
(2) L'Institut de Sociologie-Solvay a élaboré en 1917 et 1918 un
projet de réorganisation des chemins de fer belges s'inspirant de
principes analogues. Ce projet consacre l'indépendance industrielle
et l'autonomie financière du réseau. Un Conseil d'administration
nommé par la Chambre des Représentants à la majorité des trois
quarts des voix (pour éviter les coups de majorité) aurait la haute
main sur l'exploitation dont il désignerait le Directeur général et les
Directeurs régionaux. Allant plus loin que les lois suisse et italienne,
le projet supprime le budget et établit une comptabilité franchement
commerciale. L'exploitation se fera au plus bas prix possible, mais
parmi les charges de celle-ci sera compris le service des intérêts et
de l'amortissement d'une partie de la dette belge correspondant à la
valeur du capital des chemins de fer de l'Etat estimée au début du

Pour compléter la démonstration, il est à propos de faire ressortir que du point de vue strict du *prix de revient* l'exploitation privée est loin de réaliser toujours le maximum possible d'économies compatible avec un service régulier et non cameloté :

1° La construction par des sociétés particulières en régime de concurrence a souvent péché gravement par surproduction, par défaut de plan d'ensemble et de coordination et par exagération des frais. C'est maintes fois au cours de périodes d'engouement qu'en Angleterre, aux Etats-Unis, ailleurs encore ont été construites les voies. C'est dire qu'elles l'ont été dans de mauvaises conditions, d'une façon plus ou moins irréfléchie. Les promoteurs s'exagéraient les chances de succès rapide des lignes nouvelles, ne supputaient pas assez froidement les éléments probables du trafic, dressaient à la légère des devis qui, par la suite, étaient fortement dépassés, la construction ayant lieu dans une période de hausse de prix parfois considérable des matières premières et de la main-d'œuvre (1). La fièvre se communiquant au public souscripteur, celui-ci perdait tout esprit critique et apportait inconsidérément ses économies petites et grandes à des entreprises mal conçues, prématurées ou organisées à un moment inopportun. Plus d'une fois même

nouveau régime. Les directeurs seront intéressés aux résultats financiers. L'Etat paiera séparément les travaux ou services d'intérêt général qu'il se réserve d'imposer à la régie, tels que lignes stratégiques, constructions de luxe, rabais pour certaines catégories de voyageurs, etc. : c'est une précaution utile contre le gaspillage. Enfin le contrôle des comptes est attribué au Sénat. (Voy. l'ouvrage déjà cité : *L'autonomie des chemins de fer de l'Etat belge*.)

(1) « De 1880 à 1882, il fut construit aux Etats-Unis 46.400 kilomètres de chemins de fer, représentant une augmentation de 34 0/0 de la longueur totale du réseau ferré de ce pays. Parmi ces nouvelles lignes, il y en avait à peine un tiers dont la construction fût justifiée par les affaires existantes ». (HADLEY, *op. cit.*, p. 65.)

il a été victime de véritables escroqueries (1). De là des faillites nombreuses. L'histoire des chemins de fer anglais et américains est à certains égards le martyrologe de l'épargne.

2° L'organisation financière des chemins de fer américains et même anglais est infectée par un vice grave que l'on nomme *watering* (mouillage, coupage) et qui consiste à exagérer la valeur des installations des compagnies et à distribuer des actions et des obligations sans aucune contre-partie réelle aux constructeurs, aux fondateurs, aux banquiers, etc. Le capital est ainsi gonflé d'une manière fictive dans des proportions parfois énormes. Le bon public qui achète les titres est indignement trompé. Ces « manipulations » exposées en détail dans des ouvrages spéciaux (2) expliquent la formation de ces gigantesques fortunes réalisées en peu d'années par des procédés qui ne se distinguent que par la variété et le raffinement de ceux qu'employaient les proconsuls romains pour s'enrichir dans les provinces.

3° Là où les compagnies jouissent d'un monopole, il n'est pas sans exemple qu'elles s'enlisent dans la routine. Tel était le cas de la compagnie du Liège-Maestricht rachetée 1897 par l'État belge. Le service en était devenu, avec le temps, extrêmement défectueux.

----

(1) Dubois (*op. cit.*, p. 62) émet à ce sujet ce jugement sévère : « La construction des lignes a d'ailleurs donné lieu en Amérique, surtout dans les premiers temps de l'histoire des chemins de fer, à des fraudes sans nombre, en présence desquelles l'indifférence de l'opinion et du gouvernement n'a elle-même été rien moins que scandaleuse. »

(2) Cf. notamment Vrooman, *op. cit.*, p. 245 et suivantes. W. Cunningham, *Should our railways be nationalised ?* (Dunfermline, 1906), p. 21-22. D'après cet auteur, le « watering » en Angleterre aurait pour but de dissimuler les gros dividendes afin d'empêcher les employés de réclamer une augmentation de salaires et le public d'exiger une réduction des tarifs.

4° Lorsque le monopole résulte d'une entente entre sociétés rivales, il ne supprime pas le gaspillage qu'avait fait naître la concurrence. Deux lignes concurrentes d'un point à l'autre représentent, nous l'avons dit, une immobilisation superflue de capitaux ; elles exigent un personnel qui pourrait aisément être réduit. Or, l'établissement d'un *pool* ne supprime point ces graves inconvénients (1). La conséquence en est que l'exploitation est trop onéreuse en Angleterre et comme la réglementation du service est devenue de plus en plus stricte, le revenu des actionnaires n'a cessé de diminuer.

(1) CUNNINGHAM, *op. cit.*, p. 88 et suivantes : « Il y a six railways reliant Londres et Liverpool et l'on assure que la *London and North Western* a suffisamment de locomotives et de wagons pour effectuer tous les transports de personnes et de marchandises entre les deux villes ».

CHAPITRE XVIII

L'étude de la concentration des entreprises resterait incomplète si nous négligions de la poursuivre sur le terrain du crédit et de la finance. Certes, elle offre ici quelque difficulté puisque le phénomène du crédit n'a pas encore été analysé. Il ne pourra l'être que plus tard : le crédit est en un sens large une modalité de l'échange et l'intérêt en est le prix. C'est dans la théorie des marchés et des prix que doit s'encadrer celle du crédit et de l'intérêt.

Mais il n'est pas interdit d'anticiper cet exposé ; semblable anticipation est même chose nécessaire, ainsi que nous l'avons montré en traitant de la méthode. Quelques notations sommaires, du reste, faciliteront l'intelligence de ce qui va suivre.

I

Au sens le plus large de ce terme, les banques remplissent le rôle d'intermédiaire entre épargnants et entrepreneurs. Ceux-ci recherchent des capitaux fixes ou circulants pour créer et développer leurs entreprises ; ceux-là se préoccupent de faire fructifier leurs économies. L'intervention de l'épargne dans les affaires peut se produire de deux manières : par le prêt et par l'association ou la participation. Les banques qui s'interposent uniquement dans les opérations de prêt sont des entreprises de crédit ; celles qui créent les sociétés commerciales ou assurent à leurs fondateurs le concours de l'épargne en *émettant* des actions, c'est-à-dire en organisant la vente de celles-ci par souscription publique ou autrement sont des entreprises financières. Dans la pratique, la ligne de démarcation est de moins en moins nette entre ces deux genres très voisins d'activité. On remarquera même que tout un ensemble d'opérations de crédit : l'émission d'emprunts publics temporaires ou perpétuels et celle des obligations ou emprunts à long terme de compagnies privées a toujours été regardée comme d'ordre financier. Il reste seulement que certains établissements s'adonnent davantage au crédit à court terme, d'autres au crédit à long terme sur hypothèque, d'autres encore à la fonction financière. Jusqu'en 1914 les banques anglaises faisaient même exclusivement des opérations de crédit à court terme à l'aide de dépôts remboursables à vue. En outre il est des sociétés qui sont exclusivement ou principalement des syndicats de capitalistes (investment trusts) faisant du placement ou de la spéculation en commun et pratiquant la participation de courte ou longue durée, mais s'abstenant complètement d'ouvrir des crédits (1). Le spéculateur professionnel et l'agent de change n'ont rien de commun non plus avec le banquier proprement dit. D'autre part enfin, les banques autorisées à émettre des billets pour faire le crédit sont aujourd'hui rigoureusement confinées dans cette fonction en vertu de réglementations légales très minutieuses.

(1) Les grandes sociétés d'assurance sont aussi en un sens de vastes entreprises de placement. CHLEPNER rapporte que les trois compagnies d'assurance les plus importantes aux Etats-Unis possèdent un portefeuille de valeurs pour 9 milliards de francs environ et ont chaque année 370 millions à placer. (Archives Sociologiques, 30 juillet 1914, p. 1044.)

II

Ce qui précède n'est qu'un simple coup d'œil. Mais il suffit pour nous permettre de saisir toute l'importance de la concentration bancaire à l'époque contemporaine dans les principaux pays civilisés. Elle est d'ailleurs extraordinairement prononcée.

Au début du xixe siècle, les seuls grands établissements de banque étaient des compagnies privilégiées d'émission de billets comme la Banque d'Angleterre créée dès 1694, la Banque de France fondée par Napoléon, ou de puissantes maisons financières vivant et prospérant surtout grâce aux grands emprunts d'Etat (1). En dehors de là, le type dominant est la banque privée d'importance purement locale ou régionale. Assurément elle ne saurait être mise sur le même rang que la petite entreprise industrielle et commerciale. Grâce à ses capitaux propres, le petit banquier s'élevait bien au-dessus de l'artisan, du boutiquier, du petit cultivateur. Ceux-ci n'en étaient moins ses principaux clients, au moins en général et son rayon d'action était bien peu étendu. Parfois, comme dans la province anglaise, en Ecosse ou en Irlande, il était autorisé à émettre des billets. Avant la catastrophe de 1825, les petites banques d'émission pullulaient même dans les Iles Britanniques. En un mot, l'entreprise de crédit était à la taille de l'entreprise industrielle ou commerciale.

(1) Ce type de grands financiers, bailleurs de fonds des princes et des gouvernements existait déjà au xvie siècle. C'est ainsi que les Fugger d'Augsbourg étaient les banquiers de Charles Quint.

III

C'est à propos de l'émission des billets que la concentration bancaire se manifeste tout d'abord. Elle n'est pas abandonnée au jeu des seules forces économiques et des intérêts privés. Elle est l'œuvre des Gouvernements. Le monopole de l'émission n'est plus concédé par eux — comme ce fut le cas en Angleterre à la fin du xviie siècle ou même en France sous le premier Empire — en échange de services financiers. C'est désormais le souci de l'intérêt public qui guide l'Etat. L'expérience lamentable de la crise de 1825, au cours de laquelle les porteurs de billets furent cruellement lésés enseigne aux Anglais le péril de la libre concurrence en cette matière. *Free trade in banking is free trade in swindling*, s'écrie Tooke : La liberté des banques est la liberté de l'escroquerie. On la supprimera tout en respectant les droits acquis. En 1844 en Angleterre, en 1845 en Ecosse et en Irlande, la création de nouveaux instituts d'émission est interdite. En France, l'unification des banques d'émission a lieu en 1848 ; en Belgique le monopole s'établit en 1850. Cette succession rapide des réformes est significative. A vrai dire l'évolution a été plus lente en Allemagne : la Banque de Prusse a peu à peu acquis une réelle prééminence ; elle a été remplacée en 1875 par la *Reichsbank* ou Banque d'Empire dont le rôle est tout à fait dominant. Les banques d'émission des Etats confédérés ont été réduites à un rôle fort effacé, et leur nombre tombé de 32 à 4. Par la suite la concentration s'est effectuée en diverses autres contrées. Les Etats-Unis sont les derniers à entrer dans cette voie. Ils comptaient environ 7.500 banques de circulation lorsqu'en 1913 a été adoptée la loi destinée à retirer graduellement à celles-ci leur droit d'émission pour en réserver l'exercice à douze établissements, les Banques

de Réserve Fédérale. Brusque coup de barre vers la concentration. Deux essais de banque unique avaient été faits jadis
en Amérique : ils avaient complètement échoué, d'où un
retour prolongé à la multiplicité aggravée par une disposition légale interdisant aux banques d'émission appelées
banques nationales d'ouvrir des succursales. Ce régime de
pluralité et de médiocrité forcées s'est discrédité à la suite de
plusieurs grandes crises, en 1893 et surtout en 1907, et aussi
à raison des difficultés qu'il occasionnait en temps normal au
marché de l'argent de New-York.

Ce qu'il faut retenir de ce très sommaire exposé, c'est
que la concentration des banques d'émission a été l'œuvre
des Gouvernements, inspirés en cela par le souci de l'intérêt public. Un rapprochement s'impose visiblement avec le
régime de nationalisation ou de réglementation des chemins de fer. L'analogie est d'autant plus prononcée entre
les deux cas, que l'Etat a eu soin de se réserver, dans la
gestion des banques centrales, une part plus ou moins étendue d'action et de contrôle. La Reichsbank allemande et la
Banque nationale suisse sont mêmes entièrement gou-
vernées par l'Etat ; seul leur capital est d'origine privée et
encore ne l'est-il en Suisse que pour partie. Ajoutons ici
que dans l'espèce, concentration ne signifie pas seulement
monopole, mais grande, très grande entreprise, l'Etat ayant
soin d'imposer à chaque renouvellement du privilège, là où
celui-ci est temporaire, une extension du réseau de succursales et d'agences de l'établissement. Il en est tout particulièrement ainsi en France.

IV

Si la concentration des Banques d'émission est presque
une centralisation administrative, voulue et réglée en tous

ses détails par l'Etat, en revanche les autres établissements de crédit et les entreprises financières se sont concentrées librement. Il est visible qu'ils ont obéi à la même loi de transformation organique qui régit les entreprises industrielles et commerciales (1). Le procès de concentration y a donc été moins rapide, moins complet et moins rigide que pour les instituts d'émission. En France, les grands établissements de crédit apparaissent entre 1859 et 1863 (2).

En Angleterre, la grande banque est chose plus ancienne. La première banque par actions, la *Westminster Bank* a été fondée dès 1834 ; mais il est à remarquer que pour des raisons techniques, les capitaux des établissements de crédit anglais ne se sont pas développés proportionnellement au mouvement des affaires. D'autre part, la concentration sous forme de fusion (amalgamation) n'entre dans une phase décisive en Angleterre qu'à partir de 1880 environ. Dès lors, elle prend une très grande ampleur. En Allemagne, le mouvement de concentration ne se dessine que beaucoup plus tard, mais prend tout de suite une allure extrêmement rapide et des dimensions exceptionnelles. Dans les petits pays comme la Belgique et la Hollande, les mêmes phénomènes se produisent aussi, assez tardivement, il est vrai et sur une échelle forcément plus réduite, mais d'une manière néanmoins indiscutable.

Quoi qu'il en soit, la transformation est radicale et d'autant plus saisissante qu'elle atteint uniformément des établissements ayant des orientations bien différentes comme les banques anglaises qui jusqu'en 1914 se renfermaient avec quelque purisme dans le cercle des opérations de crédit et les banques du continent et surtout d'Allemagne

----

(1) Exception doit être faite pour le *Crédit foncier* de France qui est une création du Second Empire.

(2) Sauf le Comptoir d'Escompte créé par l'Etat en 1848 pour faire face à la crise de crédit provoquée par la Révolution.

qui au crédit unissaient hardiment la finance et donnaient même à celle-ci une prédominance marquée. En outre, il est remarquable que l'activité bancaire se centralise de plus en plus dans les Capitales qui deviennent de puissants marchés d'argent nationaux et internationaux.

Quelques chiffres illustreront mieux que tout commentaire l'importance du phénomène. En ce qui concerne l'Angleterre proprement dite (à l'exclusion de l'Ecosse et de l'Irlande) la concentration se manifeste d'une façon extraordinairement frappante, ainsi que le montre le tableau suivant (1) :

Années	Nombre de banques	Nombre de succursales	Capitaux et réserves en livres sterling	Dépôts en livres sterling
1890.	104	2.203	67.826.000	368.663.000
1895.	99	2.690	69.213.000	455.561.000
1900.	77	3.757	78.847.000	586.726.000
1905.	59	4.558	82.010.000	627.529.000
1910.	45	5.202	80.946.000	720.687.000
1915.	37	6.027	81.731.000	992.555.000
1918.	26	6.285	92.902.000	1.583.412.000

Réduction ininterrompue du nombre des entreprises, multiplication rapide du nombre des agences, augmentation, quoique plus lente, du chiffre des capitaux, accroissement considérable du total des dépôts à l'aide desquels se font les affaires (2), tous ces symptômes témoignent d'une concentration particulièrement énergique. Chaque établissement a, en moyenne, 241 agences. En fait, il y a un tout petit nombre d'entreprises dominantes ayant un réseau très

(1) Les données ci-dessus sont extraites de *the Economist* n° du 17 mai 1919.

(2) Le montant des dépôts s'est à vrai dire exceptionnellement accru en 1918 à raison de l'inflation monétaire.

étendu de succursales et accusant un chiffre très élevé de
dépôts :

Noms	Capitaux versés en milliers de livres	Réserves en milliers de livres	Dépôts en milliers de livres
London joint City and Mid-land, Bank.	7.172	7.172	334.898
London County, Westmins-ter and Parr's Bank . .	6. ?0	7.420	262.857
Lloyd's Bank.	8.9	9.000	266.808
National provincial and Union bank of England .	5.476	4.850	200.864
Barclay's Bank	7.289	6.000	239.381

En France les fusions ont été moins nombreuses et nous
ne possédons pas la statistique des éliminations. Il n'est
donc pas possible de dresser un tableau aussi topique que
pour l'Angleterre. Il y a cependant des chiffres bien caractéristiques (1). Ainsi le capital versé du Crédit Lyonnais
passe de 20 millions de francs en 1863 à 250 millions en
1900 ; celui de la Société générale de 60 millions de francs
en 1864 à 250 millions en 1912. A cette dernière date, le
Crédit Lyonnais, en dehors de ses deux sièges principaux,
a 8 succursales à Lyon, 55 dans Paris et sa banlieue, 203 en
province et 6 en Algérie ; le Comptoir national d'Escompte
possède 41 succursales dans Paris, 16 dans sa banlieue, 165
agences, sous-agences et bureaux journaliers en France, 68
bureaux intermittents périodiques ou estivaux, soit au total,
en France, 290 agences de différente nature. La Société
générale tient la tête avec 836 succursales, agences et bureaux en France. Enfin le chiffre des dépôts et comptes

(1) Cf. ALBIN HUART, *Le développement des opérations de crédit des
grandes banques françaises et leur influence sur l'essor économique et
financier du pays. (Revue économique internationale,* août 1912,
p. 263-289.)

courants des quatre grandes banques françaises de dépôts progresse comme suit :

Années	Millions de francs	Années	Millions de francs
1875.	483	1905.	3.549,9
1885.	921,5	1911.	4.039,0
1895.	1.655,1	1918.	7.007,8
1900.	2.419,2		

En Allemagne, le mouvement ascendant des capitaux propres et réserves ainsi que des dépôts des banques est mis en lumière par le tableau suivant (1). Il n'est malheureusement pas possible de retracer statistiquement la concentration sous forme d'échange d'actions, de communauté d'intérêts, de création de groupes dont nous parlerons un peu plus loin.

Années	Nombre de banques	Capitaux et réserves en millions de marks	Dépôts en millions de marks
1883.	71	796	250
1890.	92	1.242	408
1895.	94	1.345	546
1900.	118	2.350	997
1905.	137	2.703	1.839
1910.	165	3.503	3.240
1915.	148	3.650	5.313
1916.	141	3.657	7.053 (1)

(1) La rapide ascension des dépôts s'explique, avant la guerre, par un changement de politique des grandes banques berlinoises qui, à partir de la fin du xixe siècle, se préoccupèrent beaucoup plus que par le passé d'attirer à elles les dépôts. L'augmentation de ceux-ci pendant la guerre a été surtout favorisée par l'émission exagérée des billets de banque.

En 1916, les trois plus grandes banques possèdent res-

(1) Ces renseignements statistiques sont extraits de « *Der deutsche Oekonomist* », numéros du 26 août 1911, p. 584-585 et du 13 octobre 1917, p. 454-455.

pectivement la *Diskonto-Gesellschaft* 300 millions de marks de capital, la *Deutsche Bank* et la *Dresdner Bank* chacune 250 millions. La *Deutsche Bank* tient la tête pour les réserves avec un chiffre de 180 millions de marks. Cette dernière a été créée en 1870 avec un capital de 15 millions de marks.

En dépit de cette puissante concentration bancaire, les petites entreprises n'ont pas toutes disparu. En Belgique, beaucoup d'agents de change sont de minuscules « entrepreneurs » ; partout la spéculation professionnelle compte de nombreux gagne-petit. Il y a même encore en divers pays de modestes banques privées bien que la plupart aient été éliminées ou absorbées par les grandes depuis environ un demi-siècle. Enfin il existe des échoppes financières louches tenues par des aigrefins et des maîtres chanteurs qui ne se distinguent pas précisement par l'importance de leurs capitaux et l'ampleur de leurs affaires encore que l'exploitation des gogos puisse s'effectuer sur une certaine échelle.

Il n'en est pas moins vrai que la suprématie de la grande entreprise, en matière de crédit et de finance, s'est affirmée avec une extraordinaire puissance. Quelles formes la concentration y a-t-elle prises ? A quelles causes est-elle due ? C'est ce que nous allons voir.

V

La concentration des banques présente divers aspects. Elle ne se trahit pas seulement par l'agrandissement d'un établissement donné, croissant en quelque sorte sur place et devant son accroissement à l'augmentation de ses capitaux propres, que ceux-ci proviennent de profits accumulés ou de l'apport d'épargnes créées ailleurs. Elle consiste aussi dans le rayonnement géographique sur le territoire national

et même à l'étranger et dans la multiplication des succursales et agences dans les zones exploitées (1). C'est ainsi
que le *Crédit Lyonnais* a étendu son action à toute la
France et l'a rendue de plus en plus intense et pénétrante
en multipliant le nombre de ses bureaux tant dans les
divers quartiers de Paris qu'en province, et en s'appliquant
à développer sans cesse son mouvement d'affaires. Les
banques anglaises ou allemandes ont fait de même, mais en
recourant bien davantage à l'absorption plus ou moins
complète d'établissements locaux ou régionaux. C'est
qu'elles jugeaient, les unes que *l'amalgamation*, les autres
que l'échange d'actions, la communauté d'intérêts, la participation et parfois même la commandite suffisaient à assurer
l'unité d'action sans exiger de nouvelles mises de fonds
et offraient d'autre part l'avantage de bannir une concurrence susceptible d'occasionner plus d'un mécompte.
Allant plus loin, les banques allemandes ont créé sous le
nom de *Konzern* des groupes mi-financiers mi-industriels au
sein desquels elles exercent une influence prédominante.
Bref grande souplesse dans les procédés adoptés, mais partout résultats identiques : concentration énorme de capitaux bancaires aux mains d'une entreprise unique ou d'un
« groupe » puissant (2) ; maintien, à vrai dire, d'une concurrence parfois très vive entre les grandes entreprises ou
les « groupes », mais rapprochements néanmoins, ébauches
d'entente, accords momentanés ou durables se manifestant
dans les « consortiums » créés en vue de l'émission de
titres ; expansion au dehors enfin inspirée par des visées
de conquêtes économiques, commerciales, industrielles et

(1) On retrouve ici les traits distinctifs tant des grands magasins
que des magasins à succursales multiples. La grande banque est à
là fois l'un et l'autre.

(2) Le groupe de la *Deutsche Bank* représentait avant la guerre
plus d'un demi milliard de marks.

capitalistiques et dirigée le plus souvent par des « foreign banks », émanant parfois comme c'était le cas en Allemagne, de banques de l'intérieur unies en vue de ce but particulier.

Il faudrait citer aussi les participations industrielles de la haute banque si fréquentes et si importantes surtout en Allemagne et qui sont une des manifestations les plus puissantes et les plus remarquables de la concentration capitaliste.

Pour être complet, il convient d'ajouter que des accords sur certaines conditions de trafic rappelant les conventions syndicales de l'industrie existent parfois entre établissements de crédit. La fixation collective du taux d'intérêt des dépôts a lieu notamment à Londres, en Ecosse, dans les Etats de l'Est aux Etats-Unis. En Ecosse, il en est de même pour le taux de l'escompte.

VI

Les causes de la concentration dans les entreprises de crédit et de finance sont multiples et ne sont pas toutes apparentes (1). Il en est une cependant que l'on devine : il est évident que la transformation de l'organisation bancaire était commandée par celle de l'organisation industrielle et commerciale. Il en était ainsi, du moins, là où, comme en Allemagne, l'initiative des créations, des agrandissements, des fusions, des ententes syndicales même partait de la finance plus encore que des industries intéressées. En pa-

---

(1) Le Comité d'enquête sur les *amalgamations*, nommé en mars 1918 par le Gouvernement anglais, signale avec raison le fait que les banques rivalisent dans cette voie des extensions par absorption « afin de conserver une égalité approximative de ressources et de capacité de concurrence ». Une amalgamation importante est tôt ou tard suivie par une autre.

reil cas, la banque doit être armée de puissants capitaux pour fonder des entreprises nouvelles ou développer les anciennes ; elle doit suppléer à l'insuffisance des capitaux accumulés par les industriels eux-mêmes, et montrer la voie aux épargnants, petits ou gros, qui ne s'engagent dans les affaires que lorsqu'elles ont donné leurs preuves. Plus la banque accélère et élargit son activité créatrice, plus elle se voit obligee d'accroître ses capitaux propres ; elle grossit presque démesurément parce qu'en réalité elle *assure* les capitalistes contre les risques des innovations audacieuses qu'elle suscite presqu'à jet continu. En d'autres termes, il paraît préférable d'être actionnaire de la *Deutsche Bank* ou de la *Diskontogesellschaft* que de telle entreprise électro-technique ou chimique dont la banque conserve les titres jusqu'à ce que, l'entreprise étant devenue productive, ils peuvent être *émis*, c'est-à-dire être vendus à un prix d'ailleurs avantageux aux capitalistes qui n'hésitent plus à les mettre en portefeuille. Ailleurs, comme en Angleterre, la concen-tration proprement financière est bien moins prononcée parce que dans une large mesure les industriels, mieux pourvus de capitaux *financent* eux-mêmes l'extension de leurs entreprises. Le fait tient encore à ce que dans ce pays, le mouvement extensionniste a été bien moins précipité et bien moins vaste qu'en Allemagne au cours des trente der-nières années environ. Or précisément la prédominance du capital fixe s'est de plus en plus marquée durant cette pé-riode. Ceci est important à noter, car le capital fixe ne peut être fourni aux entreprises jeunes qui en manquent à l'aide du prêt à court terme. Il en est autrement du capital circu-lant, comme on le verra mieux encore lorsque nous expo-serons le fonctionnement des établissements de crédit. Le grand essor de l'industrie anglaise a été, en réalité, appuyé par des établissements de ce genre (les provincial banks) à une époque où le capital circulant avait une importance relative bien plus grande qu'aujourd'hui.

En ce qui concerne d'ailleurs les opérations de crédit, la concentration s'impose aux banques parce qu'elle permet une meilleure division des risques. Plus grandit l'importance moyenne de l'entreprise industrielle ou commerciale cliente de la banque, plus celle-ci est exposée à être entraînée dans la faillite éventuelle de celle-là. La seule échappatoire, c'est de multiplier le nombre des emprunteurs et par suite d'étendre ses affaires. Or le moyen le plus rapide de réaliser cette extension destinée à atténuer les aléas, c'est la fusion : les deux banques qui s'amalgament s'assurent mutuellement contre des risques devenus plus menaçants.

L'extension territoriale du réseau d'agences des banques — par voie d'annexions ou de créations nouvelles — opère un genre un peu différent d'assurance contre risques. Un établissement ayant une clientèle locale spécialisée souffre gravement d'une crise atteignant exclusivement cette spécialité : l'industrie cotonnière, la métallurgie ou bien encore les prêts à la spéculation financière qui sont d'un rendement très inégal, par suite de l'humeur changeante du marché et de l'alternance de l'animation et de la stagnation.

La concentration est d'ailleurs avantageuse en ce qu'elle comporte la répartition des frais fixes sur une masse énorme d'opérations. D'où possibilité d'attirer de plus en plus la clientèle en lui offrant des conditions meilleures (taux plus modéré d'escompte et d'avances c'est-à-dire d'emprunts à court terme, commissions et courtages moindres aussi, ce qui rend moins onéreux le crédit et les opérations de bourse, etc.).

Il est vrai que les grands établissements financiers ont des charges fort élevées : installations somptueuses ; immobilisations considérables dues à la multiplicité des agences ; rémunération véritablement royale du personnel dirigeant; grande foule d'employés dont les salaires tendent à grossir. Le pis, c'est que ces vastes entreprises inclinent à la gestion bureaucratique, que les activités subalternes s'exercent de plus en plus suivant des instructions minutieuses, invariables — bientôt routinières — émanant de l'administration centrale. Au lendemain de leur absorption, les banques de province conservent souvent une certaine liberté d'action qui leur permet de rester fidèles aux usages locaux (1) ; mais tôt ou tard la tendance à l'uniformité prend le dessus. Le moment décisif, à cet égard est celui de la disparition des anciens chefs habitués à l'indépendance et au commandement. Bien souvent, leurs successeurs ne sont plus que des fonctionnaires sans initiative ni originalité. Le personnel se hiérachise comme au sein des administration publiques.

(1) Antérieurement au mouvement de concentration, la spécialisation bancaire était poussée en Angleterre à un point vraiment extraordinaire et qui mérite mention. Les banques de la Cité de Londres servaient uniquement au grand commerce et à la haute finance, celles du *West End* à l'aristocratie et aux rentiers opulents, les banques suburbaines recrutaient leur clientèle dans les classes moyennes et le commerce de détail, les banques provinciales étaient destinées aux producteurs (industriels, agriculteurs, etc.). Comme à Londres les différentes classes de commerçants et d'industriels ont leurs quartiers permanents distincts, il en résultait une accentuation de la spécialisation bancaire. Ainsi le commerce d'exportation et d'importation *subdivisé par articles*, la bourse des valeurs, l'armement maritime avaient leurs banquiers particuliers à clientèle absolument spécialisée pour la plus grande partie. Il en était de même des avocats, des médecins, des autres professions libérales, dont les membres habitent des quartiers différents de la ville. La concentration a sensiblement atténué ces caractères si tranchés et originaux ; toutefois les succursales conservent encore, dans beaucoup de cas, leur caractère particulier en sorte qu'auprès de tous les centres des échanges se rencontre des chapelets de ces agences de banques, ainsi au marché du bétail de Springfield, près des différentes bourses de marchandises, des docks, etc. (E. JAFFÉ, *Das englische Bankwesen*, Leipzig, 1905, p. 33-34.)

Et la productivité du travail ne laisse pas de s'en ressentir plus ou moins (1). Dans ces conditions, la loi du coût décroissant cesse de jouer ou n'est plus guère active.

Il ne faudrait pas en déduire que la grande banque court risque d'être quelque jour évincée par ses concurrentes de taille plus modeste, car si les frais de ses services s'élèvent de plus en plus, les bénéfices qu'elle en retire s'accroissent tout autant et parfois davantage. Il en est ainsi pour plus d'une raison, mais surtout parce que la concentration permet *d'extraire* plus complètement de la clientèle tout ce qu'elle peut donner comme chiffre d'affaires.

Ce dernier résultat procède de la pratique simultanée par les grands établissements des opérations de crédit et de finance les plus variées. C'est en Europe continentale — particulièrement en France et en Allemagne — que cette intime union d'activités multiples s'est généralisée. Selon les pays et les établissements, des différences très sensibles s'accusent à vrai dire dans l'importance respectivement attribuée à chaque branche ; l'une ou l'autre peut même être négligée : ici prédomine le crédit à court ou long terme au commerce et à l'industrie ; là les prêts en report à la spéculation sur valeurs mobilières ; ailleurs les lancements d'affaires nouvelles ; ailleurs les participations durables, les prêts aux gouvernements et émissions d'emprunts publics, les arbitrages sur le change. Sayous parle à ce sujet des « bazars financiers » avec un dédain peut-être excessif (2).

(1) Un admirateur des grandes banques allemandes, Boggiano, écrit cependant : « elles s'efforcent de donner aux capitaux dont elles disposent le maximum d'utilisation ; elles n'engagent dans chaque affaire que les sommes strictement nécessaires et les retirent ou les restreignent dès que les besoins cessent ou perdent en importance. Les sommes ainsi retirées sont immédiatement consacrées à d'autres emplois rémunérateurs ». (*La funzione delle banche in relazione coll'industria ed il commercio*. Turin, Bocca, 1906, p. 85-86.)

(2) *Les banques de dépôt, les banques de crédit et les sociétés financières*. Paris, 1901, p. 262.

Ce qui est certain, c'est que la multiplication des rayons les alimente les uns par les autres. Le déposant est invité à souscrire aux émissions de valeurs mobilières ; le client d'escompte achète son change dans la maison ; le crédit facilite les souscriptions aux titres ; la participation aux affaires nouvelles prépare les émissions d'actions généralement fructueuses : c'est pourquoi on a pris pied dans les régions industrielles ; l'entreprise que la banque a contribué à créer devient cliente en compte-courant ; le compte est-il trop longtemps débiteur, on émet des obligations que l'on placera de préférence dans les régions d'épargne abondante et de faible activité industrielle où l'on a eu soin d'établir des succursales et ainsi de suite. Si l'on ajoute que les grandes affaires ne sont accessibles qu'à ceux qui disposent de gros capitaux, on conçoit que la supériorité du puissant établissement financier est telle que la banque locale n'a plus qu'à disparaître ou à se laisser absorber (1). Il y a cependant une troisième alternative : les banques de province peuvent se fédérer, comme l'ont fait en France un certain nombre d'entre elles. Du point de vue qui nous intéresse cependant, la création de la *Société des banques de province*

(1) En Angleterre, les banquiers privés ont généralement disparu. Mais les *bill brokers* (escompteurs) subsistent. Simples courtiers en effets de commerce au début du XIXe siècle, les *bill brokers* se sont élevés au rang de véritables entrepreneurs, agissant en nom propre et assumant le risque de leurs opérations. Il est vrai qu'ils s'appuient sur les grandes banques qui leur prêtent des fonds sur nantissement des effets escomptés. C'est grâce à la spécialisation qu'ils se sont imposés et se maintiennent. Leur connaissance approfondie d'une fraction du vaste marché de l'argent de Londres leur permet de mieux discerner la valeur du papier qui leur est offert et de l'escompter moins cher que les banques. Notons que certaines firmes de bill brokers se sont agrandies et transformées en sociétés par actions appelées *discount companies*. Ici reparaît la tendance à la grande entreprise !

(mai 1911) a été une manifestation non équivoque du mouvement qui emporte la finance vers la concentration. Seulement il faut reconnaître que cet organisme est intéressant par la liberté qu'il accorde aux membres qui le constituent ; en revanche il est évident que son pouvoir de « succion » si l'on ose ainsi s'exprimer, est moins intensif. Ou encore il n' « enveloppe » pas aussi complètement le client que la grande institution unitaire et centralisée.

C'est surtout au cours des crises, si fréquèntes à notre époque, que les petites entreprises sont éliminées. C'est que la confiance qu'inspirent des maisons privées ne publiant point leur bilan est naturellement moindre que celle qui va aux établissements dont les capitaux et réserves se chiffrent par de nombreux millions, ainsi qu'une très efficace publicité a soin d'en avertir le monde extérieur. Après la crise Baring qui ébranla le marché anglais en 1890, le déclin des petites banques de pur crédit s'accentua, encore que la principale victime de la tourmente fût une grosse maison financière (1). Phénomène analogue en Allemagne, en 1908, à la suite de la crise de l'année précédente (2).

VII

La victoire complète de la grande banque laisse cependant planer plus d'un doute quant à sa productivité future. Ici comme pour le trust s'établit un quasi-monopole de fait qui étouffant à peu près toute concurrence, pourrait supprimer du même coup ce précieux stimulant de la nécessité qui entretient l'activité et qui est un facteur incomparable de renouvellement, de rajeunissement, d'esprit

(1) La maison Baring a du reste été reconstituée par la suite.
(2) Esslen, *Konjunktur und Geldmarkt*, Stuttgard, 1909, p. 30.

progressif. A cela s'ajoute le problème essentiel de la haute direction. Il offre un double aspect: responsabilité — recrutement.

La responsabilité des chefs est écrassante comme la tâche même qui leur incombe. Ils doivent prendre d'une façon constante des décisions très graves. C'est à eux de statuer en dernier ressort sur l'emploi de plusieurs milliards dans les opérations de crédit et de finance. Souvent, ils doivent trancher sans pouvoir s'accorder le temps de longues réflexions. S'ils commettent des erreurs de jugement, les mécomptes qui en sont la conséquence portent sur des sommes considérables. Il est vrai que le public et même les actionnaires ne peuvent se rendre compte que très confusément des fautes des dirigeants. Le laconisme voulu des rapports annuels et des bilans rend le contrôle à peu près illusoire. Certes, en cas d'erreurs graves, des pertes énormes se produiraient qu'il serait impossible de dissimuler. Mais alors la critique n'interviendrait plus en temps utile, le mal étant fait. Et quels que puissent être les inconvénients, signalés tout à l'heure, de la routine administrative, il est hors de doute qu'ils sont peu de chose à côté de l'incapacité éventuelle du haut commandement (1).

D'autre part, on ne saurait méconnaître combien la concentration rend malaisée la formation des chefs et aléatoire leur recrutement. Il y a quelque vingt ans, on pouvait mettre à la tête des banques de la Capitale des directeurs de banques de province ayant fait leurs preuves en cette qualité. Aujourd'hui ces derniers ne peuvent plus donner leur mesure ; ils ne sont que des subordonnés n'ayant plus guère l'occasion de montrer s'ils ont de l'initiative, du jugement, de la

(1) Sans doute les chefs sont secondés par un nombreux état-major ; leurs prérogatives n'en sont pas moins énormes. Sociologiquement on peut dire qu'avec la concentration, le rôle des individus va croissant à moins que la routine ne prenne décidément le dessus.

décision. La sélection se fait donc un peu à l'aveugle (1). En fait, en Europe continentale, les chefs sont choisis dans une proportion assez large et certainement croissante parmi les fonctionnaires de l'Etat de rang supérieur. Constatation assez piquante, si l'on songe que dans les milieux financiers et industriels, on couvre volontiers d'anathèmes les administrations publiques, coupables de routine, de paresse, de byzantinisme. Il paraît donc qu'on y rencontre tout de même des organisateurs ou du moins des hommes d'ordre, habitués à assurer le bon fonctionnement d'un vaste ensemble de services et faisant preuve d'une application au travail dont le vulgaire ne soupçonne pas le degré. Mais si prisées que puissent être ces qualités par les conseils d'administration des grands établissements financiers, suffisent-elles aux chefs d'entreprises exceptionnellement puissantes? Un certain doute est permis.

Tout ce qu'il faut reconnaître, c'est qu'en Allemagne, l'esprit administratif n'a point exclu l'initiative ni même l'audace. Des risques énormes ont été assumés par des hommes qui jusque-là avaient fait une carrière des moins aventureuses, parfois même toute théorique et scientifique. C'est à l'influence d'un milieu très ardemment spéculatif, remuant, ambitieux, confiant jusqu'à la présomption qu'il faut attribuer ces surprenantes adaptations individuelles. Dès lors n'est-on pas en droit de penser que la mentalité régnante restera, en dernière analyse, la norme de l'activité des grandes entreprises financières et que tant vaudra la mentalité, tant vaudra la concentration? Conclusion qui pourrait du reste, s'étendre indistinctement à toutes les

---

(1) Il faut reconnaître que le même inconvénient se présente dans d'autres catégories d'entreprises concentrées. PASSAMA (*op. cit.*, p. 244) fait remarquer que les hommes sont rares qui peuvent diriger des établissements intégrés, notamment ceux qui unissent fabrication et négoce.

grandes entreprises que nous avons passées successivement en revue.

Progressives ou routinières, les grandes banques restent maîtresses du champ. Sans doute se font-elles mutuellement concurrence ; mais elles ont tant de points de contact ! Aussi conçoit-on que l'opinion et même les pouvoirs publics redoutent une « trustification » bancaire qui constituerait en chaque pays un vaste monopole financier et finirait peut-être même par devenir internationale. Ne devrait-onpas y voir une menace pour la liberté politique des citoyens ? Un tel organe de concentration capitaliste, un tel faisceau de toutes les puissances d'argent, un tel instrument de pression et de corruption ne mettrait-il pas en péril les gouvernements démocratiques du monde ?

Cette crainte s'est fait jour aux Etats-Unis et en Angleterre. Aux Etats-Unis, une enquête officielle a été entreprise au sujet du groupe financier dirigé par Pierpont Morgan et connu sous le nom de *Money trust* ou trust de l'argent. Elle a démontré que ce trust englobe 112 sociétés disposant de capitaux propres ou étrangers d'un montant total de 110 milliards de francs. Son influence s'étend même bien au delà, mais sans s'élever jusqu'au monopole (1). Le gouvernement anglais de son côté a fait faire tout récemment une enquête sur les « amalgamations » de banques et a subordonné toute fusion ultérieure à son approbation. Un projet de loi est soumis au Parlement (mai 1919) « afin de donner un effet permanent aux recommandations du Comité d'enquête (2). »

Rappelons-nous la législation américaine contre les trusts industriels ; n'oublions pas que la reprise des che-

(1) *Report of the committee appointed to investigate the concentration of control of money and credit*, Washington, 1913. Ce rapport est communément appelé *Pujo report* du nom de son auteur.

(2) *The Economist*, 17 mai 1919, p. 827.

mins de fer par l'Etat, en plus d'une contrée, a été motivée par la crainte de voir surgir un monopole privé ; souvenons-nous que l'intervention plus ou moins large du gouvernement dans les banques centrales d'émission s'inspire également du souci de faire prédominer l'intérêt public sur l'intérêt particulier (1) et nous pourrons juger, en toute son ampleur, le conflit des tendances démocratique et ploutocratique au sein des sociétés contemporaines. De son issue dépend bien moins sans doute le fait même de la concentration que l'orientation économique et sociale de l'avenir.

(1) Il faudrait ajouter encore qu'il existe, en divers pays, un mouvement en faveur de la nationalisation des assurances-vie et incendie. En Italie, l'assurance-vie a été érigée en monopole d'Etat bien moins pour des raisons fiscales qu'en exécution d'une véritable politique sociale.

TABLE DES MATIÈRES

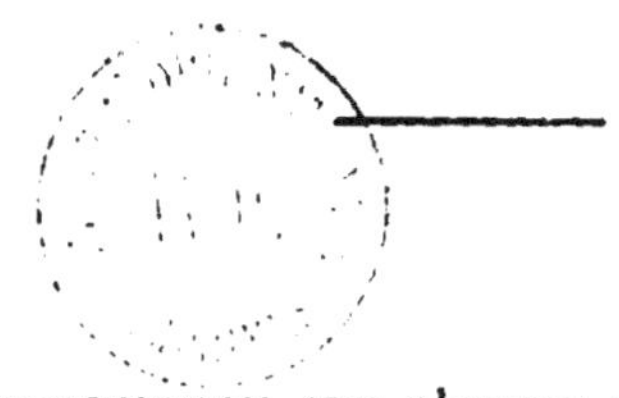

CHAPITRE V. — L'élément technique

CHAPITRE VI. — L'élément juridique

CHAPITRE VII. — L'entreprise et l'organisation économique

Chapitre VIII. — La concurrence et le monopole

Chapitre IX. — La concentration des entreprises

Chapitre X. — L'organisation industrielle

Chapitre XI. — Les syndicats industriels

Chapitre XII. — Les trusts

CHAPITRE XVII. — **L'exploitation des chemins de fer**

CHAPITRE XVIII. — **La concentration bancaire et financière**

BIBLIOTHÈQUE INTERNATIONALE D'ÉCONOMIE POLITIQUE

publiée sous la direction de Alfred Bonnet

SÉRIE IN-8

Cossa (Luigi). — Histoire des doctrines économiques. Trad. Alfred Bonnet. Préface de A. Deschamps, 1899. 1 vol. broch. . . . . . *épuisé*

Ashley (W.-J.). — Histoire et doctrines économiques de l'Angleterre. 1900. 2 vol. br. 15 fr. »

Sée (H.). — Les classes rurales et le régime domanial au moyen-âge en France. 1902, 1 volume broché. . . . . 12 fr. »

Wright (C.-D.). — L'évolution industrielle des Etats-Unis. Trad. F. Lepelletier. Préf. de E. Levasseur. 1901. 1 vol. br. . . . . . . 7 fr. »

Cairnes (J.-E). — Le caractère et la méthode logique de l'économie politique. 1902. 1 volume broché. . . . . 5 fr. »

Smart (W.). — La répartition du revenu national. Préface de P. Leroy-Beaulieu. 1902. 1 volume broché. . . . . 7 fr. »

Schloss (David). — Les modes de rémunération du travail, avec préface de Charles Rist. 1902. 1 v. broché. . . . . . . 7 fr. 50

Schmoller (G.). — Questions fondamentales d'économie politique et de politique sociale. 1902. 1 vol. broché . . . . . . 7 fr. 50

Bohm-Bawerk (E.). — Histoire critique de théories de l'intérêt du capital. 1902. 2 volumes. brochés . . . . 14 fr. »

Pareto (Vilfredo). — Les systèmes socialistes, 1902. 2 volumes brochés . . . . . *(épuisé)*

Lassalle (F.). — Théorie systématique des droits acquis. Préface de Ch. Andler. 1904. 2 volumes brochés . . . . 20 fr. »

Rodbertus-Jagetzow (C.). Le capital. Trad. Chatelain. 1904. 1 vol. broché. . . . 6 fr. »

Landry (A.). — L'intérêt du capital. 1904. 1 v. broché. . . . . 7 fr. »

Philippovich (E.). — La politique agraire. Préface de A. Souchon. 1905. 1 v. br. 6 fr. »

Denis (Hector). — Histoire des systèmes économiques et socialistes : *Les Fondateurs*. 1904-1907. 2 volumes brochés . . . 17 fr. »

Wagner (Ad.). — Les fondements de l'économie politique :

Tome I. Trad. Polack. 1904. 1 v. br. 10 fr. »
Tome II. Trad. K. L. 1909. 1 vol. br. 12 fr. »
Tome III. Trad. K. L. 1914. 1 vol. br. 10 fr. »
Tome IV. Trad. K. L. 1914. 1 vol. br. 10 fr. »
Tome V. Trad. Polack. 1914. 1 vol. br. 10 fr. »
L'ouvrage complet : 5 vol. in-8 . . 52 fr. »

Schmoller (G.). — Principes d'économie politique. Traduit par G. Platon et L. Polack. 5 vol. 1905-1908. . . . . 50 fr. »

Petty (Sir W.). — Œuvres économiques. 1905. 2 vol. brochés . . . . 15 fr. »

Salvioli. — Le capitalisme dans le monde antique. Trad. A. Bonnet. 1906. 1 vol. br. . . 7 fr. »

Effertz (O.). — Les antagonismes économiques. Introduction de Ch. Andler. 1903. 1 volume broché. . . . . 12 fr. »

Marshall (A.). — Principes d'économie politique. 2 vol. in-8 :
Tome II. Trad. par Sauvaire-Jourdan et Bouyssy, 1907-1909. 2 vol. brochés. . . 22 fr. »

Fontana-Russo (L.). — Traité de politique commerciale. 1908. 1 vol. in-8 broché. 14 fr. »

Cornelissen (C.). — Théorie du salaire et du travail salarié. 1908. 1 fort v. in-8 br. 14 fr. »

Jevons (W. Stanley). — La théorie de l'économie politique. Préface de Paul Painlevé. 1909. 1 vol. in-8 broché. . . . . . . 8 fr. »

Pareto (Vilfredo). — Manuel d'économie politique. Trad. de A. Bonnet. 1909 . . . *épuisé*

Cannan (Edwin). — Histoire des théories de la production et de la distribution dans l'économie politique anglaise de 1776 à 1848. Traduit par E. Barrault et M. Alfassa. 1910. 1 volume in-8 broché. . . . . 12 fr. »

Clark (J.-B.). — Principes d'économique dans leur application aux problèmes modernes de l'industrie et de la politique économique. 1911. 1 volume in-8.

Fisher (I.). — De la nature du capital et du revenu. 1911. 1 volume in-8 broché . . 12 fr. »

Loria (A.). — La synthèse économique. Etude sur les lois du revenu. 1911. 1 vol. in-8 br. 12 fr. »

Carver (Th. N.). — La répartition des richesses. Trad. R. Picard. 1913. 1 vol. in-8 br. 5 fr. »

Webb (S. et B.). — La lutte préventive contre la misère. 1913. 1 volume in-8 broché. 8 fr. »

Hersch (L.). — Le Juif errant d'aujourd'hui. (40 tableaux statistiques et 9 diagrammes). 1913. 1 volume broché . . . . . . 6 fr. »

Cornelissen (Ch.). — Théorie de la valeur. 2e édition entièrement refondue. 1913. 1 volume broché. . . . . 10 fr. »

Leroy (Maxime). — La coutume ouvrière. Doctrines et Institutions. 1913. 2 vol. br. 18 fr. »

Kobatsch (R.). — La politique économique internationale. 1913. 1 vol. in-8 broché. 12 fr. »

Tougan-Baranowsky (M.). — Les crises industrielles en Angleterre. 1913. 1 volume broché. . . . . 12 fr. »

Kaufman (Dr.-E.) — La Banque en France principalement au point de vue des trois grandes banques de dépôts. 1914. 1 v. in-8 br. 14. fr »

Liefmann (Dr Robert). — Cartells et Trusts. Evolution de l'organisation économique. Trad. par Savinien Bouyssy. 1914. 1 vol. in-8. . 5 fr. »

Oppenheimer (F.). — L'Economie pure et l'Economie politique. 1914. 2 vol. in-8. 20 fr. »

Auspitz et Lieben. — Recherches sur la théorie du prix. 1914. 2 vol. in-8 (1 volume texte et 1 volume album) . . . . 15 fr. »

Fisher (I.). — Recherches mathématiques sur la théorie de la valeur et des prix. Trad. J. Morel. 1917. 1 vol. in-8 broché . . . . . 5 fr. »

Maslow (P.). — L'évolution de l'Economie nationale. 1915. 1 vol. in-8 broché . 7 fr. 50

Pierson (N.-S). — Traité d'économie politique. Trad. L. Suret. 1916-1917. 2 volumes in-8 brochés . . . . 25 fr. »

Fisher (Irving). — Recherches mathématiques sur la théorie de la valeur et des prix. Trad. J. Moret. 1917. 1 vol. in-8 broché . . 5 fr. »

Subercaseaux. — Le papier-monnaie. 1920. 1 v. in-8 . . . . 10 fr. »

Roscher (W.). — Economie industrielle. 1 vol. in-8. 1920 . . . . 18 fr. »

Withers (Hartley). — Qu'est-ce que la monnaie ? Le marché monétaire anglais, avec Préface de Charles Rist. 1 vol. in-8 br. 12 fr. »

Fisher (Irving). — Le Pouvoir d'achat de la monnaie. 1920. 1 vol. in-8.

SOUS PRESSE

BOHM-BAWERK. — Théorie positive du capital.

ANSIAUX. — Traité d'économie politique.

WALSH. — Le problème fondamental de la monnaie.

BOWLEY. — Eléments de statistique.

SÉRIE IN-18

Menger (Anton). — Le droit au produit intégral du travail. Trad. A. Bonnet. Préface de Ch. Andler. 1900. 1 volume broché . . . . . *(Épuisé)*

Patten (S.-N.). — Les fondements économiques de la protection. Trad. F. Lepelletier. Préface de P. Cauwès. 1889. 1 vol. broché . . . 2 fr. 50

Bastable (C.-F.). — La théorie du commerce international. Trad. avec introd. par Sauvaire-Jourdan. 1900. 1 vol. broché . . . . 3 fr. »

Willoughby (W.-F.). — Essais sur la législation ouvrière aux Etats Unis. 1903. 1 volume broché. . . . . 3 fr. 50

Dufourmantelle (M). — Les prêts sur l'honneur. 1913. 1 volume broché . . . . 4 fr. »

SAINT-AMAND (CHER). — IMPRIMERIE BUSSIÈRE.

www.ingramcontent.com/pod-product-compliance
Lightning Source LLC
LaVergne TN
LVHW011228170726
843501LV00002B/404